JN220340

小学校「外国語活動」における 英語習得の実態

A Study of the Acquisition of the English Language
in the Study Hours of "Foreign Language Activities"
in Japanese Elementary Schools

堀尾　邦子
HORIO Kuniko

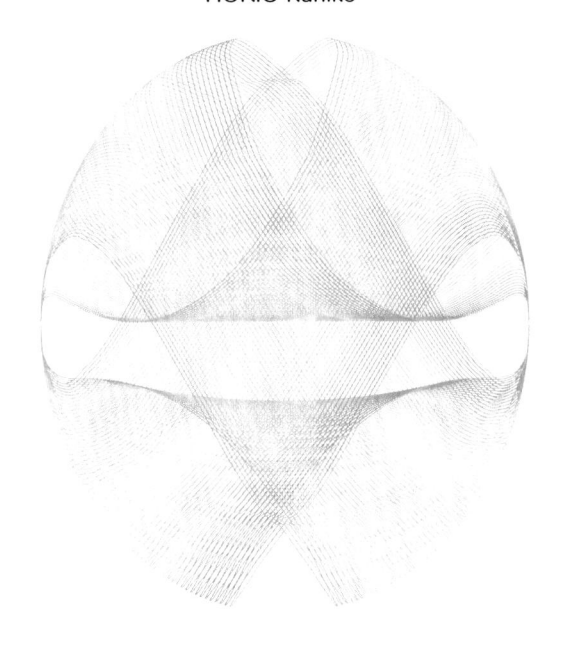

花書院

目　次

序　章

0.1. 本研究に至った経緯

　2011年度から現行学習指導要領の施行により、全国の公立小学校で外国語活動が指導されている。2009年度からの移行期間より以前にも、自治体により、学校により、指導内容・方法・指導時間にバラつきはあったが、小学校英語教育は全国の公立小学校で何らかの形で実施されていた。本研究対象校のある北九州市でも、2003年度から多額の予算をかけて市立小学校全校にALT（Assistant Language Teacher）を派遣し英語教育を推進するという独自の教育を実践してきた。

　文部科学省の意向としては、本活動の目的は学習内容の定着を図ることではなく、あくまでも体験活動を重視するものである。しかしながら、児童は、この非常に限定された環境の中での学習にも拘らず、英語音声に体験的に慣れ、英語知識を少しずつ身に付け、英語による挨拶やコミュニケーションが僅かながらできるようになってきている。また、活動内容や外国人との交流活動を通して言語面のみならず外国の生活、習慣、行事、考え方などにも触れ、体験的に自国と外国との文化の違いに気付き、少しずつ理解し始めている。その児童の英語の習得状況について音声・形態・統語・語彙・語用のレベルで明らかにしていきたいと考える。修士論文では、北九州市と福岡市の英語習得状況を比較してみた。その結果、自治体の教育方針や各学校・学級での指導方法の違いはあれども、2年間で70時間に及ぶ外国語活動の学習を通して、児童は、それぞれに少しずつ英語音声に慣れ、英語理解が進んでいることが実証された[1]。

　そこで、児童の英語習得過程について明らかにし、効果的な指導の参考になるようにしたいと思い本研究に取り組んだ。

1）堀尾邦子　2011年度　『「小学校外国語活動」における英語の基礎知識と運用能力の獲得について』九州大学芸術工学府修士論文

0.2. 本書における「英語習得の実態」の概念

0.2.1. 小学校「外国語活動」の現状

　小学校「外国語活動」で学ぶ英語は、非常に限定されたものである。本研究協力校は、全て北九州市内の公立小学校であり、特に学校をあげて英語教育に指導の重点を置いている訳ではない。学習内容が多く学校行事等で多忙な5・6年生にとって、この新しい活動は学習後のテストは無く、その習得状況を具体的に把握する方法が導入されておらず、児童に対する評価も学習意欲や態度等の情緒的なものに限られており、特に勉強することも覚える必要もない楽しい活動ではある。

　全国的に学習教材は、現行学習指導要領への移行期から、文部科学省より対象学年全児童に配布された「英語ノート」や、現在、全国の公立小学校で活用されている "Hi, Friends" [2] などを中心教材として使用している。語彙数は少なく、挨拶や英文などの表現も限られている。英語音声については、ALT や文部科学省配布の教材用 DVD, CD を聞いて学んでいる。現段階では、英語の文字については、アルファベットの大文字・小文字を見て、関連のある単語を発話してみたり、ゲームをしたりする程度である。

0.2.2.「外国語活動」における英語習得とは

　「外国語活動」の目標は、「外国語を通じて、言語や文化について体験的に理解を深め、積極的にコミュニケーションを図ろうとする態度の育成を図り、外国語の音声や基本的な表現に慣れ親しませながら、コミュニケーション能力の素地を養う。」である。

　ここでいう外国語は、「小学校学習指導要領解説−外国語活動編」第1章総説、小学校外国語活動新設の趣旨」の中で、「外国語活動においては、中学校における外国語科では英語を履修することが原則とされているのと同様、英語を取り扱うことを原則とすることが適当であることも提言されている」とある[3]。

　上記目標を踏まえ設定された言語に関する指導内容は、「①英語を用いて

2）「英語ノート」は、2009年度に試作版を、本作版は2010年度から2012年度まで使用された。"Hi, Friends" は、2013年度から現在に至り使用されている。
3）「小学校学習指導要領解説」第2章. 2008. 文部科学省。

コミュニケーションを図る楽しさを体験し、その大切さを知ること。②積極的に外国語を聞いたり、話したりすること。③外国語の音声やリズムなどに慣れ親しむとともに、日本語との違いを知り、言葉の面白さや豊かさに気付くこと。」である。

　小学校外国語活動では、上記に関するさまざまな体験活動をすることが目標であり、経験した内容を覚えたり定着を図ったりすることは求められてはいない。しかし、児童は一律ではないが、児童の実態に合わせて、それぞれに学習した内容を理解し記憶している。他教科のように、教育目標に向けて学習内容の到達度を測る必要はないので、英語習得の状況は、一般的には測ることもなければ、その内容も明確ではない。それでも、限定された条件の下で、外国人とのコミュニケーション能力を少しずつ身に付けている実態もある。その児童の英語知識や能力を測り、明らかにすることで、英語習得の実態把握と今後の指導における活用を願っている。

0.2.2.1.「英語習得」の測定

　現在の小学校外国語活動のような英語学習環境における「英語習得」の内容は、「読む、書く、聞く、話す」の4技能を十分習得し、自由に意志表現できる状態とは全く違うものである。特に、英語の文字を学習しないので、英語を「読む」、「書く」ことはできない。そこで、英語音声を聞いて意味理解をし、その意味も日本語表現よりは絵や写真、解答番号を選択するなどの表現形式で聞き取り能力を測ることはできる。発話については、絵を見て該当する英語を発話するという手だてをして児童の「話す」能力をみることができる。また、コミュニケーション能力は、児童一人で外国人（ALT）と話すことは抵抗が大きいので、複数の児童で発話内容の英語表現の準備をして会話をするという方法でコミュニケーションをとるための意味理解や発話能力を測ることができる。これらの英語能力の表現方法は、授業中の活動内容と関連するもので、児童に慣れ親しんでいる方法を活用して能力を測ることは可能であると考える。

　児童の英語能力の調査方法としては、個別に聞き取り調査をしたり、英語での質問に対して答えたりする等、より正確な方法が考えられるが、公立小学校の空き時間等に学校と担任の協力を得て大勢の児童の能力を調査することは、現実的には非常に困難である。100名以上の児童の聞き取りの能力を

測ったり、30数名の児童の音声調査を個々に実施したりするには、協力校に
迷惑をかけずに短時間の内に効率よく調査する方法で、しかも、学習を始め
たばかりの児童に分かりやすいように学習内容に対応した方法で調査を実施
した。調査時間や会場なども含め、調査方法としては、非常に限定されたも
のであることは否めない。

0.2.2.2.「英語習得」の定義

　本書では、小学校外国語活動を通して得る英語習得を以下のように定義す
る。

　「英語習得」とは、聞く・話すという2技能に関して、学習したことを少し
でも身に付けている状態を表す。その習得の程度は、①音声を聞いて意味理
解ができる　②必要な時に思い出せる　③正しく意味を理解し使える　④英
語を聞いて理解でき、相手に分かるように発音できる　⑤限定された条件の
下、外国人とコミュニケーションができる　程度である。その、音声、語彙、
表現等の英語習得の内容は、量的、質的に非常に限定されたものである。

　一見楽しく活動しているように見える外国語活動は、学習後の能力調査も
無く、無為な時間を過ごしていると指摘されることもあるが、高度なレベル
ではなくても、少しずつ、確実に英語に慣れ親しんでいる。それを「英語習
得」と捉え、その習得過程や状況を明らかにしていきたいと考える。

0.3. 本書の構成

　本書では、以下のような構成で論を進めていく。

　先ず、第1章では「小学校外国語｜活動について概要を述べる。教科では
なく、いわゆる外国語学習でもなく、限られた活動内容であることを詳しく
述べることとする。また、本研究協力校である北九州市の指導形態について
他の自治体と大きく違う部分を特筆しておく。

　第2章では、先行研究について概観し、本研究の立場を述べる。

　第3章では、本研究の目的・内容・方法について述べる。分析については、
第二言語習得の観点から、音声・形態・統語・語彙・語用のレベルでの分析
を行う。

　第4章では、M小学校の調査を基に、音声・音韻レベルでの英語習得の分
析をする。1学級約30名の児童の英語の音声調査を通して、2年間の変化や

6学年末の時点での英語音声習得状況を分析し、習得過程を解明していく。また、英単語の語末が日本語の開音節か、英語の閉音節になっているかも分析してみる。さらに音韻における二重母音や子音連結についても分析する。

第5章では、形態素の習得状況を調査・分析する。小学校で経験する名詞の複数形や不定冠詞a, anについて聞き取り調査を行い、学習効果について解明する。

第6章では、M小学校やH小学校の児童の統語習得状況を取り扱う。M小学校では、聞き取り問題のうち、句や文に関する項目の分析を行う。また、H小学校では、英文の聞き取りと意味理解の両面から児童の習得状況を分析する。さらに、教科書にある挿絵を見て英文で表現する調査も行う。文をどの程度、どのように表現するのかを約40名の児童一人ひとりに発話してもらい、その状況を解明する。

第7章では、M小学校やH小学校の児童の語彙習得状況を調査分析する。M小学校では、2年間にわたる3回の聞き取り調査を踏まえて、語彙習得状況を調査し、その過程を詳細に分析していく。また、H小学校では、2年間で学習する語彙の内、約3分の1に当たる94語の語彙習得の量と習得過程に関する分析を行う。5・6年生に同じ問題を与え、学習時間の経過と共に習得する単語について語彙のレベルで実態を把握する。また、聞き取りと発話の違いにも言する。

第8章では、F小学校の希望する児童とALTとの会話を通して、児童の英語コミュニケーション能力について実態調査をし、その状況を分析していく。5年生と6年生の学年末に児童のペアとALTで会話をし、その様子から児童のコミュニケーション能力の状況を把握する。

終章では、本書の独自性、新発見などを確認しながら、結論を述べる。本書の学問的意義についても言及する。また、今後の課題についても述べる。

第1章　小学校「外国語活動」について

1.1. 小学校「外国語活動」

　2011年度（平成23年度）から現行学習指導要領施行に伴い外国語活動が全国の公立小学校で指導されている。1990年代後半から、全国的に小学校英語教育の導入が進み、日本中の公立小学校のほぼ全校で、何らかの形で国際理解教育や英語教育がなされてきた。2002年度の学習指導要領改訂で「総合的な学習の時間」が新設された時は、英会話を授業に取り入れても良いとされ、英語教育が進められるきっかけにもなっていた。さらに、2008年（平成20年）の中央教育審議会答申の中で、小学校での外国語活動については、「小学校段階にふさわしい国際理解やコミュニケーションなどの活動を通じて、コミュニケーションへの積極的な態度を育成するとともに、言葉への自覚を促し、幅広い言語に関する能力や国際感覚の基盤を培うことを目的とする外国語活動」の新設が答申された[4]。

　小学校外国語活動の本格的導入に伴い文部科学省作成の指導教材「英語ノート」[5]が児童全員に配布され、それを中心教材として使用する学校がほとんどであった。現在は、"Hi, Friends" を教材として配布している。尚、小学校では、学級担任が英語指導を行っているが、英語教育指導法や教材研究などの研修や指導の経験がほとんどなく、指導する自信を持てない担任が多い。そこで、文部科学省はボランティアやALT（Assistant language Teacher）とのT.T（Team Teaching）を行うことや、CD・DVDや電子黒板などの機器を活用して担任が指導に創意工夫を凝らすことを推奨している。

1.1.1. 小学校「外国語活動」新設の趣旨

　今回の外国語活動の新設は、中央教育審議会からの以下のような答申を踏まえたものである。

4）小学校学習指導要領解説「外国語活動編」より
5）2009年度〜2011年度まで配布・使用

○　社会や経済の急速なグローバル化の進展、国際協力の要請や国際競争の加速などから、学校教育における外国語教育の充実が重要な課題である。

○　小学校段階で外国語に触れたり、体験したりする機会を提供することにより、コミュニケーション能力を育成するための素地をつくることが重要と考えられる。

○　教育の機会均等の確保や中学校との円滑な接続等の観点から、国として各学校に共通に指導する内容を示す必要がある。この活動は、高学年において一定の授業時数を確保すること、外国語活動では英語を取り扱うことを原則とする。

1.1.2. 教育課程上の位置付け

教育課程における外国語活動の位置付けは、次のようにした。

○　外国語活動として、第5学年及び第6学年において、それぞれ年間35単位時間の授業時数を確保した。1単位時間は45分である。

○　英語を取り扱うことを原則とした。

1.1.3. 小学校「外国語活動」の目標

> 　外国語を通じて、言語や文化について体験的に理解を深め、積極的にコミュニケーションを図ろうとする態度の育成を図り、外国語の音声や基本的な表現に慣れ親しませながら、コミュニケーション能力の素地を養う。

1.1.4. 小学校「外国語活動」の内容

上記の外国語活動の目標を踏まえ、次のように内容を設定している。

> ［第5学年及び第6学年］
> 1　外国語を用いて積極的にコミュニケーションを図ることができるよう、次の事項について指導する。
> (1) 外国語を用いてコミュニケーションを図る楽しさを体験すること。

> (2) 積極的に外国語を聞いたり、話したりすること。
> (3) 言語を用いてコミュニケーションを図ることの大切さを知ること。
> 2　日本と外国の言語や文化について、体験的に理解を深めることができるよう、次の事項について指導する。
> (1) 外国語の音声やリズムなどに慣れ親しむとともに、日本語との違いを知り、言葉の面白さや豊かさに気付くこと。
> (2) 日本と外国との生活、習慣、行事等の違いを知り、多様なものの見方や考え方があることに気付くこと。
> (3) 異なる文化をもつ人々との交流等を体験し、文化等に対する理解を深めること。

　いわゆる中学校英語教育の前倒しではなく、小学校の年代にあった英語体験活動を通して児童に様々な知的経験を体験させることを目標とするものであり、学習事項の定着を図るものではない。

　さらに、外国語活動では、外国の文化だけではなく我が国の文化をも含めた様々な国や地域の生活、習慣、行事などを積極的に取り上げることが期待される。外国語活動を通して、多様な文化の存在を知り、また、日本と外国の文化の比較により、様々な見方や考え方があることに気付くとともに、我が国の文化にも理解が深まることが期待される。これらの事項は、体験的な活動を通して具体的に気付かせていくことが大切である。

1.1.5. 指導計画作成上の配慮事項

指導計画の作成に当たっては、次の事項に配慮するものとする。

(5) 指導計画の作成や授業の実施については、学級担任の教師又は外国語活動を担当する教師が行うこととし、授業の実施に当たっては、ネイティヴ・スピーカーの活用に努めるとともに、地域の実態に応じて、外国語に堪能な地域の人々の協力を得るなど、指導体制を充実すること。

(6) 音声を取り扱う場合には、CD, DVDなどの視聴覚教材を積極的に活用すること。その際、使用する視聴覚教材は、児童、学校及び地域の実態を考慮して適切なものとすること。

1.1.6. 内容の取扱いに関する配慮事項

（1）2年間を通じ指導に当たっては、次のような点に配慮するものとする。

ア　外国語でのコミュニケーションを体験させる際には、児童の発達の段階を考慮した表現を用い、児童にとって身近なコミュニケーションの場面を設定すること。

イ　外国語でのコミュニケーションを体験させる際には、音声面を中心とし、アルファベットなどの文字や単語の取扱いについては、児童の学習負担に配慮しつつ、音声によるコミュニケーションを補助するものとして用いること。

ウ　言葉によらないコミュニケーションの手段もコミュニケーションを支えるものであることを踏まえ、ジェスチャーなどを取り上げ、その役割を理解させるようにすること。

―学習指導要領解説外国語活動より一部抜粋―

1.2.　北九州市における小学校「外国語活動」の特徴

　本研究の協力校がある北九州市でも、2003年度に市独自の「小中連携英語教育プログラム」を作成し[6]、指導していた。現行学習指導要領で小学校外国語活動が新設され、教材として「英語ノート」や "Hi, Friends" が配布されるようになり、本市でも全国の共通教材を使用するに至っている。さらに、北九州市では、「北九州スタンダードカリキュラム」を市独自で作成し、指導者が指導し易いように編集されているので、市内の全小学校で指導の指針として活用されている。「北九州スタンダードカリキュラム」は学習指導要領や北九州市教育プランの趣旨に沿って指導上の具体的な参考事例が編集されたものであり、学級担任が授業計画を作成したり、教材研究したりする時に参考にしているものである。

1.2.1. 北九州市の指導の独自性

　以下は、「北九州スタンダードカリキュラム」の中の、市独自の考え方である。

6）北九州市英語教育プログラム　2003年、北九州市教育委員会

○　学級担任の役割と授業で学級担任が使用する英語

【英語を話そうとするモデル・授業の進行役】

　児童が外国語活動に関心をもち、積極的にコミュニケーションを図ろうとする態度を育成するためには、児童の実態を最もよく把握している学級担任が主体となって指導を行っていく必要がある。したがって、学級担任は、授業を進行する役割とともに、外国語を話そうとするモデルを示すことが大切となる。また、簡単なクラスルーム・イングリッシュを使用して、児童に指示を出したりほめたりすること、単元で使う表現のデモンストレーションを提示するなど、学級担任自身が外国語に慣れ親しむ姿勢を見せることが求められる。

【英語という言語や ALT（アシスタントランゲージティーチャー）と「児童」をつなぐ役割】

　授業の中で、学級担任が Hi, Friends! のデジタル教材を聞かせたり、ALT がゲームや活動の説明を英語でしたりする時には、児童にその内容を推測させながら聞かせることが大切になる。しかし、児童が分かりにくい部分やゲームのルールのポイントになる部分については、学級担任が効果的に日本語を使用することで、児童が安心して活動に入るための手立てとなる。

○　Hi, friends! デジタル教材や ALT の活用

　本市では、全ての小学校に電子黒板を配置している。英語の歌やチャンツなどでの活動では、Hi, friends! デジタル教材を活用することで、児童が楽しみながら英語に慣れ親しむことができる。また、英語の発音のモデルについても、Hi, friends! デジタル教材や ALT による英語の表現を活用することが大切になる。つまり、学級担任は、日々の授業で、Hi, friends! デジタル教材及び ALT を有効に活用して外国語活動の授業を行うことが必要である。

　　　　　　　　　　　　　―北九州スタンダードカリキュラムより一部抜粋―

1.2.2. 北九州市の学習指導形態

○　ALT の活用と学級担任との T.T

　前述したように、北九州市では、多くの ALT を全小学校に派遣し、学級担任と T.T（Team Teaching）を行っている。全国でも非常に珍しいことである。市の方針としては、学級担任が授業を推進し、ALT が補助的な役割をして授業展開することとしているが、実態としては、ほとんどの学校で、ALT が教材研究の上 T1 として授業推進を主導し、学級担任が児童管理をしている状態である。

○　ALT の実態と指導の実態

　北九州市の全小学校に派遣される ALT は、委託業者で研修の上、派遣されている。本市の場合、ALT は、native-speaker よりも non-native-speaker の方が多い。業者の資格条件に教師資格は問われていない。自国でも他国でも教師としての指導経験者は、非常に少ない。英語が話せて、大学卒レベルであれば採用可能である。指導力は、ALT 個人の資質・能力による。経験は無くても児童の実態をつかみ効果的に指導できる ALT もいれば、業者で行う指導法研修に関係なく、自分の好きなように指導する者もいる。児童の実態に合う指導法を工夫する ALT ばかりではなく、漫然と英語を話している ALT もいる。Non-native speaker の ALT の英語には、癖が強くて英語が聞き取りにくい場合もあり、児童が英語を理解するのに苦心している授業もある。そんな中でも、児童は、それなりに体験活動に取り組み、個に応じて学習した英語を少しずつ理解しているのが現状である。

　また、例えば、世界の食事を扱った活動を通して、国や地域によって食事の習慣が違う事や、ジェスチャーを扱った活動を通して、同じ意味を表すにも国や地域によってさまざまな表現方法があることに気付かせることができる。週 1 時間、定期的に同じ ALT と学習することは、児童にとって直接外国の文化に触れることにもなる。外国語活動を通して、英語のみならず、ALT の母国の生活、習慣、行事に関する知識や経験を聞くことができ、日本との相違に気付き、多様なものの考え方を知ることができているのである。

第2章　先行研究と本研究の立場

2.0. 序

　小学校「外国語活動」や小学校英語教育の教材開発研究、教育実践研究等々は、近年、盛んになっているが、小学校「外国語活動」の英語習得に関する研究はほとんど無い。学習指導要領の目標は、英語体験活動を多くさせるが、学習事項の定着を求めていないこともあり、英語習得の研究は少ないと考える。そこで、先ず、小学校「外国語活動」における英語習得研究について概観し、第二言語習得に関する先行研究を見て、本研究の立場を明確にする。

2.1. 小学校「外国語活動」における英語習得

2.1.1. アレン玉井光江（2010）

　アレン玉井光江（2010）は、外国語習得に関する理論に触れながら、具体的な教授法について述べている。現場を踏まえた理論展開、理論に基づいた指導法・教材についてまとめている。特に、アレン玉井の教育実践は、英語教育に重点を置く研究推進校や私立小学校など、「読む」、「書く」ことの文字指導も含む指導方法で学習指導要領に束縛されていないものである。Content-based approach（内容重視の教授法）や Story-based approach（物語を中心とした教授法）、文法項目（動詞の現在形、過去形、現在進行形、代名詞、複文、重文）等、理論に基づく高度な指導をしている。これらは学習指導要領に基づき指導を展開する公立小学校では行われていない内容・方法である。

　また、理論に基づく指導方法や学習展開の事例については詳細に記述しているが、指導後の言語習得に関する具体的な結果について、データ等の詳細は記述していない。

　アレン玉井は、日本の児童英語教育の分野では、多くの教材が開発されているが理論構築が立ち遅れていることや、日本の子どもたちの英語学習に直接関係する研究は少なく、特に彼らの英語習得を検証したデータは少ないこ

とを明言している。

2.1.2. バトラー後藤裕子（2008）

　バトラー後藤裕子（2008）は、小学校英語ならびに児童の英語習得について、言語教育政策的な視点を念頭に以下のように捉えている。2008年度の時点では、小学校外国語活動導入以前の「総合的な学習の時間」に国際理解教育の一環として英会話を取り扱える時期であった。各学校でバラバラに実践している状況では、様々な誤解や憶測のもとに「英語教育」や「英語活動」などが行われ、教師は課題を抱えていた。筆者は、東アジアの韓国と台湾での政策的な小学校英語教育の実証研究結果などを紹介しながら、英語を習得する事の意味をもう一度問いかけることで、「有意義な」小学校英語教育の可能性を考えていこうとした。そこで、次の4項目について考察している。①外国語導入時期の問題　②オーラル・コミュニケーション能力の育成が最重要であるか　③早期英語はネイティヴ・スピーカーから学ぶのが最適であるか　④早期外国語教育に評価は不要であるか。

　②の指導内容と教授法については、コミュニケーション活動に言及している。コミュニケーション能力を伸ばすために、十分なインプットがないままにアウトプットを急ぎ過ぎて間違った表現を産出することを危惧している。また、コミュニケーションは、オーラルだけでなく、文字や非言語のジェスチャーや表情などもあり、円滑なコミュニケーションのために、非言語媒体も含めた総括的な能力を身に付けることにあると考えている。文字指導に関しても、児童の発達段階を鑑み、少しずつ取り入れることを主張している。④の評価に関しては、目的に沿った組織的な評価の必要性を説いている。

　今後の日本の小学校英語教育で目指したいこととして、児童の「認知・発達レベルに応じた」言語教材やアクティヴィティーを導入することで、外国語習得の動機づけにするとしている。20年間にわたる小学校での英語指導経験者の外国語学習能力に関する詳細を述べているが、2005年の段階では、小学生の外国語習得に関するデータが決定的に欠如しており、実践者の情報に頼りながら、試行錯誤している状況であった。

　何れも現段階では小学校「外国語活動」は始まったばかりであることと、活動の目的がコミュニケーション能力の素地を養うことであり、英語能力や

英語知識習得ではないので、公立小学校の英語習得状況に関するデータは殆ど無いといって差し支えないと述べている。小学校「外国語活動」の教科化を目前に、現行の外国語活動を通して児童にどのような言語知識が習得されているか見取ることは、今後の指導に大いに役立つものと考える。

2.2. 第二言語習得における小学校英語教育

2.2.1. 小池生夫（2004）

小池生夫（2004：225）は、小学校英語教育に関する説の中の「子どもの第二言語習得のプロセス」の説明で、英語環境の中での習得について以下のように述べている。

> 自然環境での第二言語習得のプロセスと学校英語の学習による習得プロセスは異なるであろうという一般的な想像とは相違して、根本的なところで似ている現象が多いと思われる。子どもは相手の音声を直感的に理解すると、自ら発してその調整力や音声の運用能力を理解する。その音連結の断片は単語の場合もあるし、句や節の場合もある。音声の塊の時期を踏まえて「1語文」の時期から「電報文」を経て、文構造を意識する時期へと発達するのである。また、第二言語や外国語の習得にはその言語を使って学ぶことの重要性を説いている。小学校で学ぶ英語は具体語が多く、文構造も単純なものが多く、その習得の速度は速い。英語を英語で学ぶのは、最初は困難だが、やがて英語の回路で英語を理解する能力を持つ。以上は自然環境での英語習得のストラテジーであり、学習による習得環境と異なるが、子どもの習得能力の活性化は同じ原理であると思われる。

小池は、小学校英語教育が始まる前からの文教政策と社会・教育現場の意識調査を行っている。「英語が話せる日本人」育成のために、早期英語教育の導入が社会・保護者から求められていたが、教育現場の状況のために中学校以降の英語教育の前倒しは出来ない事や既に英語教育を実施している現場教師からは「英語の発音とリズムが自然に身に付く」という調査回答が多かったという結果が報告されている。EU諸国の多言語主義やアジア諸国の外国語教育も紹介し、日本の小学校英語教育への提言を述べている。

2.3. 英語習得初期における音声習得

2.3.1. 川越いつえ（1999）

　川越いつえ（1999：163）は、著書「英語の音声を科学する」で、英語と日本語の音の使い方の違いはどこで、同じ点はどこか考えるために記している。この本のねらいは読者が英語の発音や聞き取りが上手になることと、英語の音を日本語の視点で調べていくことで、英語の音を読者に身近なものにしたいと考えている。もう一つのねらいは、読者が英語と日本語の音の使い方の違いに興味を持つことにあるとしている。その中で、英語のアクセント・リズム・イントネーションについて次のように記している。

　　　ことばのメロディーはアクセントとリズムとイントネーションから成る。音声学・音韻論では、日本語のアクセントを高さアクセント（pitch accent）,英語のアクセントを強さアクセント（stress accent, 別名強勢）と呼ぶ。強さアクセントは、声を大きくするように思うが、長くもなるし高くもなる。リズム（rhythm）とはあるパターンの規則的な繰り返しを言う。日本語は「機関銃リズム」であり、英語は「波のうねりリズム」である。会話で声の上げ下げを使った発話全体の音の流れがイントネーション（intonation）である。英語でも上昇調（rise）で言えば疑問文になり、下降調（fall）で言えば自分の主張を伝えることになる。ビート（文アクセント）の中の1つがイントネーションの核となり、上昇調や下降調の開始点となる。「核は最後のアクセント音節にあり」という原則は基本パターンがあるが、話の流れの中で話者の意図により変わっていく。

　本書では川越の趣旨通り、英語のメロディーの要素であるアクセント、リズム、イントネーションについて日英語を比較して説明している。しかし、第二言語を学習し始めた児童の英語音声が、母語話者のものと似ているか否か、習得の過程のアクセント、リズム、イントネーションに関する記載は本書にはない。児童は学習を通して英語音声を聞きながら、日本語とちがう英語音声に少しずつ慣れてきている。英語の発話を促しても日本語の音声のままの児童もいる。授業中、一人ひとりの児童への個別指導をしないので児童の気づきに任せているが、少なからず英語音声が理解できたり、発話が少しでも英語らしくなってきたりしている児童が確実にいる。本研究の目的に照

らし、児童の英語音声を英語母語話者のものと比較して英語音声習得の状況をみる。

　また、音声中心の英語体験活動を通して、音韻面、特に、音節の終わりが開音節か、閉音節であるか、二重母音や子音連結等、英語音韻をどの程度聞き取り、発話できているのかも調査し、児童の実態を解明していきたいと考える。

2.4. 形態素習得

2.4.1. 白井恭弘（2012：7）

　白井恭弘（2012：7）は、英語教育学体系「第二言語習得」第 1 章で、「習得順序」（acquisition order）に関する研究では学習者が様々な形態素を習得していく過程を明らかにすることを目標としている。その習得順序は、対照分析の時代には母語の影響が強調されたが、1970年代に入ると、第二言語習得の普遍的な部分を強調する動きが強まってきた。そのひとつがクラシェンらの「自然な習得順序」（natural order）である。この普遍的順序によれば、英語の習得では、［進行形、複数形、be 動詞］→［助動詞、冠詞］→［不規則動詞の過去形］→［規則同士の過去形、三人称単数現在の -s、所有格の 's］という順序が普遍的であると主張された。

　小学校外国語活動の学習では、形態素について特段の指導をしているわけではないが、学習活動の一環として、名詞の単数形、複数形を体験し、不定冠詞をつけた発話を経験している。活動時間も内容も非常に少ないが、学習したことをどの程度理解しているか調査し実態を把握する上で参考にすることにした。

2.5. 統語習得

2.5.1. 今西典子（2009）

　今西典子（2009）は、「文の仕組みをさぐる」という文献の中で、文は音の連続体として聞こえるが、その背景には目に見えない抽象的な構造が潜んでいると述べている。文のいろいろな意味の諸相は文を構成する語彙項目の形態特性として表される場合と語順等の統語特性として表される場合があるが、ここでは、具体例をみながら、文における意味と構造の対応の仕方につ

いて考えるとしている。

　また、人間のことばについて、次のように説明している（2009：60）。

　　　人間は、ある小さな音のまとまりに、ある一定の情報（意味）を結び付
　　　け、そのようなかたまり（語、より正確には形態素）をさらにいくつも結
　　　合しながらまとめて、より大きなかたまりとして順に並べて、全体を音の
　　　連続体として外界に響かせることで、意思疎通や情報伝達を行っている。
　　　　外界の同じような状況や出来事に対して発せられる音連鎖が言語ごと
　　　に異なることは、目や耳という感覚器官の働きによってすぐにわかり明
　　　白である。これに対して、形態素が順次まとまって、語となり、句とな
　　　り、さらに節あるいは文を形成し、また、そのまとまり方にそって、そ
　　　れらが担う意味も順次まとまって最終的に文の意味となるというような
　　　ことは、直接観察できない。これこそが、人間の脳内で言語に専用と
　　　なっている部分（言語機能）の働きによるものである。

　さらに、同文献の中で句構造について、標識付き括弧表示ないしは樹形図
により説明している。何れも、名詞句・動詞句を含む重文・複文を取り扱っ
ており、小学生が外国語活動で学習する短い単文には、直接当てはまらない
が、句構造を含む文として捉えることはできる。また、児童が、短文を理解・
表出する時に、どの程度、句構造や文を意識しているか、傾向を測ることは
できる。統語習得理論は、ことばの規則（文法）を扱うので、小学校英語教
育の内容からすると非常に高度で複雑である。ただし、児童が、学習中、音
声を通して語彙を学び、語句や短い単文を学んでいる実態もある。学習する
内容が非常に限られているので、統語の視点で考察する内容も、名詞句、動
詞句、副詞句等の句構造、さらに、挨拶や短い単文などと僅かなものになる。
　児童は英語の文法を学習していないので、どの程度文法項目を受け止めて
いるか不明だが、意味理解も含めて統語習得の実態を見取りたい。

2.6. 語彙習得
2.6.1. 投野由起夫（1997）
　投野由起夫（1997）の語彙習得に関する考えは、「単語を知っていること」
が単に「語の意味がわかること」にとどまらず、その語に関する多面的な知

識を持っていなければその語を完全に知っていることにはならないということである。まず、「スペリング」や「発音・アクセント」について正しい知識、能力がないと語そのものを認識できないだろうと考えている。また、語の認識に関わる問題として「語の活用」と「派生語」の2つの側面があることを指摘している。

　小学校英語で関わりがあるのは、英語の内容語である名詞における可算名詞の単数形・複数形がある。代名詞の格変化や形容詞・副詞の比較級・最上級や動詞の時制（3人称現在と過去形）は取り扱わない。機能語としては、冠詞（定冠詞・不定冠詞）を僅かに経験している。小学校英語の語彙は、名詞が中心であるが、動詞・形容詞も含まれる。リスニングとスピーキングが活動の中心であるが、一単元4時間で1トピックを取り扱い、新出語はその4時間内で「聞く・話す」機会がある。また、英語語彙知識の測定で、語彙のサイズと深さについての測定方法が記述されているが、語彙数2000語から5000語までの大学専門用語までの範囲についての説明であり、小学生にはそのまま適用できない。投野の文献「英語語彙習得論」にもあるが、英語活動を通して理解できる語彙が、確実に発話出来るものではない。受容語彙と発表語彙の相違であろう。第二言語の語彙習得に関して、その過程や、サイズ、深さ、指導法についての記述は、ほとんどが大学生以上のレベルであるが、限定された少ない語彙量の小学生の英語語彙習得についても関連があると思われる。

　投野由起夫の語彙習得に関する考えでは、語彙の理解といっても、さまざまな段階があることを説明しているが、これは、児童の実態にも見られることである。ここでは、小学生のような初心者の僅かな語彙数の習得に関する研究もデータもないが、小学生なりの語彙量の状況を把握できると考え、本研究を参考にし、児童の実態を調査分析することにする。

2.7. コミュニケーション能力の習得

2.7.1. 湯川笑子（2009）

　湯川笑子（2009）は、著書「小学校英語教育で身に付けるコミュニケーション能力」で、小学校英語でどのような「コミュニケーション」ができるようになっているのか調査・報告している。本書では英語の語彙・文法などのい

わゆる「英語知識」も含み、人がコミュニケーションを成立させるために必要な、多様な能力を包含する総体としての「英語コミュニケーション能力」という用語を使い、その能力と教育について調べている。

　また、小学校英語の成果を考察するための英語コミュニケーション能力を測った研究は、非常に少ない。他方、小学校終了時点での到達度の検証は、「聞く」・「話す」両方の側面からなされるべきであるが、一般に公開されている調査研究の報告は存在しないとも明言している。

　そこで、湯川はリスニングテストだけでなくスピーキングテストも考案・実施した。ネイティヴ・スピーカーと児童2人で会話をする様子を録画して評価している。その結果、言語能力だけでなく、小学校英語で育んだ貴重な英語コミュニケーション能力が浮かび上がってきた。スピーキングにおけるコミュニケーション能力のうち、「集中力」、「表現力」、「会話統制力」は、「方略能力」に関わるものであった。文法力や語彙力等の「言語能力」を基盤としつつも、さらにそれらと相補的に機能する高次の能力であると考えられている方略能力は、対人場面において、コミュニケーションを円滑かつ効率よく行うための能力であり、むしろ文法力や語彙力が乏しい時にこそ威力を発揮する能力であるともしている。

2.7.2. 宮原哲 (2013)

　コミュニケーションを「人間がシンボル（言語・非言語）で作ったメッセージを交換し合い、お互いを影響し合う過程」と定義するのは、宮原哲（2013：28-38）である。彼は、コミュニケーションはコンテキストに影響されると述べている。自分、相手、出会い、物理的な場、時間などの条件がそろわなければ、コミュニケーションはできない。同じメッセージでも状況が異なれば、全然違った意味を喚起すると説明している。さらに、人間のコミュニケーションを考えるとき、どのような状況（コンテキスト）で行われているかをまず見る必要がある。交換されるメッセージの内容（コンテント）や、メッセージの影響、効果はコンテキストのさまざまな特徴と切り離すことができないとも述べている。

　日本の公立小学校の英語活動のねらいは、「英語力」の育成ではなく、「コミュニケーション能力の素地を養う」としている。湯川の調査分析を参考に、

本研究対象校の児童と ALT との会話を通した英語コミュニケーション能力について詳細に分析していきたい。さらに、児童の会話を分析する時は、宮原の言う「コンテキスト」を重視し、児童の状況を把握して分析に生かしていきたいと考える。

2.8. 小学校英語教育に異議を唱える人々の考え

2.8.1. 大津由紀雄・鳥飼久美子（2011）

　言語の認知科学が専門の大津由紀雄と、同時通訳者であり、また、英語教授法が専門の鳥飼久美子は、本著で、小学校英語教育について導入前から反対であったこと、現在も反対であることを表明している。その理由として、次のことを挙げている。2000年に文部科学省が作成した「小学校英語活動実践の手引き」では、「外国語会話」をするにあたっては、現在世界で主流である英語を「歌、ゲーム、クイズ、ごっご遊び」等を通して教えるなら、子どもの負担にならないし、コミュニケーション能力の育成になる、という認識を示していること、また、「手引き」によれば、「小学校における英語活動では、基本的に音声を中心に扱う事になる」、「日本語に訳さない」、「英語の発音をカタカナに置き換えない」、「無理に覚えさせない」、「誤りは細かく訂正しない」とあるだけで、音声教育の具体的な指導方法についての記述はないということも指摘している。

　小学校英語教育の目的は、①小学校では、母語教育と連携して、ことばのおもしろさ、豊かさ、怖さを学習者に気づかせること　②言語は、人間にだけ平等に与えられた種の特性であり、言語に優劣はないことを学習者に気づかせること、であるべきという自説も述べている。英語教育の専門家でない人が恣意的に教える英語をかじった子が、きちんとした英語を学び直すことの大変さを考えると、中学校で 4 技能を集中して教える方が良いという考えを示している。

2.8.2. 柳瀬陽介・小泉清裕（2015）

　本著では、2014年の有識者会議により裏づけられた「グローバル化に対応した英語教育改革実施計画」は、首相の諮問機関である教育再生実行会議で短期間のうちに閣議決定されたものであり、メンバーに英語教育の専門家は 1 人もいない状態であったと記述している。その実施計画の基盤では、「英語

教育」の「英語」ばかりが強調され、「教育」の面が軽視されている。また、数値目標による管理がなされ、「世界平均水準の英語力を目指す」（行動計画）、「アジアの中でトップクラスの英語力を目指す」（有識者会議）とし、外部資格試験等で英語力の把握・分析・改善を行うことが「必要」である（実施計画）とするなど、英語教育の改善を、数値目標を掲げて国家的検証と競争のゲームにしようとしている、とも述べている。著者は、言語使用もアイデンティティーも複合的であれと推奨している。さらに、文科省は最近「全課程を英語で授業する大学（または学部）を重点的に支援」しているが、今必要なのは、全てを英語で行うことではなく私たちの中にある様々な言語資源を複合的に使いこなすことではないか？ と投げかけている。子どもの感性に訴える英語使用を導入すれば、子どもも英語でのコミュニケーションをいきいきと経験できることも述べている。終わりに、英語教育で育てるのは言語ではなく人間であること、人づくりに励むことを願っていると結んでいる。

　２冊とも共著であり４名の英語学者、英語教育の実践者が、日本の学校英語教育に関する豊富な知識と経験をもとに、小学校英語教育への不信と不安を表明し、英語教育として実施するならば、是非取り組んでほしいという教育方法や内容を提唱している。

　小学校英語教育の導入時の政策やそれまでの経緯、現在行われている高校・大学の学校英語教育の内容や新制度、大学入試改革や学校英語教育目標等々、多くの問題を含む中で進行している学校英語教育について、改めてたくさんの情報を得ることができ、考えさせられることの多い内容であった。

2.9. 本研究の立場

　本章では、小学校外国語活動における英語習得研究や第二言語習得論における小学校英語教育研究について概観し、第二言語習得論における各論（音声・形態素・語彙・統語・コミュニケーション）の習得理論も概観した。現行の小学校外国語活動における英語知識・理解やコミュニケーション能力の習得に合致する研究は、残念ながら、今のところほとんど見られない。公立小学校では、学習指導要領に則り指導し、学習内容の定着は求められていな

いので、それらに関連する研究や報告が無いのは当然のことであろう。また、小学校英語教育は始まったばかりで、先行研究が少ないのも致し方ないと思われる。

　しかし、児童は、スピーキングとリスニング中心の英語体験活動を楽しんでいるだけのように見える授業を通して、少しずつ学習内容を身に付けているのも事実である。その実態は、授業展開と指導方法、調査集団や調査内容により結果にバラつきがあることは考えられるが、英語習得の実態把握はできると考える。そこで、調査研究対象校の児童の英語力を実態調査し、その内容を先行研究に基づいて検証し、英語学習効果の状況を明らかにし、その結果を、今後の指導に生かしていきたいと願うところである。

第3章　本研究の目的・内容・方法

3.0. 序

　公立小学校外国語活動における英語の習得に関する先行研究がほとんど無い現在、習得過程の解明やその実態の研究は、今後の指導に必ずや役立つものと考える。

　しかし、現状は「児童に英語の定着は求められていない」中、体験活動のみが実施されている。学習の言語活動に関する目標は明確ではなく、評価もなく、児童自身の活動に対する評価は、「活動が面白い」、「友達と楽しく活動できる」、「進んで学習に参加している」など学習態度に関する情緒面での自己評価にとどまっている。

　また、学校現場の児童の実態を調査研究するための理解・協力を得ることは、非常に多忙な現在の公立小学校では、児童と学級担任にはかなりの負担であり、協力を得ること自体が非常に困難である。また、調査時期・時間・内容に関しても、実態調査には制限が多い。そのような環境の中、本書では、調査協力校の児童の英語習得の実態の研究を以下の要領で進めていく。

3.1. 本研究の目的

　児童が限定された英語体験活動をする中で、英語習得をする過程を明らかにしていく。英語能力習得や定着を求められてはいないが、少しずつ英語知識を身に付けていくその過程を知ることは、今後の英語教育に資するものと考える。

3.2. 研究内容と方法

　児童が学習する内容は、語彙も表現も量的には少なく、身近な表現が主で非常に限定されているものである。挨拶や会話を楽しむ活動を経験しているが、少なからず英語知識を習得している。本研究では、それらが言語学的にどのようなものであるかを解明するものである。英語音声・音韻、形態素、統語、語彙、コミュニケーション能力の各視点から、児童の英語知識の習得

の過程を明らかにし、学習効果を明らかにする。なお、調査内容・方法の詳
細については、4章・8章は、各章の中で説明していく。5・6・7章は、
M小学校、H小学校での調査内容から言語学のレベル別に記述している都合
上、調査用紙を巻末資料の中に提示する。

3.2.1. 音声・音韻

　語や句・文を英語で発話する児童の音声の波形やピッチ曲線を native
speaker である ALT のものと比較して音声習得の様子を分析する。児童は、
英語音声を聞いて各自、日本語と英語の違いに気付き、真似をしながら少し
ずつ英語音声を習得している。ALT や担任など第3者の指導も評価もないの
で、児童の主体的な活動や気付きを通して音声を習得している現状がある。
語におけるアクセントや文におけるイントネーションなどの音声波形やピッ
チ曲線を native speaker と比較して、英語音声にどの程度慣れてきているか
判別する。また、英語音韻についても、語末の閉音節や二重母音、子音連結
に関する習得状況について実態把握と分析をする。

3.2.2. 形態素

　小学校外国語活動で取り扱う形態素は、名詞単数の不定冠詞（a, an）や、
名詞の複数形のみである。動詞は原形のみを学習し、3人称単数現在形や過
去形のような高度な学習はしない。不定冠詞は授業中、名詞の単数につく冠
詞として僅かに体験するが、学習と言うには程遠いものがある。名詞の複数
形については、果物や動物の名前の学習時に単数・複数の言い方を絵で確認
して学習するので不定冠詞よりは多く理解できるが、文法的な指導はないの
で、やはり理解し難い項目ではある。これらについて、僅かな量の聞き取り
調査ではあるが、習得の状況を分析する。

3.2.3. 統語

　主に句や単文について、聞き取り・意味理解・発話の調査をする。英語音
声を聞いて、音連鎖の連続が意味のある句や文であることを認識している
か、また、絵を見て、英語の句や文で表現できるかという調査をし、句や文
の認識と意味理解や表現を分析する。また、連結語知識（一緒に使う事がで
きる単語を知っている）などについても分析する。

　さらに、英文を聞き取るときに、どの程度句や文を意識しているか、詳しく調べる。単語と違い、文は長くて聞き取りにくく、記憶も難しいために省略した文を学習することもあるが、その理解や表現についても分析していく。また、会話のために疑問文とその応答文の練習をするが、聞き取りや意味理解の実態も調査する。さらに、文表出の能力についても実態把握と分析をする。

3.2.4. 語彙

　小学校英語活動で学習する語彙は名詞が主なもので数詞・序数詞約130語を含めると全体で約400語になる。名詞は350語（約87%）で、その内、数詞、序数詞が130語近くある。加えて、動詞27語（6.7%）と、形容詞20語（5%）、副詞7語（1.8%）に前置詞等を学習する[7]。語彙の理解度を測る聞き取り調査では、文字を学習していないために、数枚の絵から正答を選択する方法や、ジャンル毎の絵の中から英語音声に該当する絵に番号を記入する方法、英語音声の意味を日本語（文字）で解答する方法などを採択し、児童に解答し易い方法も探る。また、同じ語彙の受容語と発表語の理解度の相違や、同じジャンルの語彙でも理解度の高いものと低いものの特徴なども調べる。さらに、語彙を理解しているということについて、その内容やレベルに関して、「聞く・話す」活動に限り、受容的知識（話されている単語を理解する力）、記憶（必要な時に思い出すことが出来る）、表現（発話）などについて分析する。

3.2.5. コミュニケーション能力

　希望する児童2人組でペアになり、ALTと自己紹介や興味のあるトピックについて3分程度会話する。英語の語彙知識だけでなく、頷きや首の縦・横ふり、笑いなどのノンバーバルコミュニケーション（非言語表現）も含めて会話を進める様子を観察する。非常に限定された学習内容で得た英語能力で「発話解釈能力」がどのようにはたらき、どのような会話ができるのかを分析していく。また、挨拶や会話などの文の応答の意味理解や適切な応答の仕方も分析する。

7）「小学校外国語活動研修ガイドブック」2008年、文部科学省

3.3. 研究協力校

研究協力校は、児童・担任への負担を考慮し、また、管理職の理解により、幾つかの学校へ依頼する。なお、本研究に調査協力頂いた学校について概略を紹介する。

先ず、M小学校では1学年4学級という大規模校ながら、校長先生の好意で2年間に渡り調査に協力頂いた。M校は、北九州市郊外の新興住宅地にあり、創立40周年を迎え、地域環境は落ち着いており、児童は何事にも積極的で、学力的には市でも全国平均でもやや良い傾向にある。M校では、1学級30名の児童に音声・音韻の調査を、また、4学級約130名の児童に英語の聞き取り調査をした。その結果は、4章の音声・音韻、5章の形態素、6章の統語、7章の語彙等でそれぞれに習得状況を分析論述する。小学校英語では、年間35時間の学習時間なので、塾に通う児童の語彙獲得は、学校で学ぶだけの児童より多く学び、理解が進んでいると考えられる。塾でも英語を学習する児童と、学校だけで学習する児童の語彙獲得状況を比較してみる。ただし、調査項目は基本的に学校で学習する内容に限る。両者の成績の比較で、英語学習環境による習得の度合いに影響があることは考えられる。

次に、H小学校も、北九州市の副都心に近い住宅地域にあり、創立60周年を控えており、地域環境は古い伝統を守りながら新しいものを柔軟に取り込む気質がある。1学年2学級というやや小規模の学校であるが児童は落ち着いた生活態度で積極的に学習し、学力的にも5・6年生共に市でも全国平均でもやや良い成績である。H校では、5章の形態素、6章の統語、7章の語彙習得について調査した。結果は、各章で論述する。

最後に、F小学校では、ALTと2人の児童の会話を通して、児童のコミュニケーション能力について分析論述する。F校は、創立140年の歴史を持つ学校であり、1学年2学級約50名の小規模校である。地域に守られている学校で児童は素直であるが、学力的には非常に厳しく全国平均をやや下回る。しかし、学習意欲は高くまじめに取り組む風潮がある。F校では、5年生末と卒業間際の6年生末に、児童がALTとの英会話を通して、コミュニケーション能力をどの程度身に付けているか調査を行う。言語・非言語表現の活用状況、発話解釈能力や会話統制力がどのように働いているか等、非常に少ない学習経験から、コミュニケーションを図ろうとする態度と英語知識の活用や方略能力の活用の様子を観察・分析する。

第4章　英語音声・音韻習得

4.0. 序

　小学校外国語活動の目標の一部に、「外国語の音声や基本的な表現に慣れ親しませながら、コミュニケーション能力の素地を養う」とある。さらに、その目標を踏まえ、内容を「外国語の音声やリズムなどに慣れ親しむとともに、日本語との違いを知り、言葉の面白さや豊かさに気付くこと」と設定している[1]。

　小学校外国語活動は、文字を使わずに主に音声で「聞く・話す」英語活動を多く経験させることを目的としている。英語音声は、ALT を始め、DVD やCD、学級担任から聞く音声が主である。Native speaker や non-native speaker、英語が堪能な日本人も含む人々から英語を聞く機会がある。児童は、活動そのものを通して英語音声に慣れ親しみ始めているところである。

　そこで、本章では、児童の音声・音韻習得に関わる現状を調査分析する。本章第1～3節では英語音声習得について、第4節以降では英語音韻習得について述べていく。

4.1. 英語音声習得

　本調査は、M小学校5年生1学級（約30名）を対象に、調査分析する。この児童の学習開始時期（1回目、5年生6月初め）と小学校における外国語活動学習全期間の中間点（2回目、5年生2月当初）、さらに外国語活動終了時（3回目、6年生2月当初）の2年間に渡り3回調査を行う。

　小学校2年間の学習を通して、語彙とあいさつや文などの表現を学習するが、5年生ではおよそ半分弱の語彙と表現を学習する。内容は、児童には非常に身近なもので、5年生では、簡単なあいさつや物の数え方、好きな食べ物や動物、スポーツを伝えたり、インタヴューを通して色や形を表現したりする。さらに、アルファベットに関する名前を聞いたりゲームをしたりする。

　1）「小学校外国語活動研修ガイドブック」2008年、文部科学省

身近なものの名前を言ったり、時間割を発表したり、食べ物を注文する場面の会話練習をする活動もある。6 年生では、動物の名前や誕生日の言い方、できることの紹介や道案内の仕方、さらに外国旅行の話や一日の生活の紹介、3 学期には桃太郎の物語や自分の将来の夢を語るなど、5 年生よりは内容が少し多くなり、難しくなってもいる。

　M小学校では、native-speaker の ALT が授業を展開し、学級担任は児童管理や活動の説明で日本語の補足説明をしたり、英会話のデモンストレーションを ALT と共におこなったりする。

4.1.1. 本研究の目的

　外国語活動の授業では、上記の内容・方法で英語音声に接するので、少しずつそれに慣れてきていることは確かである。特に北九州市の場合は、委託事業者が派遣する ALT が主に授業を担当しているので、主に英語で授業を行っている。

　しかし、児童の英語音声習得に関する実態はよく知られていないし、個々の児童の英語音声の聞き取りや発話状況を指導者が把握している報告はほとんど見られない。そこで、学習した英語音声習得の状況を調査・分析することにより、児童の実態を把握し、今後の指導に生かすことを目的とする。

4.1.2. 本研究の内容

　学習開始時の 1 回目調査は、既習時間も学習内容も少なく、音声的には僅かな調査しかできなかった。1 回目の調査の時点では、児童は身近な語彙の中でも、簡単なあいさつや自分の名前の言い方、数の数え方など僅かしか学習していない。5 年生 3 学期の 2 回目調査では、5 年生の 1 年間で学習した内容から英語語彙、英会話を収録する。児童は、小学校で学習する英語語彙・句、表現等の凡そ半分を学習している。3 回目調査では、6 年生で学習した英語語彙・句と簡単なあいさつ程度の英会話を収録する。英語音声に関しては、直接比較できる単語や英文は非常に限られているので、あとは、各調査時点で学習した内容の語アクセントやリズム、文のイントネーションを中心に分析し、英語音声習得の状況を測ることとする。

　以下は、音声調査時に使用した調査用紙である。

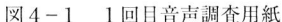

図4-1　1回目音声調査用紙

図4-2　2回目音声調査用紙

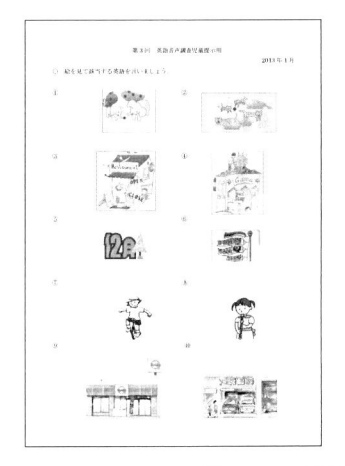

図4-3　3回目音声調査用紙

4.1.3. 本研究の方法

　調査校M小学校の1学級の児童約30名の英語の発話を昼休み等児童の自由時間に、ICレコーダーで音声収録し、音声そのものや音声波形、ピッチ曲線をALTのものと比較しながら分析し、児童の英語音声習得の状況を明らかにする。音声収録の場所や時間は、M小学校の昼休みに、比較的静かな場所（校長室、放送室、英語活動室等々）で、児童と調査者が対面して調査する。個

別に問題用紙の絵を見て英語を発話する。音声収録の環境としては決して良いものではないが、小学校で、休み時間に、学校の教育活動に迷惑をかけないで調査すると、この方法しかなかった。

4.2. 音声調査の結果と分析

音声調査は、英語語彙・句のアクセントやリズムを中心に発音の状況を、また、英文ではイントネーションについても ALT のものと児童の音声グラフの音声波形とピッチ曲線を比較分析し、英語音声習得について明らかにする。

4.2.1. 語アクセントを伴う英語音声習得

川越いつえ（1999：163-164）によると、アクセントとは、単語や句の中で、ほかよりも目立つ部分のことで、英語だけでなく、日本語にも、また、ほかの多くの言語にもある。しかし、アクセントのある部分の目立たせ方は、言語によって違うし、アクセントの位置も言語ごとに違う。

「マクドナルド」の発音を見ると、日本語と英語でアクセントのある位置と、目立たせ方が違う。日本語では ma-ku-do-na-ru-do の1つ1つの拍の長さがほぼ同じで、アクセント核が「ナ」にあり、ナからルで急に高さが変わる。一方、英語では MacDonald の –Don– の音節が圧倒的に強く、しかも長く高い。ナルドの部分は圧縮されて、ドーの後に尻尾のようについているだけである。さらに英語では –Don– のところにビートがあり、強く、そして高く長く発音されるのが英語のアクセントである。

音声学・音韻論では日本語のアクセントを高さアクセント（pitch accent），英語のアクセントを強さアクセント（stress accent　別名，強勢）と呼んで区別する。日本語のアクセントでは高さ以外には変化しない。

英語語彙の音声調査は、1回目では学習事項が少なくて十分にできなかった。また、調査方法として、基本的な単語の絵を見せて英語で発音させた。正解が多かったのは、sandwich と banana であった。これらの単語は3回目調査まで英語で発音させ、その音声の変化の様子を分析してみた。

4.2.1.1. ３回の調査における英語音声習得

| sandwich |

　２音節の単語である［sǽndwɪʃ］は、［sǽnd］にアクセントがある。高さ以外は変化しない高さアクセントである日本語と違い、英語は強さアクセントであるが、それは声を強く大きくするだけでなく、長くもなるし高くもなる。

表４−１　sandwich の３回の調査の評価表

	sandwich		
	１回目	２回目	３回目
ALT によく似ているもの	4　（12%）	5　（16%）	8　（27%）
両者の中間のもの	8　（24%）	13　（42%）	12　（40%）
ALT に似ていないもの	21　（64%）	13　（42%）	10　（33%）
合　　計	33 （100%）	31 （100%）	30 （100%）

　日本語借用語になっている sandwich を、英語を意識しない児童は、普通の日本語の様に「サンドイッチ」［saɴdoittʃi］と発音する。英語らしく発話しようとする児童は、音節やアクセントに留意して声の大きさや高さ、強勢拍リズムで［sǽndwɪʃ］に近い音声で発音する。５年生３学期に教材で出てくるので、児童は発音練習を何回かしている。しかし、学習時期が２回目調査の前後なので、調査結果には反映されていない。１年後の３回目調査では、学習の効果が残っているのか、ALT によく似ている児童が微増し、似ていない児童は減じている。

ALT　　　　　　　　　ALT の音声に似ているもの

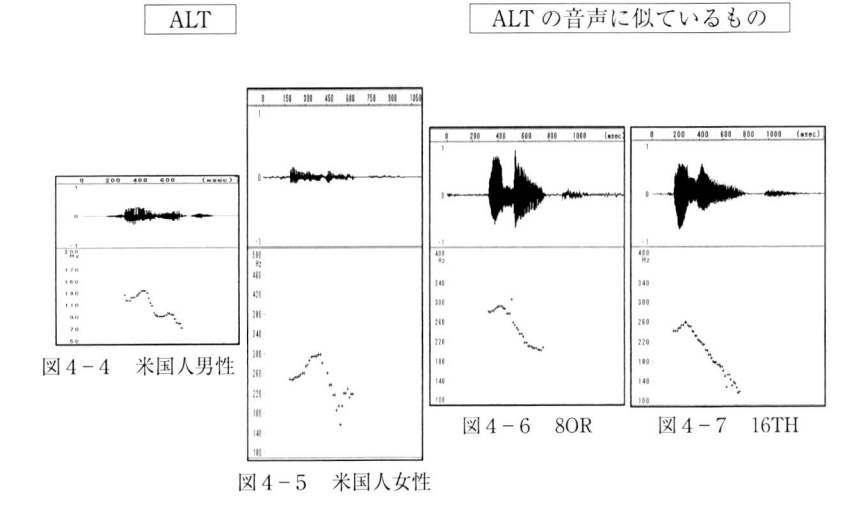

図4-4　米国人男性

図4-6　8OR　　　図4-7　16TH

図4-5　米国人女性

（sandwich の音声波形（上段）とピッチ曲線（下段））

　ALT の音声と似ているか否かのグループ分けは、児童の英語音声とともに
音声波形とピッチ曲線から判別する。音声波形からは、声の強さや大きさ、
英語音節か日本語の拍リズムかが分かり、ピッチ曲線からは、声の高さとア
クセントの位置が分かる。両方が ALT に似ていればそのグループに、音節で
はなく日本語拍リズムで、アクセントもよく分からない発音の児童は ALT に
似ていないグループに、その中間の一部音節やアクセントが分かる児童は中
間のグループに分別する。

　8OR, 16TH の児童2名の音声グラフと2名の ALT の音声グラフの波形を
比較すると、児童は2音節で発音していてはじめの音節の方があとの音節よ
りも強く発音していることが分かる。また、ピッチ曲線からは、第1音節に
アクセントがあり、アクセントから後ろは下降調になっていることや声域の
下限までの幅も100Hz 程あり、声の高さが分かる。語アクセントの状況から
も、実際に音声を聞いても、英語音声に近い発音と考える。

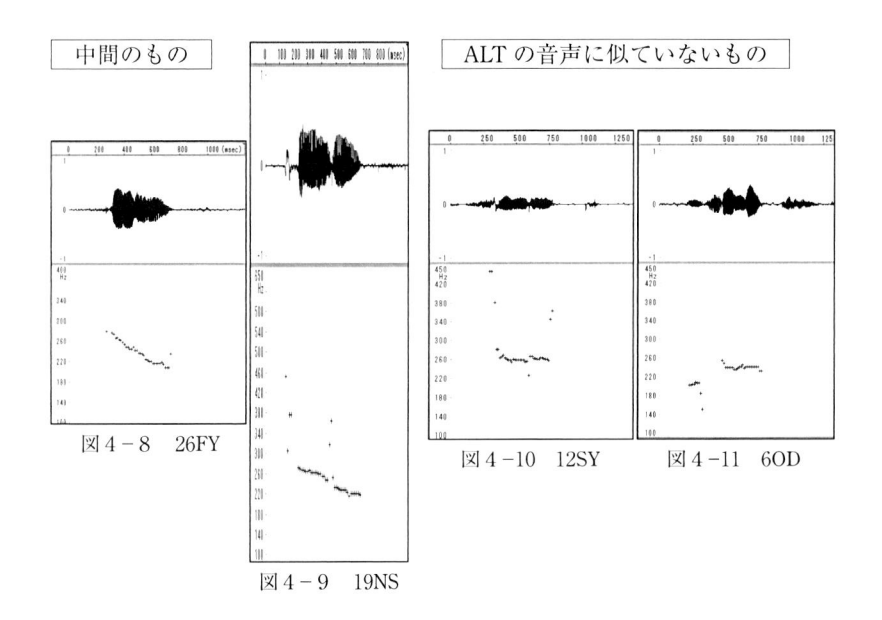

中間のもの

ALT の音声に似ていないもの

図4−8　26FY

図4−9　19NS

図4−10　12SY

図4−11　6OD

　26FY の児童は、[sǽnd] の音節の -d- の音が少し強く大きく聞こえる。[sǽnd] にアクセントをつけて発音しており、ピッチの動きは英語音声に似ている。全体的には英語音声のようにも聞こえるが、音節がはっきりしないことや、日本語の拍リズムが少し感じられたことで中間的な発音と捉えた。

　19NS の発音は、26FY よりの [sǽnd] の -d- の音がさらにはっきり聞こえ、全体的には英語の強勢リズムのようであるが、上記 -d- の音声で、英語らしさが随分損なわれている。音の下降調も緩やかであるので、語アクセントが際立って聞こえないが、2 音節に分かれており、どちらかというと日本語の発音よりは僅かに英語の発音のように聞こえる。

　「ALT の音声に似ていない」12SY 児の音声は、いわゆる日本語借用語の発音で、拍リズムであり、ピッチも、-ch- の部分の声が無声音のため表示されていない。その部分は実際に下降しているものの、前半のピッチは高いままであり、英語の強さアクセントがみられない発音である。日常聞き慣れている日本語語彙と同じ意味の英語語彙は、そのまま自分の知っている発音に置き換えて発音しているようだ。

　6OD の児童の音声も同様に、日本語借用語の拍リズムで、強勢アクセントが見られず、ピッチは高いままの平坦な発音である。また、無声音である

-ch- のピッチが表示されていないが、そこは下降調であるにも拘らず -sandwi-
の部分は平坦であり、音声波形も拍リズムで発話していることを示している。

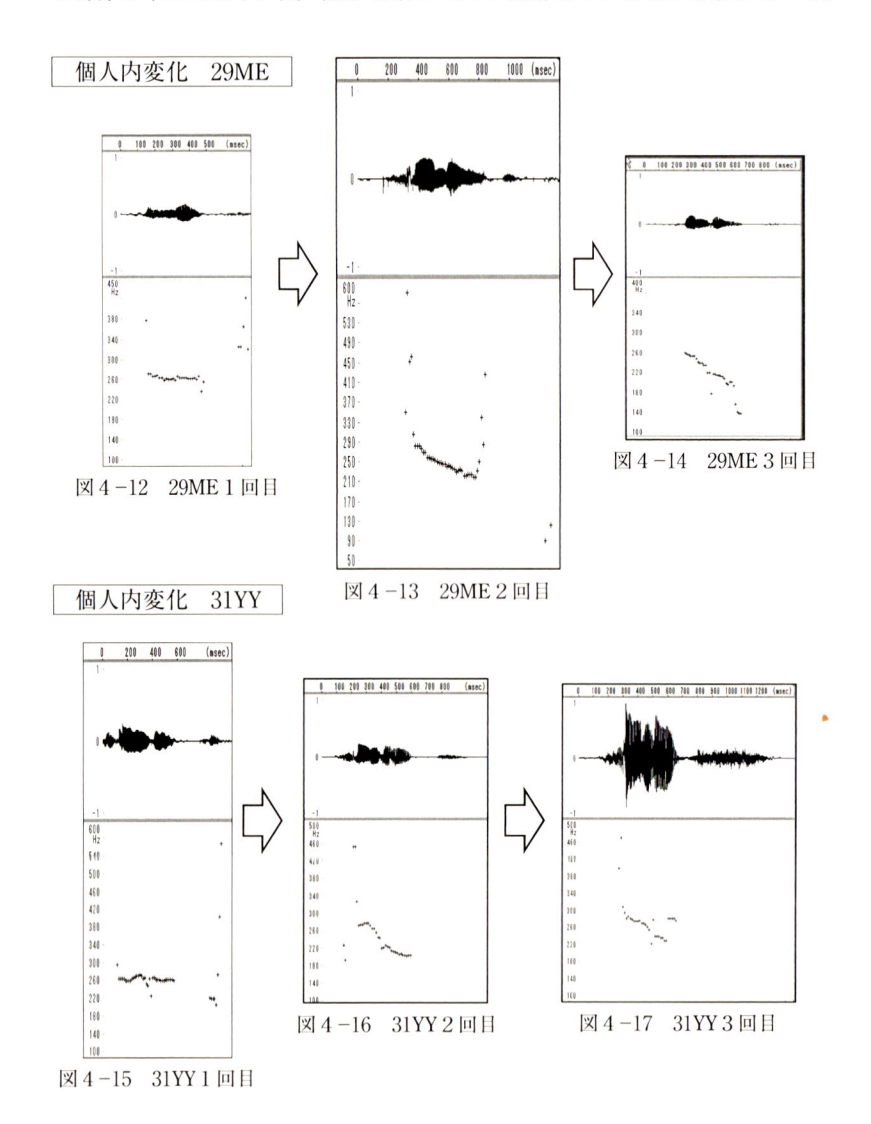

上記29ME, 31YY 2名に共通していることは、1回目調査では2名とも、英
語の2音節は見られず、日本語の拍リズムでピッチの高低差も殆ど無い日本

語的な発音であった。これは、音の強さを際立たせる英語アクセントに気付かずに、また、意味が同じ故に、児童が知っている借用語の日本語音声をそのまま発話している。2回目調査のグラフは、5年生学年末に授業で学習し何回か発音練習をして英語音声に気付き、少しずつ発音ができるようになってきている過程であると捉える。3回目調査では、29ME は音声波形から英語の音節が見られるようになってきている。31YY の音声波形からも音節がみえるが、アクセントのある第一音節が第2音節に比べ大きな音声のようである。英語学習を進めるうちに英語的な音節を意識した発音に気付き、強さアクセントが少し窺える音声に変わってきている。

　調査児童全体では、1回目調査より3回目調査の方が、英語らしい発音になっている児童が若干増えていると考える。しかし、個々の児童の発音の変化は一様ではなく、はじめはかなり英語的に発音していたのに2年後には元の日本語的な発音に戻る児童や、英語らしくなったり日本語的な発音になったりする児童もいる。一度できたから、その後は必ず英語らしい発音ができるとは限らず、良くなったり元に戻ったりしながら少しずつ英語音声に慣れてきているようである。

| banana |

　5年生の7月に学習する3音節の語彙 banana [bənǽnə] である。アクセントは2音節目の -nan- にある。児童にとっては、日本語借用語として周知の語彙でもある。英語音声を学習する時に、日本語と英語の違いに気付くと思われるが、児童全員が気付くはずもなく、英語らしい発音をしている訳でもない。ALT や DVD の native speaker の音声をよく聞いて真似すると英語のアクセントに気付き、英語的な発音がしやすい。英語と日本語のアクセントやリズムの違いに気付き、自分で英語らしく発音することを意識する児童は、英語らしい音声の習得が可能である。1回目調査では英語音声での発話が難しかった児童も、学習後の2回目調査では、ALT の音声に似たアクセントとリズムの発音の児童がかなり増えている。児童がよく知っている日本語と少し似ているが、英語音声はアクセントが際立っているので、日本語との違いにも気付き発音しやすく覚えやすいようである。

表4-2　banana の3回の調査の評価表

	banana		
	1回目	2回目	3回目
ALT によく似ているもの	7　（21%）	13　（42%）	19　（63%）
両者の中間のもの	8　（24%）	10　（32%）	4　（13%）
ALT に似ていないもの	18　（55%）	8　（26%）	7　（24%）
合　　計	33（100%）	31（100%）	30（100%）

（単位：人数）

（banana の音声グラフ）

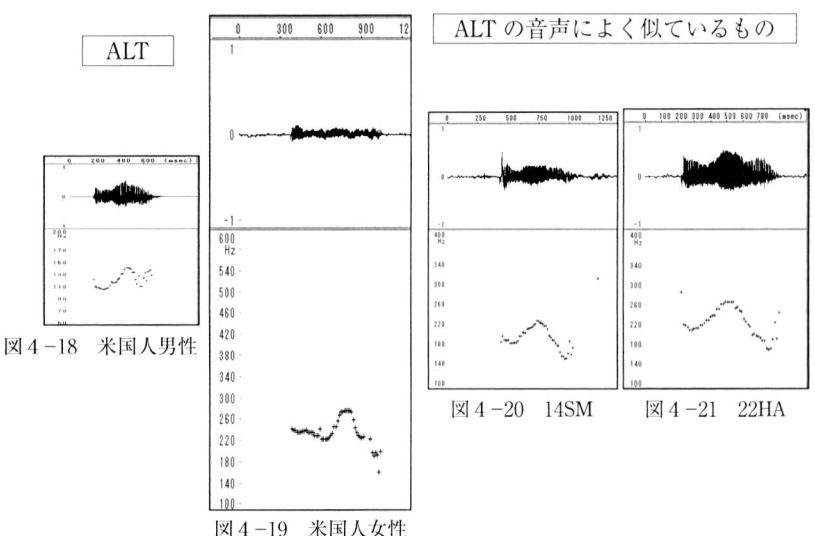

ALT

図4-18　米国人男性

図4-19　米国人女性

ALT の音声によく似ているもの

図4-20　14SM　　図4-21　22HA

　3音節の語彙 ba・nan-a の発音記号は、［bənǽnə］である。第2音節にア
クセントがあり、ピッチも高く音節は少し長く発話される。音声波形は、
ALT 女性のものは、殆ど一様であまり変化は見られないが、男性 ALT のもの
は第2音節の波形の振幅が少し大きくなり、声の強さ・大きさが感じられ
る。それと呼応して音声波形の幅が広くピッチ曲線も高くなっていて強勢ア
クセントがあることが明白である。波形やピッチ曲線がALTのものとよく似
ており、音声も似ている児童の音声グラフが上記の14SM, 22HA のものであ
る。単語アクセントや声の大きさなどが英語らしい発音になっている。

以下に中間のものとして2名分、音声グラフを挙げている。

25FM, 7OM共に、リズムは日本語の拍リズムに近いが、-nan-のところにアクセントを付けて発音していて英語音声のようである。音声波形では、その点は見られないが、ピッチ曲線では-nan-に当たるところが僅かながら高く長くなり、英語音声を意識して発音していることが分かるグラフである。

また、「ALTの音声に似ていないもの」は、日本語の拍リズムで始めの部分でアクセントが強く高くなっている。11KTの音声は少し不思議なもので、第3音節で僅かにアクセントが付いている。自分の発話した音声に自信が無く、調査実施者に解答の確認をしているようでもあった。29MEの音声は、全くの日本語の発音である。1回目の未学習の時期であったためであろう。

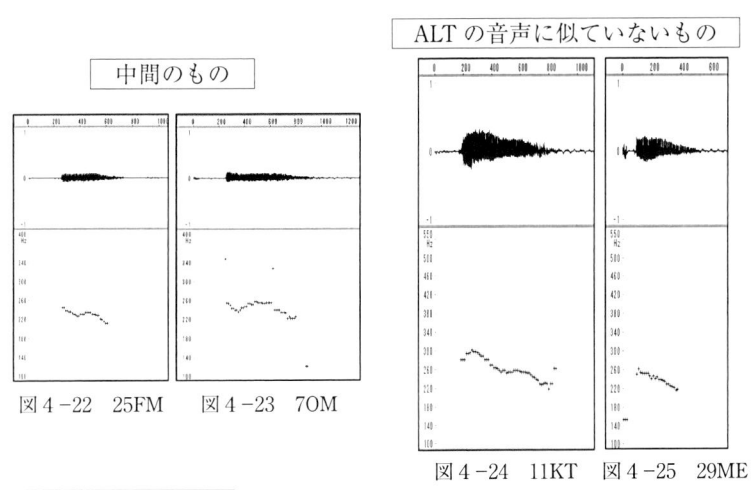

中間のもの

図4-22　25FM　　図4-23　7OM

ALTの音声に似ていないもの

図4-24　11KT　　図4-25　29ME

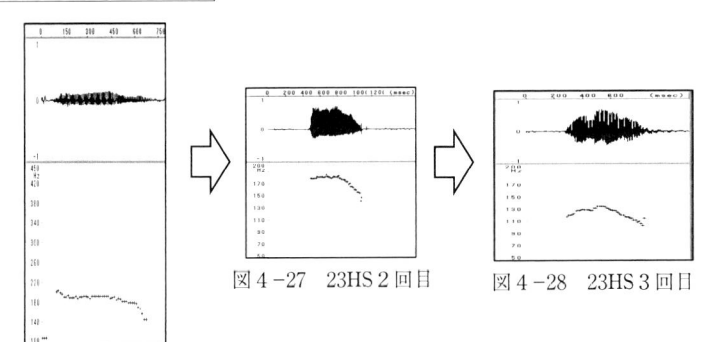

個人内変化　23HS

図4-26　23HS 1回目

図4-27　23HS 2回目

図4-28　23HS 3回目

　23HS 児の英語音声の変化は、１回目調査時点では、拍リズムで強弱アクセントも無い日本語の発音であった。調査時には未習であった banana を本児童は英語的には発音できなかったが、学習後の２回目調査では -nan- のところで１回目と比較して少し英語らしくなりつつある状況であった。第２音節に当たる -nan- の波形が第１音節よりやや大きくなりピッチもやや高く英語の強さアクセントが感じられる。さらに第３音節のところでピッチが下降調になっている点で、１回目調査より少し英語アクセントが出てきたと判断する。３回目調査時には、音声波形から３音節が窺われ第２音節にアクセントが付けられ明確に強く大きい音で、しかも、ピッチ曲線も相対的にやや高くなっている。本児童なりに、日本語と違う英語の音節やアクセントに気付き、アクセントでは強く高いピッチで言えるという点で、１回目と比較すると英語らしい発音になってきたと捉える。

個人内変化　27 FK

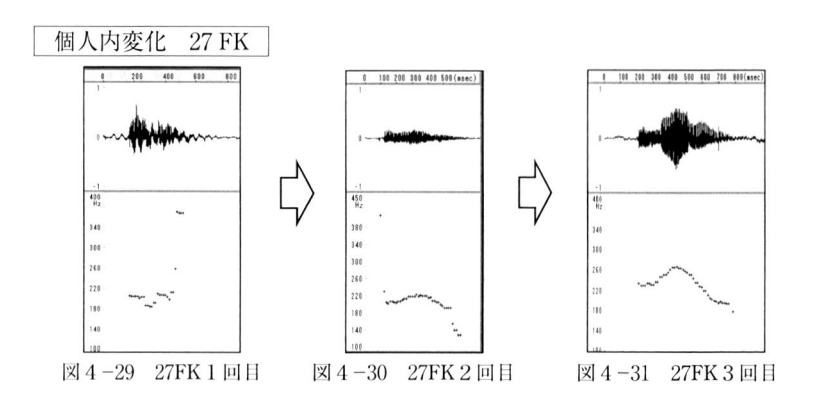

　図４−29　27FK１回目　　　図４−30　27FK２回目　　　図４−31　27FK３回目

　27FK 児は、１回目調査では拍リズムに近くピッチもほとんど動かずに日本語の借用語のように聞こえた。２回目調査でも拍リズムに近いが、第２音節の -nan- のところで少しアクセントが付き、声がやや大きく強くなりピッチも若干高くなるという変化が見え、英語音声を意識し始めたようにみえる。３回目調査では、拍リズムよりも英語の音節が感じられる強拍リズムで、第２音節のところで声が強く大きく、さらに高く、少し長くなり、以前よりも英語音声らしくなってきた。少しずつ英語音声らしい発音になってきているようだ。

4.2.1.2. ３回目語彙調査における英語音声習得

　小学校外国語活動がほぼ終了する６年生３学期の卒業前に、６年生で学習した英語語彙・語句の習得状況を調査した。本項では、学習を通して児童が習得している語彙・語句を発話する音声に関する分析を試みる。調査項目は、次の通りである。

表４-３　音声調査項目一覧

1 elephant,	2 tiger,	3 restaurant,	4 game,	5 December,
6 May 5th,	7 ride a unicycle,	8 play the recorder,	9 convenience store,	
10 fire station	11 grandfather,	12 police station,	13 Australia,	
14 France,	15 June 30th	16 watch TV,	17 get up,	
18 go to bed,	19 study at school,	20 eat lunch		

　絵を見て該当する語彙・語句を発話し、ICレコーダーで収録する調査形式である。絵は、児童が使用する英語教材 "Hi, Friends2" から選択しているので、児童にとっては語彙・語句を思い出しやすく、ヒントになるだろうと考えた。

　語彙の中には、日本語借用語として日常的に使われている restaurant, game や、国名 Australia, France がある。動詞句の語句に関しては、学習中、教材の絵を見て語句を聞き、話すので、児童には分かりやすいものである。しかし、学習時間が非常に短く、内容は多く十分な指導も練習もしていないので、確実に記憶することは難しい状況でもある。そのような中でも、児童の英語音声の習得は、僅かではあるが見られる。調査の結果は、以下のようになった。

　先ず、20問中のはじめの５問の単語に関する調査結果である。

表４-４　英語語彙・句の発話調査の結果：数字は人数、カッコ内は割合％

問　　　題	elephant	tiger	restaurant	game	December
ALT に似ている	19 (64)	26 (87)	5 (17)	2 (6)	19 (63)
ALT に似ていない	7 (23)	3 (10)	1 (3)	17 (57)	0 (0)
間違い	4 (13)	0 (0)	22 (73)	0 (0)	1 (3)
答えられない	0 (0)	1 (3)	2 (7)	11 (37)	10 (34)
計	30 (100)	30 (100)	30 (100)	30 (100)	30 (100)

　動物の名前である elephant や tiger は、学習後 native speaker によく似た発音が出来ている。特に、tiger は、短い2音節の単語で ALT の音声は聞き取りやすく、発話しやすく、記憶しやすい語彙のようである。elephant も3分の2の児童が記憶している。2音節の ti・ger に比べ、3音節の el・e-phant, 特にアクセントの無い音である語尾の –t- が聞き取れていないからか、発話で –t- の音が脱落している児童が2名いた。3音節の内の1音節目にアクセントがあるので、2音節目からはピッチが下降調になることもあり、語尾の /t/ が聞き取れなかったことが考えられる。さらに、聞く・話す活動だけで、読む・書く活動がない現在の学習では、聞き取りにくい音声の脱落は考えられることである。聞き取りだけの不確かさは、語尾の発音が /t/ ではなく、/to/ や /tsu/ と発音する児童がいたことでも分かる。日本語の語尾が子音に母音を付加した開音節で終わるという特性を受けてCの音声を CV に変えているようである。

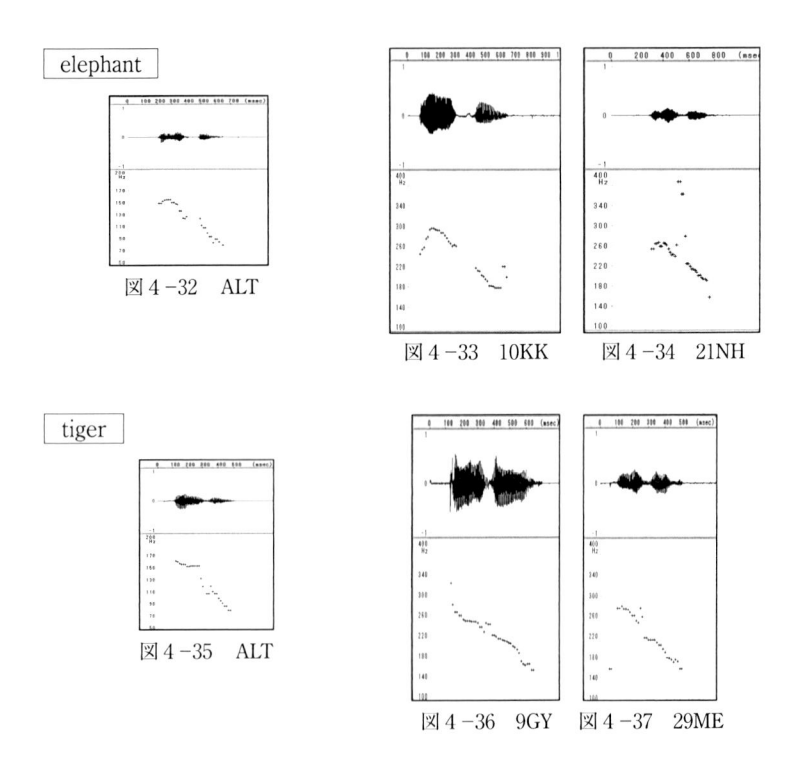

elephant

図4−32　ALT

図4−33　10KK　　　図4−34　21NH

tiger

図4−35　ALT

図4−36　9GY　　　図4−37　29ME

　同様のことが、restaurant にも言える。しかも、外来語として日常的に使われている語彙のためにその影響を受け、語尾の /t/ が脱落したまま、日本語モーラで［resuutorɑɴ］と発話する児童が22名（73％）いた。さらに、-game-も外来語であり、日常的に使用する語彙であるために日本語の影響を受け、本来 /geɪm/ と二重母音になるところを /ge:muu/ と長母音で発音する児童が17名（57％）いた。二重母音で発音できた児童は2名（6％）だけであり、英語の発話ができない児童が11名（37％）であった。先に習得した日常使用する借用語の影響が大きいためであると考える。また、語尾も借用語の影響を受けて［ge:muu］と開音節で終わる児童が多いと予測したが、実際は1名だけで、18名が閉音節で終わっていた。単語の語頭にアクセントがあり、語尾は少し弱い音なので明確に母音 -uu- を付加する必要がなく無声化が起きたのであろう。

　以下は、ALT の音声グラフと似ている発音の児童の音声グラフである。

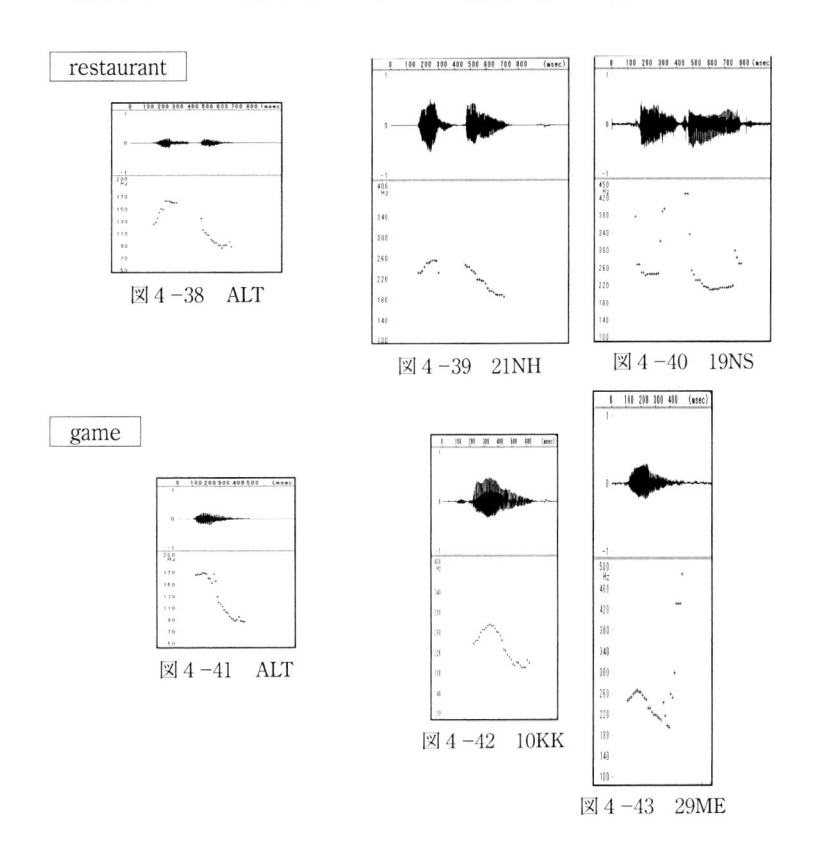

図4-38　ALT

図4-39　21NH　　　図4-40　19NS

図4-41　ALT

図4-42　10KK

図4-43　29ME

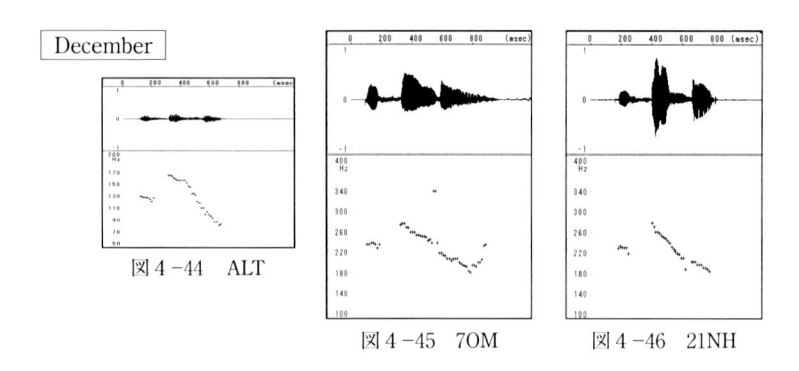

図4-44　ALT

図4-45　7OM　　　　　　図4-46　21NH

　Decemberは、3音節からなる語である。ALTに似ている児童の音声波形は、3音節で発音していることや、語アクセントのある第2音節の振幅が大きく発話の声も［dɪsɛmbər］の［-sɛ-］でアクセントが強く聞こえている。7OMの児童は、語尾が少し上がっているが、これは児童が調査者に答えの確認をしているもので、同様に語尾を上げて自分の発言を確認している児童が5名いた。また、音声波形では、3音節が明確でないが大きく3つの塊になりつつある児童もいた。児童全体では、ALTに似ている児童19名、似ていない児童0名、間違いの児童は1名、発話できなかった児童が10名いた。

　次は、問6から問10までの5問の調査結果である。

表4-5　英語語彙・句の発話調査の結果：数字は人数、カッコ内は割合%

問　　題	May 5th	ride a unicycle	play the recorder	convenience store	fire station
ALTに似ている	4 (13)	2 (7)	15 (50)	18 (60)	19 (63)
ALTに似ていない	0 (0)	1 (3)	0 (0)	8 (27)	3 (10)
間違い	9 (30)	9 (30)	4 (13)	1 (3)	3 (10)
答えられない	17 (57)	18 (60)	11 (37)	3 (10)	5 (17)
計	30 (100)	30 (100)	30 (100)	30 (100)	30 (100)

　May 5th や June 30th は、月名を言えても、序数詞を正確に言える児童は少なく、May 5th を英語の閉音節で発話する児童は4名、June 30th の正答は0であった。

　児童のグラフは2つの単語に分かれているものの、ピッチは平坦で抑揚が

ない。/fifθ/ は無声子音のためピッチを持たないが、児童が英語的な発音を
しようとしていることが窺える。また、図4-48, 4-49は、ピッチのグラフの中
に推定時のエラーと思われる軌跡が見られる。これ以降の音声グラフのピッ
チの枠内に、推定時エラーの軌跡が見られるものが幾つかある。

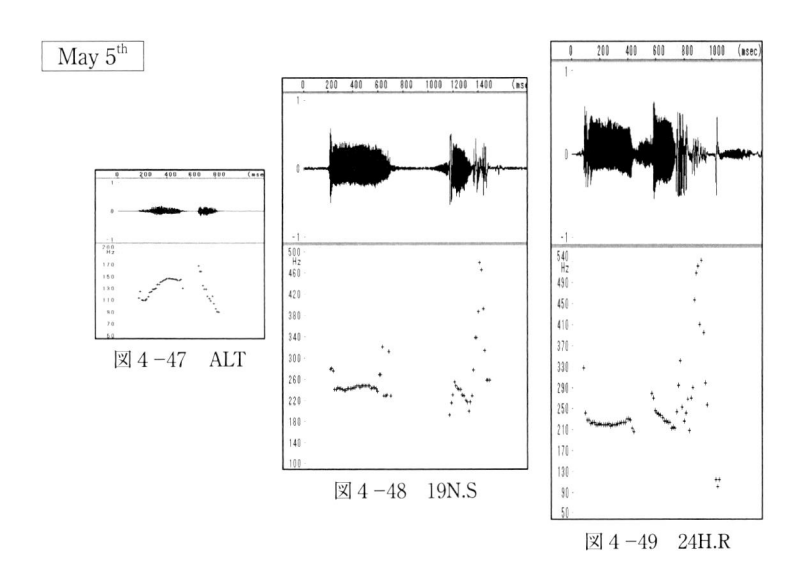

図 4 -47　ALT

図 4 -48　19N.S

図 4 -49　24H.R

　動詞句である ride a unicycle や play the recorder は、6 年生の 7 月に学習し
たものである。その後、学習する機会は殆ど無い語句であるが、その理解の
度合いは、ride a unicycle が 2 名（7％）、play the recorder が15名（50％）で
ある。児童にとってこれらの語句の親疎関係は、play the recorder は身近な語
彙であり、ride a unicycle は、あまり身近ではない語彙であるといえよう。そ
れらの発話の様子は以下の通りである。

ride a unicycle

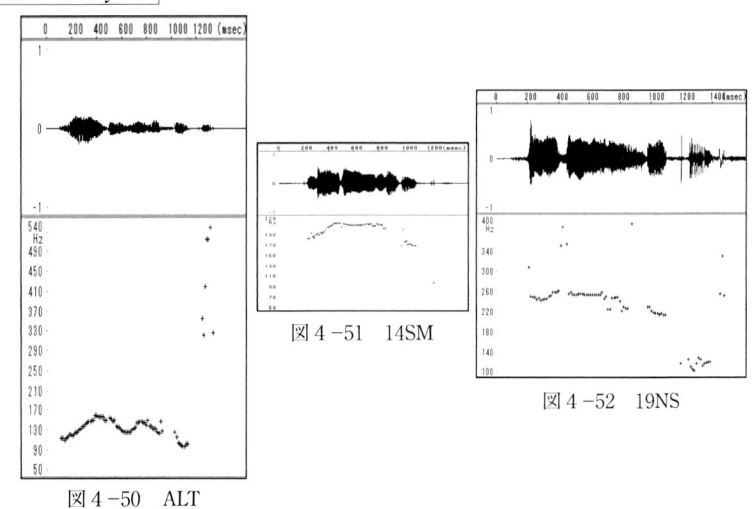

図 4 −51 14SM

図 4 −52 19NS

図 4 −50 ALT

play the recorder

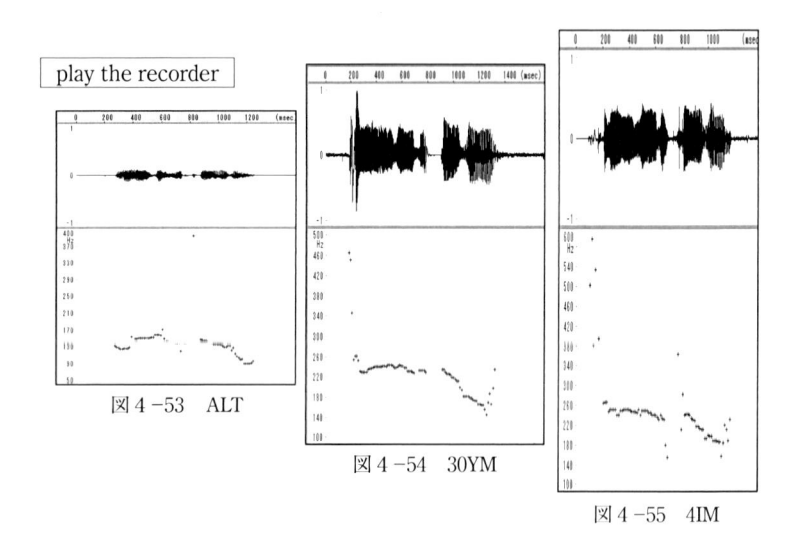

図 4 −53 ALT

図 4 −54 30YM

図 4 −55 4IM

　convenience store は、最初の語の語尾と後の語の語頭で［s］が重なりリンクしている。"Hi, Friends" の教材では native speaker がリンキングをして発音していた。児童は、その音声を聞いて学習しているが、6年生9月の教材であったためか、学習後、忘れてしまったようだ。調査時（6年生1月末）の児童の音声は、convenience store の正答者18名の内、9名（30％）の児童が、［kənvíːnjəns］の最期の音［s］を発声しないで時間をおき、［stɔːr］の最初の［s］だけ言うことで、2つの単語を繋いで発音していた。

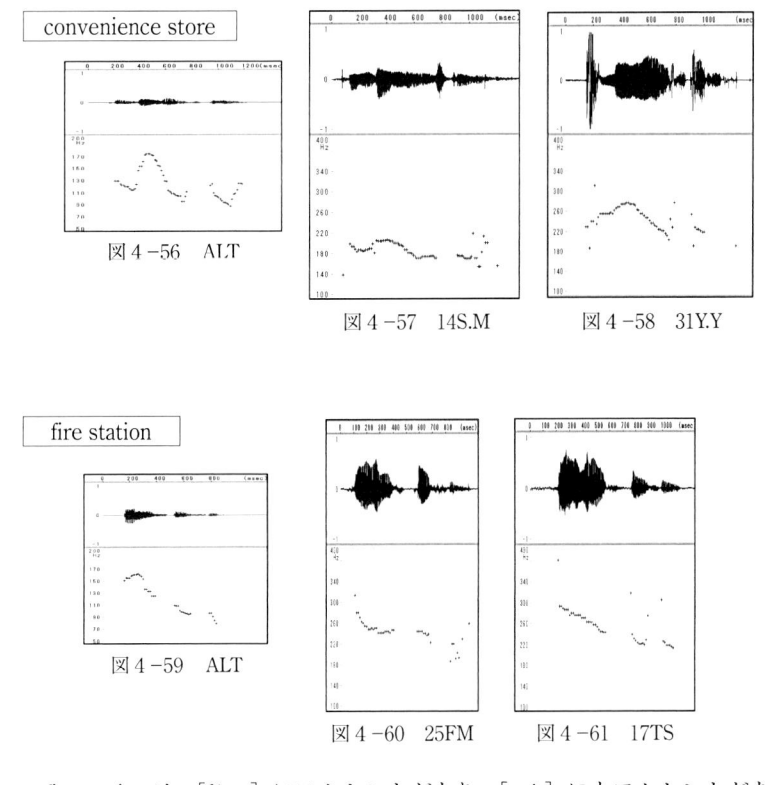

convenience store

図4-56　ALT

図4-57　14S.M

図4-58　31Y.Y

fire station

図4-59　ALT

図4-60　25FM

図4-61　17TS

　fire station は、［fáɪər］にアクセントがあり、［stéɪ］にもアクセントがあることが ALT の音声波形のグラフから分かる。［fáɪər］のアクセントの方が、［stéɪ］のアクセントよりも強く発音されている。ALT に似た発音ができている児童19名の内、音節の音声波形が明白に見える児童は6名で、ほかの児童の音声は ALT に似ているが、波形は明確ではない。

次は、問11から問15までの調査結果である。

表4−6　英語語彙・句の発話調査の結果：数字は人数、カッコ内は割合％

問　　題	grandfather	police station	Australia	France	June 30th
ALT に似ている	5 (17)	21 (70)	4 (13)	8 (27)	0 (0)
ALT に似ていない	12 (40)	3 (10)	20 (67)	15 (50)	0 (0)
間違い	1 (3)	2 (7)	5 (17)	2 (7)	20 (67)
答えられない	12 (40)	4 (13)	1 (3)	5 (16)	10 (33)
計	30 (100)	30 (100)	30 (100)	30 (100)	30 (100)

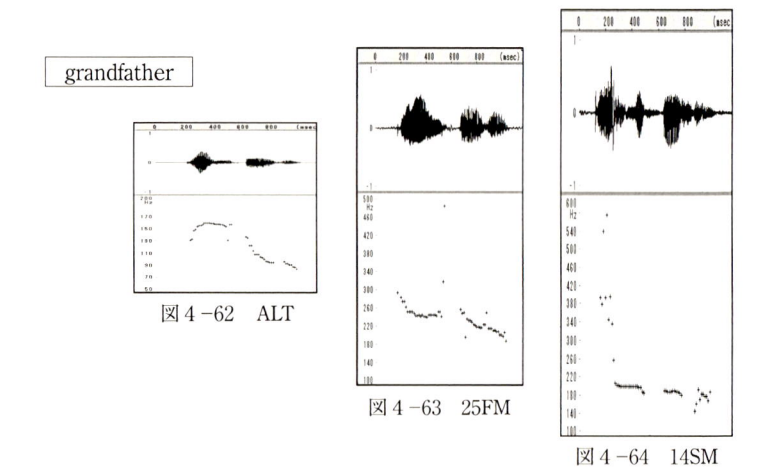

grandfather

図4 −62　ALT

図4 −63　25FM

図4 −64　14SM

grandfather の発音記号は ［grǽndfɑ ðər］ 若しくは ［grǽnfɑːðər］ である。
　ALT の音声波形から第一アクセントや第二アクセントの位置と声の大きさ
が分かり、ピッチ曲線からは声の高さと長さが分かる。ALT の発音は
［grǽnfɑːðər］であり、児童の発音は2人とも ［grǽndfɑ ðər］であった。14SM
児の音声波形には -d- の音が見られる。25FM 児の音声波形からはアクセント
の位置と声の強さが分かり、より ALT に近い発音であることが分かる。

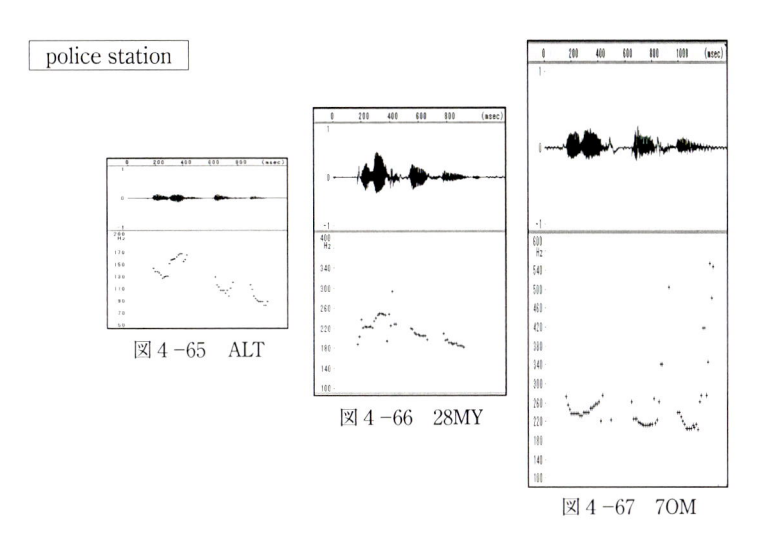

police station

図4-65 ALT

図4-66 28MY

図4-67 7OM

　police station の発音は、英語教材の DVD でも、ALT の発音でも［pəlɪːs］の最後の音 -s を発声せずに無音区間を置き、［steɪʃən］の -s を発話して2語を繋いでいた。police station では正答者21名中13名（43%）が ALT や DVD のように、［pəlɪːs］の最後の音 -s を発声せずに無音区間を置き、［steɪʃən］の -s を発話していた。この語は、police も station も2音節からなる語で、police の第2音節にアクセントが、station の第1音節にもアクセントがある。2名の児童のグラフルらも振幅の大きさから声の強さが分かりアクセントの位置も分かる。

　また、Australia のようなカタカナ表記の国名は、日本語拍リズムで発話することが定着しており、新しく英語音声を聞いても自分の知っている既知の音声に置き換えて発話する児童が多く見られる。因みに、Australia の音声で英語らしくアクセントがあり、音節で発話している児童は4名、日本語のモーラ拍で発話する児童は20名であった。4名中塾で英語学習する児童は1名で、3名の児童は学校で学ぶ英語を聞いて英語音声が定着している。また、文部科学省が全国の学校に配布する本教材の指導用 DVD では、通常一般的に中学校・高校で習う音声［ɔːstreɪljə］ではなく高齢の日本人女性が［ɔːstrǽljə］と発話していた。そこで、児童の音声も、｢oːsutoraʼria｣ と発話する児童が多く10名、授業中 ALT が発話する音声を聞いて［ɔːstreɪljɔː］と発話する児童が

２名、［oːstrǽljə］と発話する児童が３名いた。これは、５年生の教科の学習時に、［ɔːstreɪljə］と学習したことを覚えている児童がいたと推測できる。

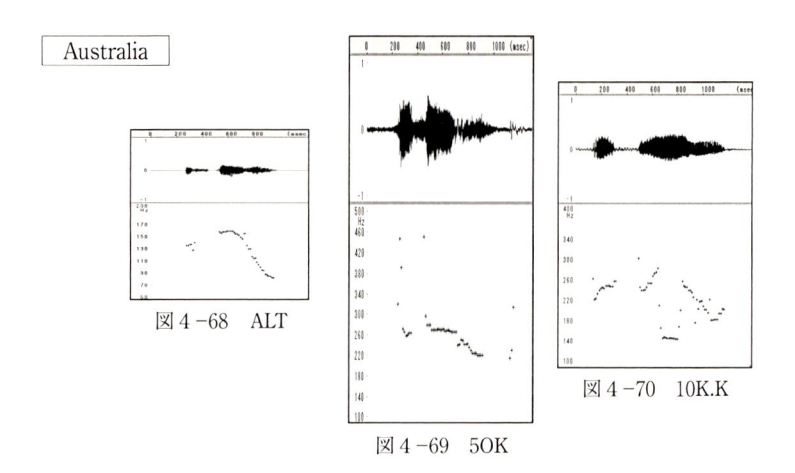

Australia

図 4 -68　ALT

図 4 -69　5OK

図 4 -70　10K.K

France は、語頭と語尾に、それぞれ子音連結があり、１音節の単語の真ん中にアクセントがある。語頭の子音連結の音声が発音出来た児童は11名（37%）、-fr- の間に母音が入り –fur- と発音した児童は13名（43%）、発話できなかった児童は６名（20%）であった。語尾の –ns- の発話ができた児童は17名（57%）、-su- 児童は７名（23%）、発話できなかった児童は６名（20%）であった。CVCVCV と子音の後に母音が付加されるという日本語の音韻規則の干渉であろうと考える。

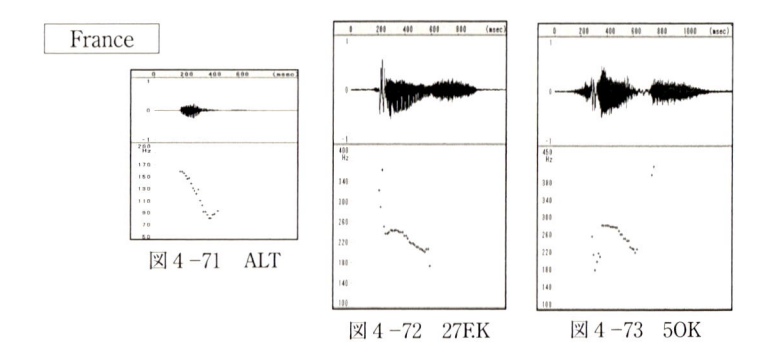

France

図 4 -71　ALT

図 4 -72　27F.K

図 4 -73　5OK

最後の問16から問20までの調査結果である。

表4-7　英語語彙・句の発話調査の結果：数字は人数、カッコ内は割合％

問　　題	watch TV	get up	go to bed	study at school	eat lunch
ALT に似ている	8 (27)	18 (60)	15 (50)	5 (17)	6 (20)
ALT に似ていない	3 (10)	2 (7)	5 (17)	1 (3)	3 (10)
間違い	7 (23)	1 (3)	2 (7)	6 (20)	4 (13)
答えられない	12 (40)	9 (30)	8 (26)	18 (60)	17 (57)
計	30 (100)	30 (100)	30 (100)	30 (100)	30 (100)

　本調査では、 3語から成る動詞句も児童に発話させてみた。 1語だけでは
ないので、語句の中のアクセントと語の強弱との組み合わせでピッチ曲線が
うねりの一端のようにみえる音声グラフも見られた。以下の語句のグラフを
みてみる。

watch TV

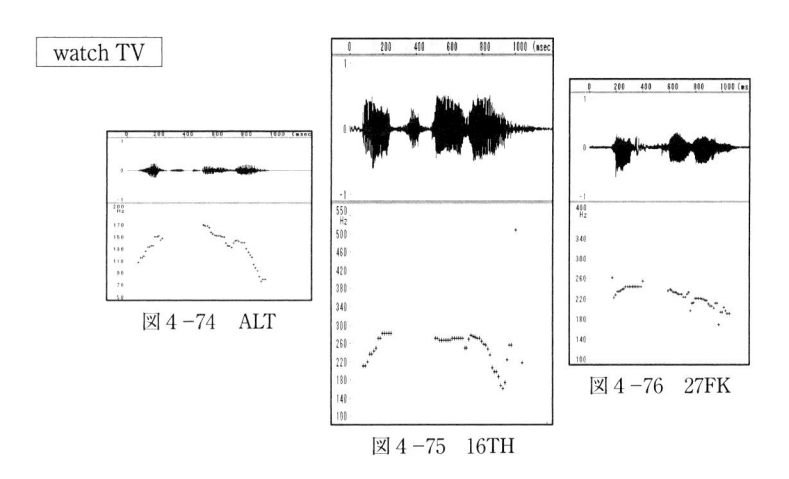

図4-74　ALT

図4-75　16TH

図4-76　27FK

　watch TV の動詞　watch は、 1音節の語であり語頭にアクセントがある。
音声グラフの波形の動きも、声の高さが分かるピッチ曲線も児童のものは
ALT のものとよく似ている。音声を聞いてもよく似ていた。ただし発話でき
る児童が11名（37％）と少なく、間違えて記憶している児童や発音できない
児童が多かった。

get up

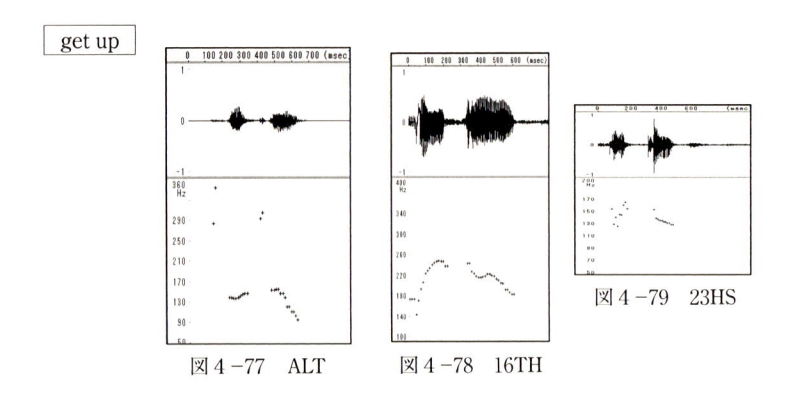

図４-77　ALT

図４-78　16TH

図４-79　23HS

　get up は児童に身近な語彙のようで、ALT に似た発音の出来る児童が18名、発音は似ていないが一応発話できる児童が２名と67％の児童が発話できている。go to bed とともに、学習の中でも新出語彙として練習したり、Q&Aで学習したりする機会が多く、その経験が児童にとって親しみやすく理解しやすい原因になっているようだ。

go to bed

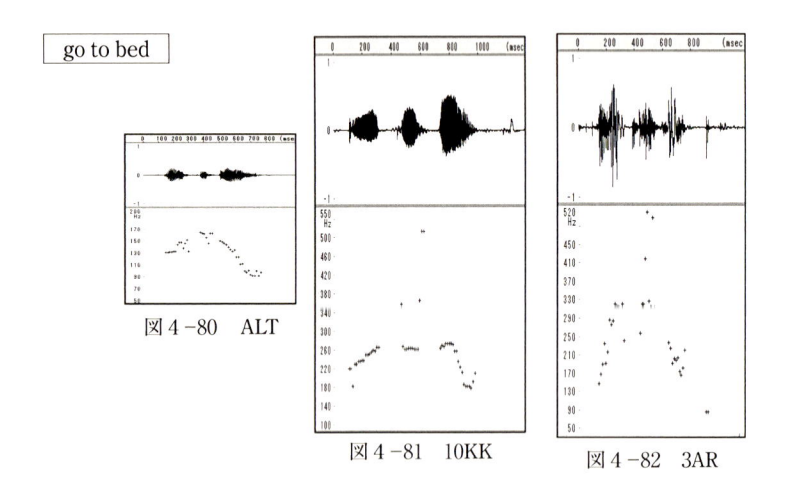

図４-80　ALT

図４-81　10KK

図４-82　3AR

　go to bed の３語が一続きになり、２語目の to は、弱くて小さい音だが高いピッチで発音されている。go は上昇調、bed は下降調で発話され、３語で１つの波のうねりのような形ができている。10KK, 3AR の２人とも ALT に似た発音になっている。

　この句の音声で、ALT に発音が似ている児童は15名（50％）、似ていない児童は 5 名（17％）、間違いは 2 名（7％）、答えられない児童は 8 名（26％）であった。 3 分の 2 の児童が答えられる、発話できるというのは、児童にとって難易度は高くない方だと考える。

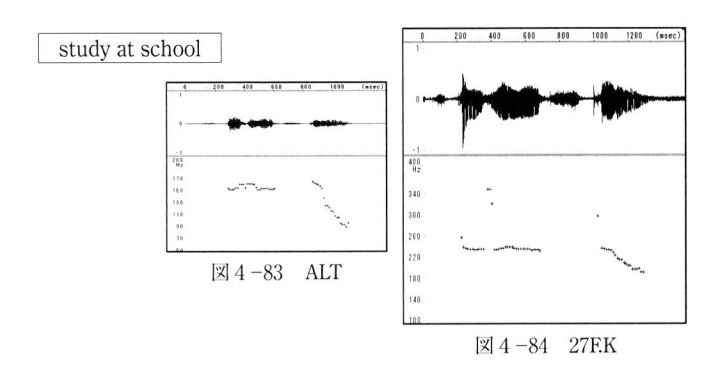

図 4 -83　ALT

図 4 -84　27F.K

　この語句は、study が強い音で発音され、at の波形は小さくピッチも表示されない程の弱音で、その後 school が下降調で続いている。児童は音声を聞くだけで語句を理解し記憶しているが、聞き取りにくい at の音は、児童が正確に理解・記憶することが難しい語である。27FK の波形は study が強く大きい音で at は弱く小さい音になっており、school の波形も最初は大きく徐々に小さくなり、ピッチの動きも下降調で ALT のものと似ており、実際に英語音声に近い発音であった。しかし、この語句を正確に言えた児童は 5 名（17％）、発話しても音声が ALT に似ていないもの 1 名（3％）、間違えた児童は 6 名（20％）、答えられない児童は18名（60％）であった。

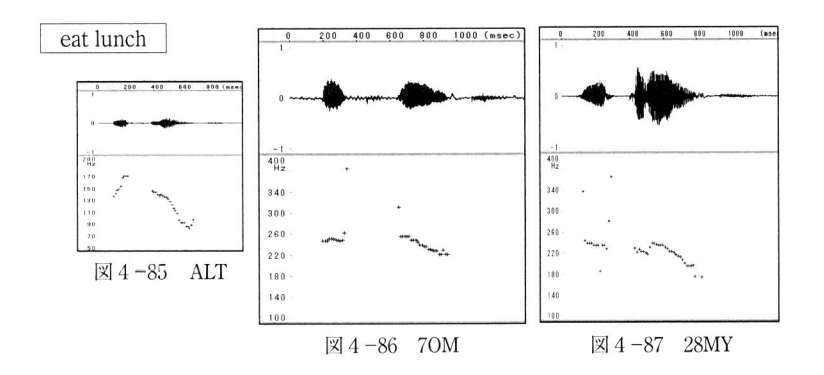

図 4 -85　ALT

図 4 -86　70M

図 4 -87　28MY

　eat lunch は6年生12月に学習した内容を1月末に調査したので、できる児童が多いと思っていたが、意に反して、発話できて ALT や DVD と似ている児童が6名、発話するけれども似ていない児童が3名と少なかった。lunch は分かっても、eat を覚えていない児童が多かったようである。どちらの単語も1音節で、分かる児童には発音しやすい語彙ではあるようだ。

　同じ句でも、get up や go to bed は正答者で音声も ALT に似ている児童がかなり多い。授業中、新出語句として、また、Q＆Aの例文として、他の句よりも聞く・話す機会が多いことがその理由として考えられる。たくさん聞いたり話したりする方が児童にとって覚える機会も多いと思うからである。英語の意味を理解し、ALT の発話を注意深く聞き、英語を聞く機会が多いことで、より ALT に似た発話に繋がると考える。また、語句を記憶できても ALT に似た発話が苦手な児童は、音声を指導してもらう機会がないと間違ったまま記憶してしまうことになる。

4.2.2. 英語のリズム習得の実態

　児童が英語を聞いて音声の真似をしながら、英語のリズムを獲得することは非常に難しいことである。児童は、ALT や担任、DVD の英語を聞き、できるだけその通りに真似することで英語のアクセントやリズム、イントネーションに気付いていく。しかし、新出語彙を聞き意味を十分に理解することも徹底しない中、単語や句・文を発話することは不完全な上、アクセントやリズム、イントネーションが ALT や DVD に似た発話を望むことは無理である。それでも、一部であるが、部分的に少しずつ英語音声に慣れてきている面もある。その実態を調査・分析していく。

○　英語のリズムとは

　竹林滋・齊藤弘子（2008：174-175）によると、英語のリズムの基本はアクセント（強勢）で、強いアクセントがほぼ等しい時間的な感覚で繰り返される傾向がある。つまり英語では強いアクセントに等時性が存在する。

　日本語には音節（まま）に等時性がある。1音節の「手」/te/ に対して2音節の「手間」/tema/ は約2倍、3音節の「手紙」/tegami/ は約3倍の長さである。

　英語の care（1音節）、careless（2音節）、carelessness（3音節）の長さ

は、日本語のように1：2：3とはならず、それほど大きくは変わらない。1音節語の care は長く発音されるが、2音節語の care- は多少縮まり、3音節語の care- はかなり縮まる。ここでいう音節はモーラのことである。

　また、川越いつえ（1999：184-185）では、以下の説明があった。

　英語をリズミカルに読むときに、アクセントのある音節をS（strong）で、アクセントの無い音節をw（weak）で表すと、Swの規則的な繰り返しが分かる。

　英語の「波のうねりリズム」の1つのうねりが、アクセントを表す（Sw）である。

　アクセントのある音節から次のアクセントのある音節の直前までが英語の基本単位で、これをフット（foot）という。英語はフットが同じ長さ（＝時間）で発音される傾向をもつ。これを等時間隔性という。フットの初めの音節（S）がズンというビートになり、規則的に「ズンタズンタ」を繰り返す。これが英語の心地よいリズムを作る。英語のアクセントを強勢ということから、このリズムを強勢リズムと呼ぶ。日本語のリズムは英語とは違い、単位は拍である。「みんな」のン（撥音）や「いこー」の最後の長音などの特殊音素も自立拍と同じ長さで数える。これが日本語の拍リズムである。

　以上の先行研究を踏まえて、児童の英語発話のリズムについて調査・分析した。

○　英語のリズム習得の実態

　英文の調査は、会話形式で "How are you?" という問いかけに対し "I'm~." と応える形で調査をしたが、質問内容によっては正解を得ることが難しかった。毎回の調査の冒頭で "What's your name?" と質問したが、この回答は、"My name is~" と殆どの児童が答えることができた。5年生末の2回目調査で会話した内容も含めた収録内容から、英語のリズムに関する児童の発話の実態を調査分析する。

My name is ~

表4-8　My name is ~ の3回の調査の評価表

	My name is~		
	1回目	2回目	3回目
ALT によく似ているもの	5 （16%）	5 （16%）	8 （27%）
両者の中間のもの	14 （42%）	13 （42%）	15 （50%）
ALT に似ていないもの	14 （42%）	13 （42%）	7 （23%）
合　　計	33 （100%）	31 （100%）	30 （100%）

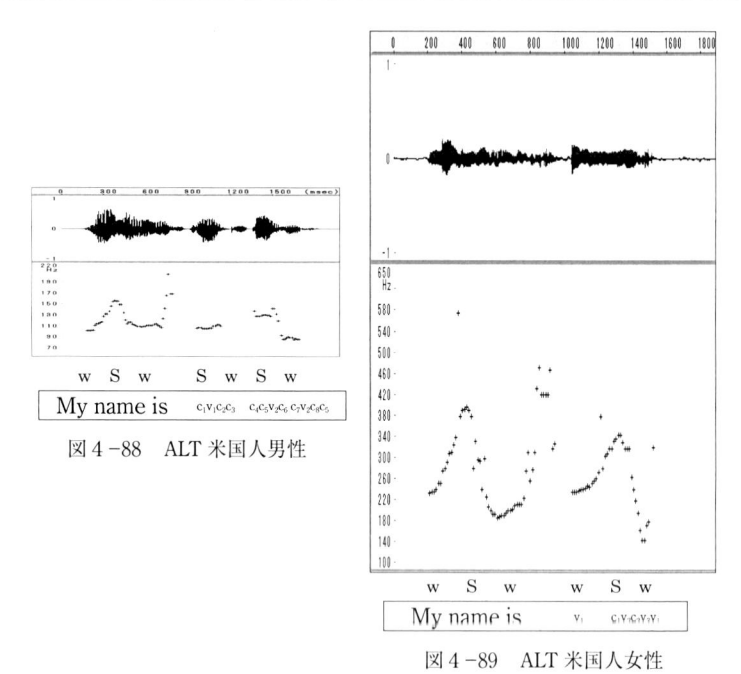

w　S　w　　S　w　S　w

My name is　$c_1v_1c_2c_3$　$c_4c_5v_2c_6\ c_7v_2c_8c_5$

図4-88　ALT 米国人男性

w　S　w　　w　S　w

My name is　v_1　$c_1v_1c_1v_1v_1$

図4-89　ALT 米国人女性

　ALT 2名とも、文中でアクセントをもつ音節から次のアクセント音節の直前までが英語のリズムの基本単位でフットといわれ、ほぼ同じ長さ（＝時間）で発音される傾向をもつ。これを等時間隔性という。アクセントのある音節（S）とアクセントの無い音節（w）で表すと、Swの規則的な繰り返しが分かる。

　※ 以後、アクセントのある音節をS（strong）, アクセントの無い音節をw（weak）と表示する

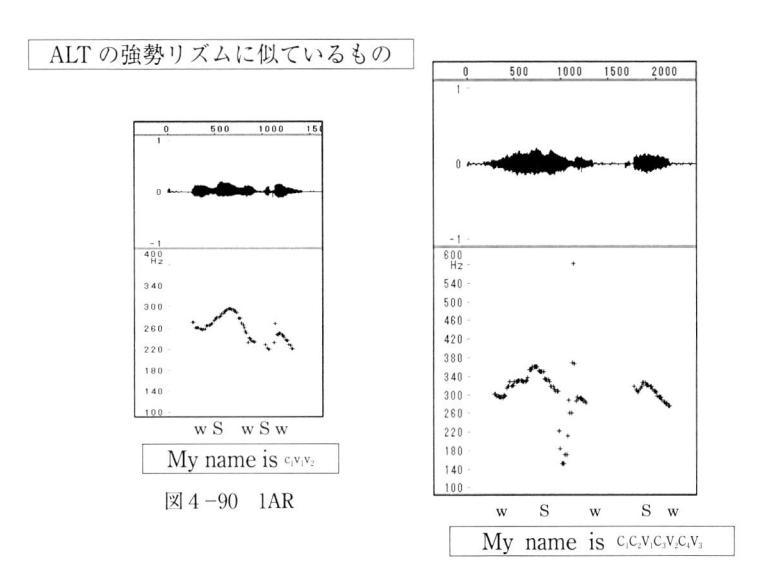

図4-90　1AR

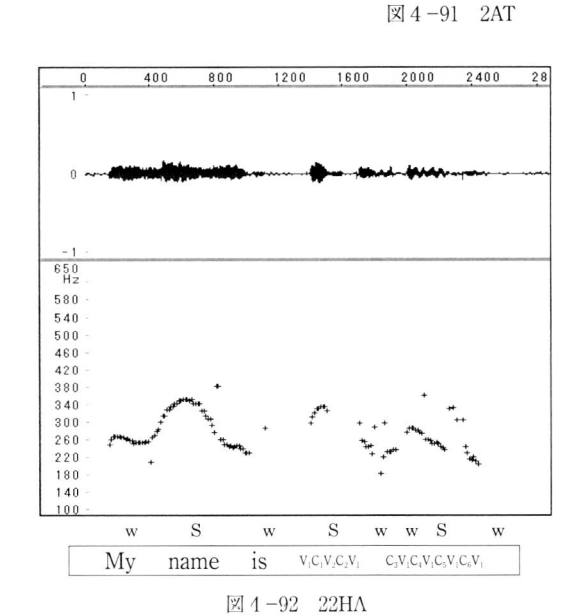

図4-91　2AT

図4-92　22HA

　1AR は "My name is $C_1V_1V_2$.", 2AT は "My name is $C_1C_2V_1C_3V_2C_4V_3$." と名前だけ発話し姓を発話していない。22HA は、"My name is $V_1C_1V_2C_2V_1$ $C_3V_1C_4V_1C_5V_1C_6V_1$." と姓名とも発話している。それぞれの音声グラフにアクセントのＳｗの強弱交替パターンがみられる。

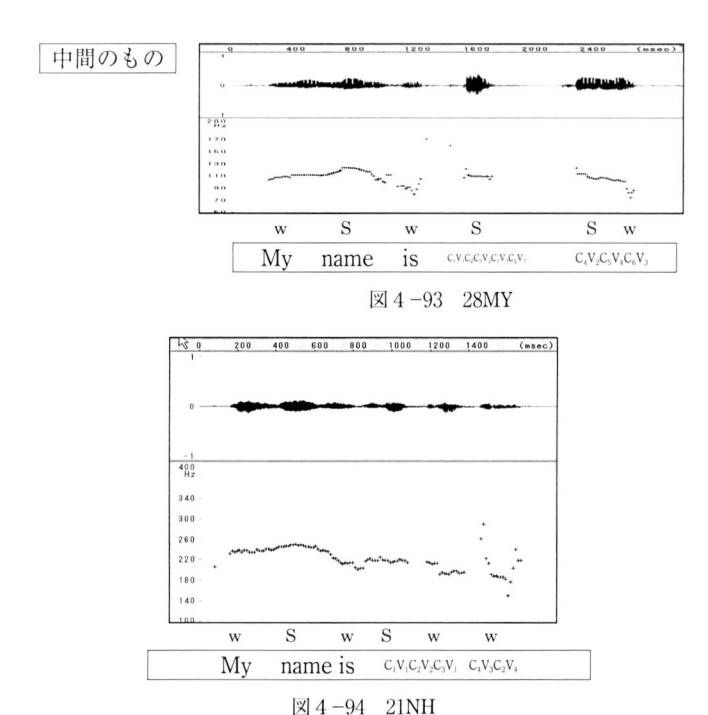

図４-93　28MY

図４-94　21NH

　28MY, 21NH ともに、自分の名前を姓名とも発話している。-My name is- の部分は、-na- に若干アクセントがみられるが、自分の名前は、普通の日本語的な発音で強勢アクセントは聞かれない。どちらかというと28MY 児の後半は英語の音節というよりは日本語の拍リズムで発話されている。姓名を "$C_1V_1C_2C_3V_2$"、"$C_4V_3V_3C_5$" と分けて発話し、"$C_1V_1C_2C_3V_2$" も "$C_4V_3V_3C_5$" も日本語のリズムで発話している。文の前半は英語の強勢リズムで、後半は日本語の拍リズムであった。

　21NH も文の前半は英語の強勢リズムのように聞こえるが、後半の名前の部分は日本語の拍リズムで発話していた。

ALT の音声に似ていないもの

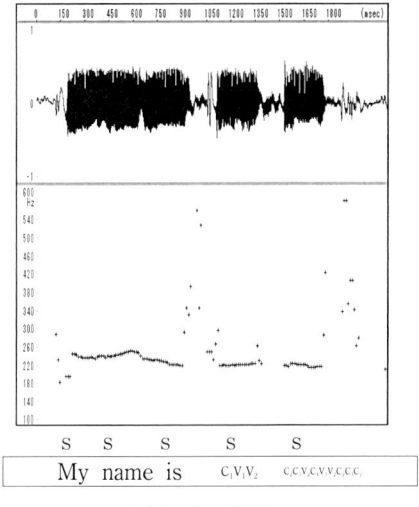

図4-95　12SY

　12SY の音声は、英語であるが、日本語の拍リズムのように発話している。各単語の声の大きさも強さも、ほとんど同じである。特に名前の発話は、ほとんど同じ声の大きさ、高さ、長さで、日本語の拍リズム6拍で発話している。アクセントのはっきりした強勢リズムで英語らしく自分の名前を発話することが照れくさいのか、恥ずかしいのか、抵抗があり苦手のようである。

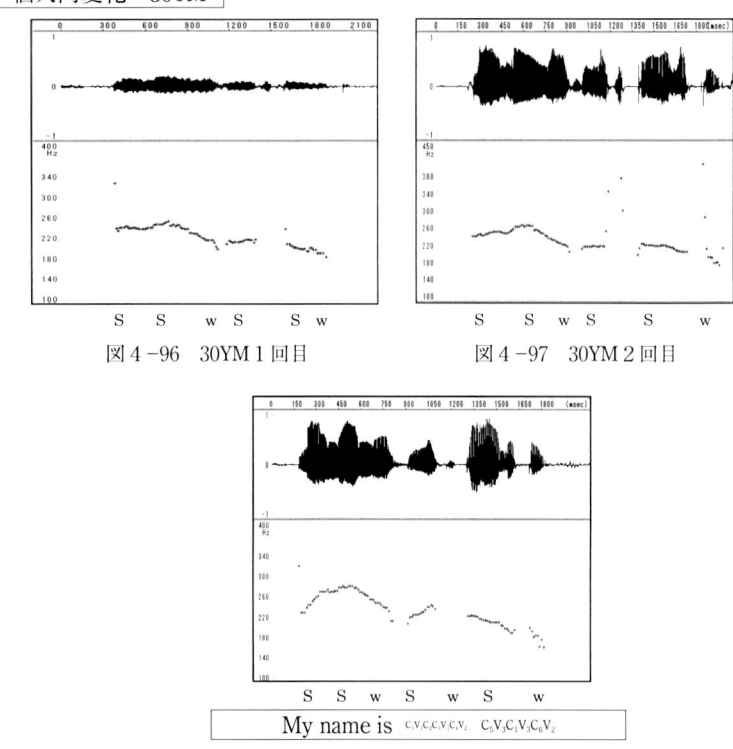

個人内変化 30YM

図 4 -96 30YM 1 回目　　図 4 -97 30YM 2 回目

My name is $C_1V_1C_2C_3V_1C_4V_2$ $C_5V_3C_1V_3C_6V_2$

図 4 -98 30YM 3 回目

　30YM の 3 回の調査の音声グラフである。1 回目前半は、［néɪm］が少し強く発話され、ピッチもやや高くアクセントのような発音ができていた。後半の自分の名前のところは声の高さがやや下降しているが、強さアクセントはなく、普段話している日本語の拍リズムで発話していた。

　2 回目前半の音声は、［néɪm］のアクセントが 1 回目よりは際立ってきた。後半の名前の部分は、1 回目とさほど変わらない日本語のような発音であった。

　3 回目前半の音声は、アクセントのある［néɪm］の部分が以前より強くなり、大分英語らしく聞こえてきた。後半の名前の発音も、音声波形を見ると 1 回目より振幅に変化が出てきて強さが分かるようになっている。また、名前の $C_1V_1C_2C_3V_1C_4V_2$ $C_5V_3C_1V_3C_6V_2$ の部分も、後半にアクセントが見られ、文全体としてもアクセントとリズムが感じられる発音になっている。

　２回目・３回目調査時に、児童と簡単な会話を試みた。質問に対する答え
は文よりも単語や句で発話されることが多い。少し長い文になると、考えな
がら話すことも多いので、発音まで気が回らないようだ。児童は、個別に、
よく知らない調査者と英会話をすることや英会話そのものに慣れていなく
て、英語の質問に戸惑ったり、オウム返しで発話したり、質問とずれた応答
をする児童もいた。

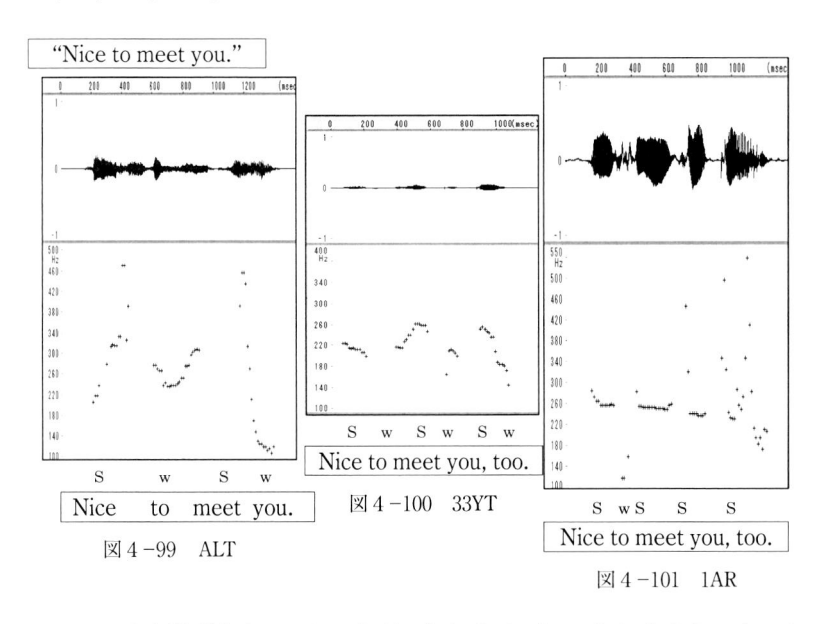

図４-100　33YT

Nice to meet you, too.

図４-99　ALT

図４-101　1AR

　ALT の音声波形からアクセントが、［Nice］と［meet］におかれ、文アク
セントとして強く発音されていることが分かる。また、文アクセントのとこ
ろがイントネーションにおいては高く発音されている。
　英語の強勢リズムは文中でアクセントをもつ音節がビートになり、ほぼ同じ
時間で繰り返す。この文中でビートになるアクセントを文アクセントという。文
中でアクセントをもつかどうかはある程度品詞によって決まる。形容詞、名詞な
ど意味内容をもつ語は文アクセントをもちやすい。こうした語を内容語という。
一方、冠詞、接続詞など意味内容が少なく、文中で文法関係を示す語は文アクセ
ントをもちにくい。こうした語を機能語という。（川越いつえ　1999：186）
　33YT 児の発音は、-Nice-, -meet-, -too- でアクセントを持つ音節がビートに
なり、ほぼ同じ時間で繰り返す。この文中でビートになるアクセントを文ア

クセントといい、強勢リズムもとっており、この児童の音声グラフは、英語
音声に似た発音になっていると捉える。"Nice to meet you." という発話には、
"Nice to meet you, too." という応答が習慣になっているようで、殆どの児童の
応答は同様であった。1AR の発話では、-to meet- が一つの音節で発話され、
文全体でも、単語の音節の中でもアクセントが感じられなかった。文全体に
おいてピッチの上げ下げもなくイントネーションを感じられない発音であっ
た。その点で ALT とは似ていない発音になっている。

　次は、"How are you?" の問いかけに対する児童の応答である。この会話は、
毎時間の英語授業の始めに必ず交わす会話であり、児童も発話できる非常に
短い文である。

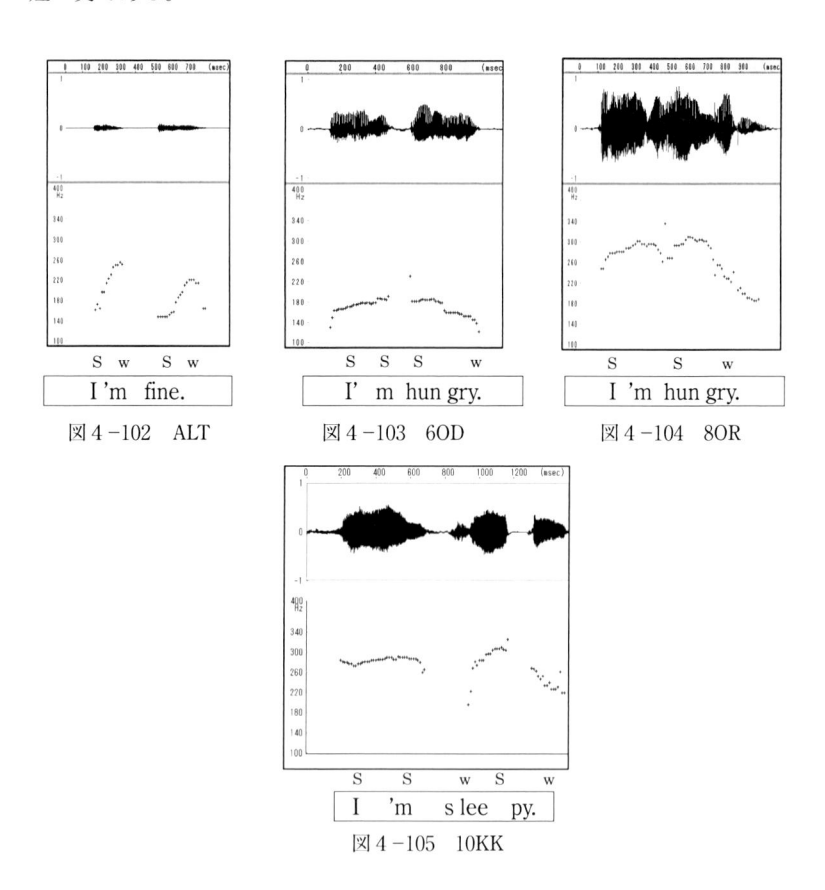

図 4 −102　ALT　　　　図 4 −103　6OD　　　　図 4 −104　8OR

図 4 −105　10KK

ALT の I と fine は強アクセントに等時間隔性が現れる強勢拍リズムで発話されている。アクセントのあるところとないところのピッチの幅が100Hz ほどあり、Sw の動きが波のうねりのように感じられる。

6OD は、後半の hungry の hun に強アクセントがあり、gry にはアクセントがない。文全体にアクセントに基づくリズムが見られない。なお、hungry の部分のピッチの上げ下げの幅は狭いが，やや下降調のイントネーションがみられる。

8OR は、前半の I'm の音声は、ほぼ同じ調子で強く高く発話されている。後半の hungry は hun にアクセントがあり、gry にはアクセントがないので若干の英語の強勢リズムが感じられ、ピッチも300Hz から160Hz へと140Hz の幅で大きく下降しておりイントネーションが感じられる。

10KK 児は、ALT の倍の時間がかかっている発話で、ゆっくり考えながら発話していた。I'm にアクセントはあるがピッチがほぼ同じ高さでリズムが感じられない。sleepy は声の強さや音の高さから動きが感じられる文アクセントになっており、下降調のイントネーションが感じられる。

4.2.3. 英文におけるイントネーション習得

リズムとはあるパターンの規則的な繰り返しをいう。ノリのいい英語を聞いていると、心地よい波のうねりのようなリズムがある。一定のパターンの繰り返しが「波のうねりリズム」を作っている。日本語にもリズムがあるが、英語のリズムとは大分違う。日本語は機関銃を連射しているように聞こえる「機関銃リズム」である。英語と日本語のリズムでは繰り返される基本単位が違う。ふつう英語ではアクセントのある音節を先頭にしていくつもの音節が後ろにつき１つの単位を作る。フットの初めの音節（S）がビートになり、規則的に Sw を繰り返し心地よいリズムを作る。このリズムを強勢リズムと呼ぶ。

英語ではアクセントとイントネーションが同時に起きる、不可分なものである。英語の発話も日本語と同様、イントネーション句に区切って発音される。１つのイントネーション句の中には複数の第１アクセントがあるが、その中で最後に現れるものがそのイントネーション句の中で最も卓立している（強い）ように感じられるため、主アクセントとみなされる。一般にこれを音調核と呼ぶ。

文アクセントは、単語が文中で受ける強いアクセントのことである。英語では、文中の単語は全て同じアクセントを受けるのではなくて、ある語は強いアクセントを受け、ある語はアクセントを受けない。これは英語の特徴である。

英語のイントネーション句の内部構造は、核音調の他、前に頭部、後ろに尾部がある。この核音調こそが英語のイントネーションの中核である。各音調の用法として、①下降調、②上昇調、③下降上昇調がある、④平坦調がある。(牧野武彦　2006：136-139)

「行く」という会話を上がり調子で言うか下がり調子で言うかで、同じ文でも一方は疑問文となり、他方は断定となる。この声の上げ下げを使った発話全体の音の流れがイントネーションである。上昇調で言えば相手に尋ねる文になり、下降調で言えば自分の主張を伝えることになる。平叙文は下降調をとりやすいが、それは自分の意見に自信を持って伝えるときに使う事が多いからであり、疑問文は上昇調になることが多いが、自分の見解を抑えて相手に意見を求めることが多いためである。また、例えば、「あの学校はいい学校なんですがね…(問題が無いわけではないのです)」といった含みのある言い方は、"It's a good school." の school のところで下降上昇調のちょっとひねりを加えたイントネーションが対応する。(川越いつえ　1999：193-194)

以上をふまえ、児童の英文発話時のイントネーションに関する実態調査とその分析をする。児童が学習するイントネーションは、平叙文の下降調と疑問文の上昇調が主である。次の音声グラフは、ALT の時間割の言い方である。

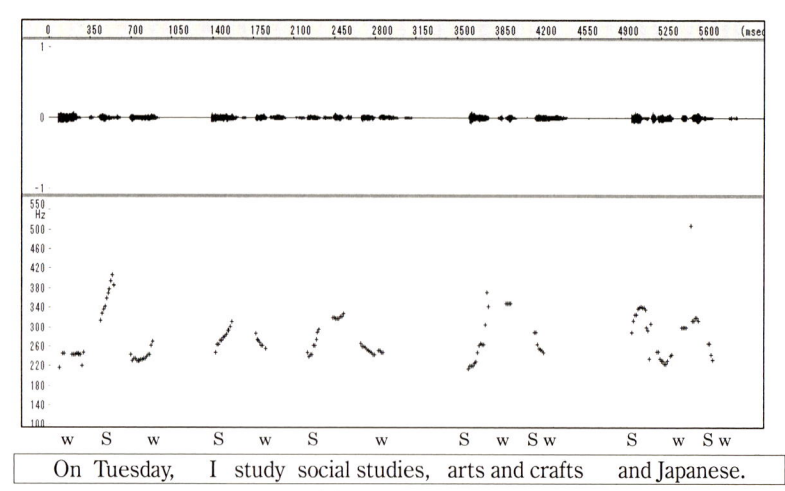

図4-106　ALT

ALT の音声は、-Tues-, -I-, -so-, -arts-, -crafts-, -and-, -nese- にアクセントがあり、アクセントの後は音域の下限までピッチが下がっている。強い文アクセントがほぼ等しい時間的な間隔で繰り返されている。アクセントは強く発音され、そのピッチは高く、音節は長く発話されており、音域の幅は200ヘルツほどある。強アクセントの位置を中心に波のうねりのようなリズムであるイントネーションが現れており、平叙文なので最後のアクセントの核から下降調になっている。

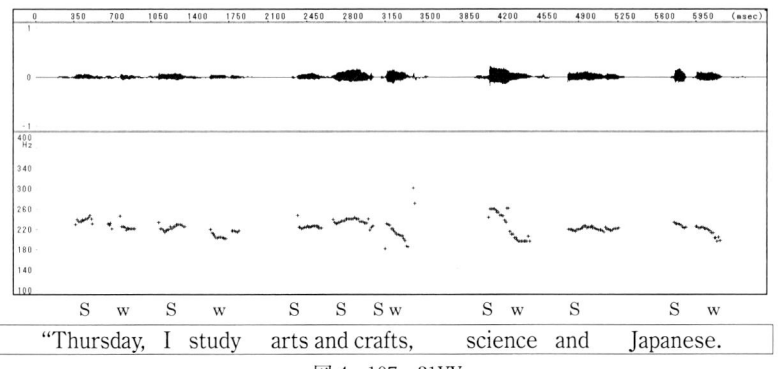

“Thursday, I study arts and crafts, science and Japanese.

図 4 -107　31YY

31YY 児は、音域の幅は80ヘルツ程であるが、-Thurs-, -I-, -arts-, -and-, -sci-, -and-, -Japa- にアクセントを置く。-arts and crafts- のアクセントの間違いや、-Japanese- の語アクセントの間違いはあるものの、文アクセントについては、強く大きくなっている。一応強勢アクセントに留意して概ね等時性のリズムになりつつある。考えながら発話しているが、強勢アクセントがもっと強く発話できれば、英語らしいリズムとイントネーションを表す音声になると考える。またイントネーションの観点からみると最後の主アクセントの後の音節は、ピッチの高さも音域の下限まで下がって平叙文であることを示している。児童にとって英文を考えながら発話すること自体簡単な事ではなく、イントネーションまで考慮して発話できる段階には至ってないのが実態である。

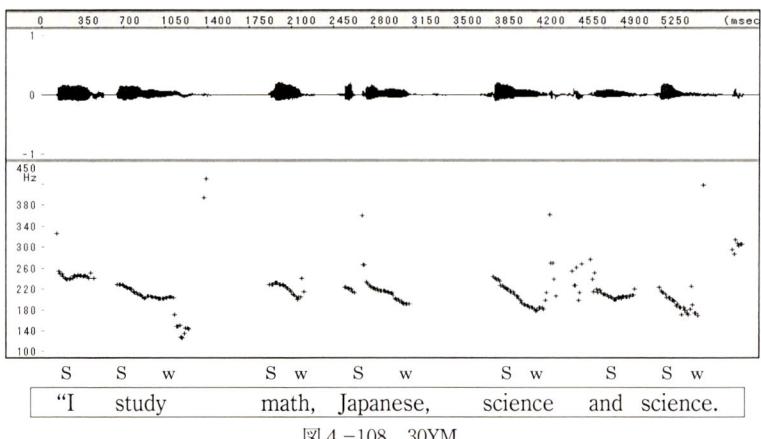

図 4 −108　30YM

　30YM 児の音声は、-Japanese- の語アクセントの位置が少し違うが、文全体で見ると、文アクセントの Sw が分かり、英語の強勢リズムが多少感じられる。文アクセントが少し弱いながらも波のうねりのようなイントネーションになっている。一日の時間割の中で、3 校時と 4 校時が理科のところを -science and science- と繰り返しているが、最後の -science- が核音調となり尾部が下降調になっていて、平叙文の言い方ができている。

　次は、"Do you like~?" に応答する "I like~" の例である。ALT の音声は、アクセントが明瞭でピッチの動きがよく分かる。文アクセントは -I-, -nan-, -Yes-, -do-, -I-, -like-, -dogs- である。その文アクセントは等時間隔性を保ち、Sw の繰り返しで波のうねりのようなイントネーションになっている。2 人とも音域は約240Hz の幅で、どちらも下降調のイントネーションで話者の主張や断定を表している。

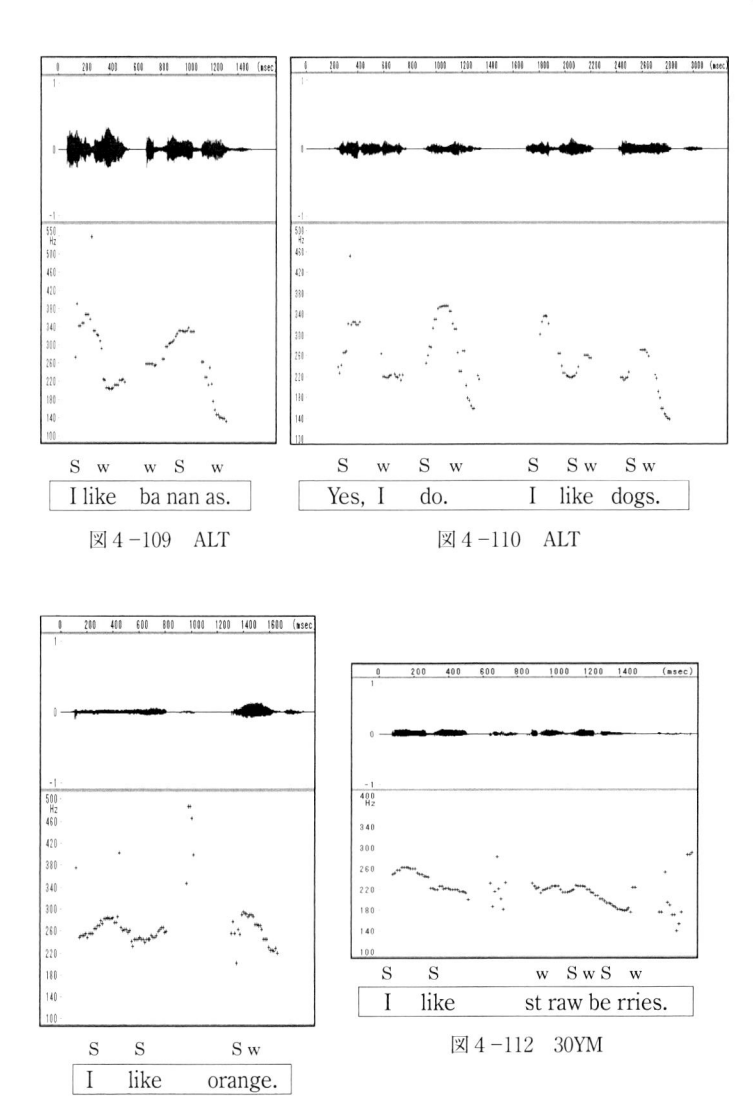

S　w　　　w　S　w
I like　ba nan as.

図 4 −109　ALT

S　w　S　w　　S　S w　S w
Yes, I　do.　　I　like　dogs.

図 4 −110　ALT

S　S　　　　　S w
I　like　　　orange.

図 4 −111　10KK

S　S　　　　w　S w S　w
I　like　　　st raw be rries.

図 4 −112　30YM

　10KK 児は、ゆっくり話す方で、-I-, -like-, の音節が長くピッチも高く発話されている。また orange は、語頭にアクセントが置かれていてピッチが下降調になり、明らかに日本語の「オレンジ」とは違う英語音声に近い発話である。ここも、-like- と -orange- の間で長い時間がかかっているが、10KK 児が考えながら発話していたことが分かる。文全体としては、音域の幅は狭いが、アクセントにより強勢リズムが感じられ、イントネーションの核は、-or- にあり、下降調で平叙文の断定を表していて適切なイントネーションとなっている。

　30YM 児は、-I-, -strawberries- の第 1 アクセントの -straw- および第 2 アクセントの -ber- にアクセントがついている。声の強さ大きさとピッチの高低でアクセントが分かり、それが強勢アクセントとなり音節のリズムが感じられる。声の上げ下げの幅は狭いが、音調核の後ろは下降調で話者の断定を表していて適切なイントネーションとなっている。

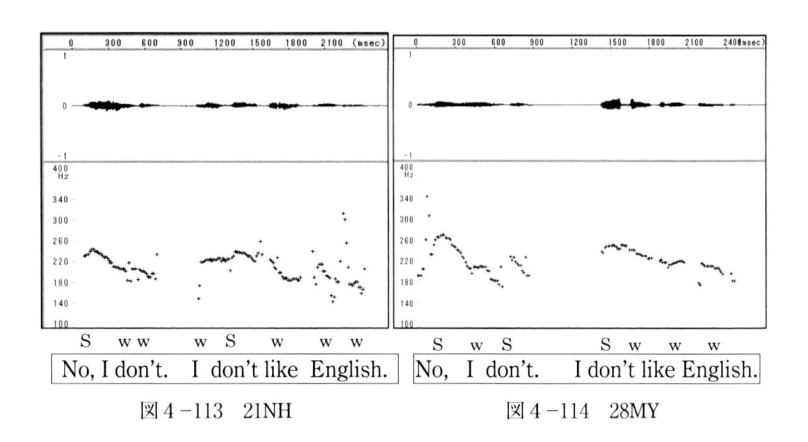

図 4 -113　21NH　　　　　　図 4 -114　28MY

　21NH 児は、-No-,（2 回目）-don't- にアクセントを付けている。-Eng- にもアクセントが必要であるが、文アクセントが明確でないので、英語の強勢リズムがあまり感じられない。ピッチ曲線から多少の音の上げ下げの動きがみられるが、英語音声ではアクセントやリズムが明確でないとイントネーションは正しく感じられない。

　28MY 児も同じ英文を言っているが、1 文目は、-don't- のアクセントが21NH よりピッチが高く音節も少し長いので、アクセントが強く聞こえる。2 文目は、両者とも同じような音声である。この児童もアクセントやリズム

が明確でないために、発話全体の声の上げ下げの音の流れであるイントネーションが正しく感じられない。

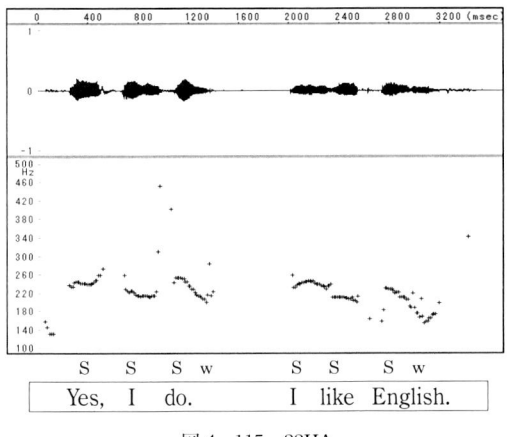

図4-115　22HA

　22HA児は、-Yes-, -I-, -do- をほぼ同じ強さと声の高さで発話している。-do-は語尾故か、ピッチは下降調であるが、文アクセントの Sw が無いので英語の強勢リズムが感じられない。2 文目の -like- はアクセントがあり、英語が好きであると強調しているようである。-Eng- は、ピッチはやや低いが強さがありアクセントになっている。文全体で各語彙を同じようにアクセントを付けて発話し、強勢アクセントのリズムが感じられない。ピッチの音域が狭く、音の上げ下げも少なく、イントネーションは正しいとは感じられない。

　次は、"When is your birthday?" に対する応答文、"My birthday is~." の児童の発話文である。ALT の音声は、アクセントが明確で、-My-, -March-, -eighteen- にある。声域は140 〜 300Hz の幅で、文中の声の上げ下げを示すイントネーションがピッチの動きからみえる。児童が理解し易いように発音練習するためにゆっくりと発話しているためか等時間隔性の強勢リズムにはなっていない。

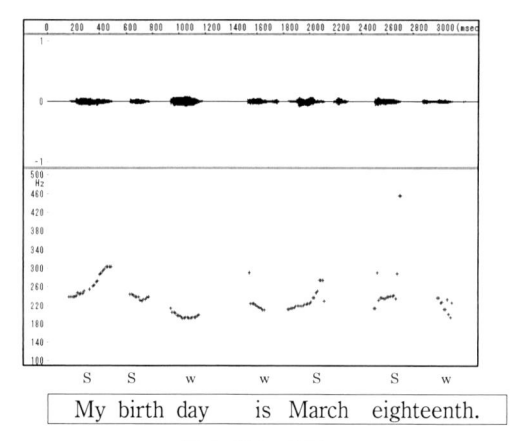

図4-116　ALT

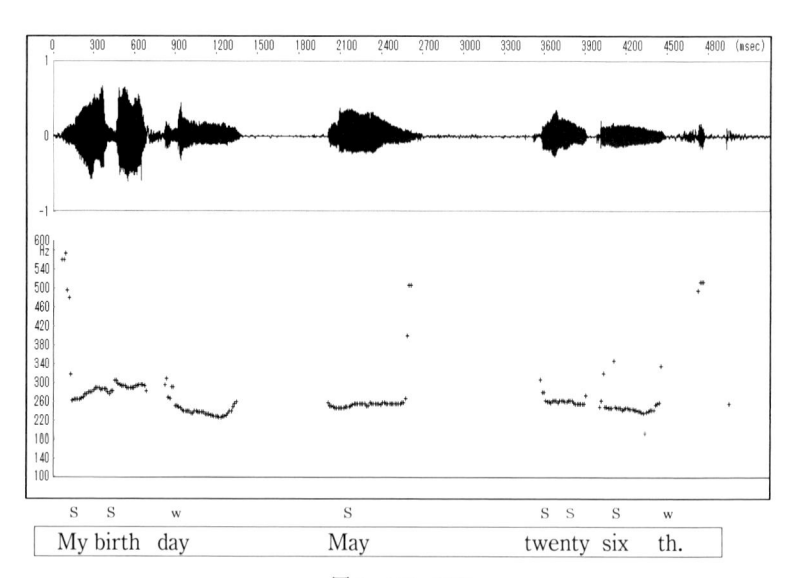

図4-117　2AT

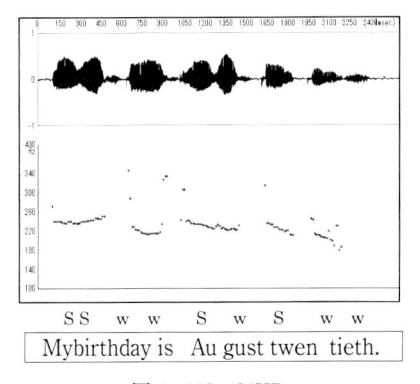

図 4 –118　24HR

　2AT は be 動詞、is が脱落している。-birthday- は、語頭のアクセントと続く下降音調で英語らしく聞こえる。-twenty- は、語アクセントが明確ではなく強勢リズムというよりは日本語の拍リズムのようである。また、-sixth- は、1 音節であるが、考えながら解答しているためか語の途中で間があき 2 音節のように聞こえる。文全体の音声グラフを見ると、1 語 1 語丁寧に発話しているが、アクセントや等時間隔性強勢リズムは感じられない。イントネーションも適切であるとは感じられない点からも英語らしい発音にはなっていない状況である。少し長い英文を自分で考えながら発話することはそれだけでも児童には難しいことであり、英語音声やイントネーションにまで注意が及んでいないのが実態であると考える。

　24HR は、2AT に比べて半分の時間で同様の内容の文を発話している。塾にも通って勉強しているが、英語が好きだということで、学習中に練習した問 "When is your birthday?" に対する "My birthday is August twentieth." の応答の仕方を正確に記憶し、淀みなく話していた。-birthday- は語頭にアクセントがあり下降音調が続いていて、-twentieth- は第 1 音節にアクセントがあり、続く 2 音節にはアクセントがなくて下降音調になっているところが英語音声らしく聞こえる所以である。

4.3. 英語音声習得に関する考察
　小学校英語では、経験することが主で学習事項の習得は想定されていな

い。しかし、英語音声に少しずつ慣れ親しみ、学習事項が僅かながら効果を得ている事実もある。今回の調査からわかったことを以下に述べる。

　小学校 2 年間で学ぶ英語は、習得の過程であるというよりは、学習効果が現れ始めているところと捉える。英語音声に関しては、個人差はあるが日本語と違う英語らしい発音に気付きつつある程度である。句や文では、既習事項でも発話そのものが非常に困難で、英語での会話ができる児童は非常に少ない。英語句や英文を考えることに時間がかかったり、正しく表現できなかったりすることも多い。児童も英語の強勢アクセントやリズム、文全体のイントネーションにまで気が回っていないのも現状である。多くの児童に、英語の強弱アクセントやリズム、イントネーションに注意した発話まで望むことは、無理なようである。

　しかし、僅かとはいえ児童に学習効果が見られることもある。英語音声習得の児童の実態は、高さアクセントの日本語音声から音節を意識した、強さアクセントのある英語的な発音に少しずつ気付いてきていることである。児童の音声学習の効果は一様ではなく、一度英語らしい発音ができても 2 年後には元の日本語的な発音になる児童もいれば、できたりできなかったりを繰り返す児童もいる。日本語と英語の音声的な違いに気付き、自分で英語らしく発音することを自覚する児童は、英語らしい音声の習得が少しずつできてきている状況である。

　多くの児童が発音できている -banana- は、通常借用語として使っているので児童にとっては知らない語彙ではない。しかし、英語音声は自分たちの使っているものとは随分違うので、その違いに気付き発音を真似することができている。その違いに気付いてはいるが、借用語との違いに気恥ずかしさのため真似できない児童もいるようである。大半の児童が発音出来た -tiger- は、一部の児童が「ホワイトタイガー」等に興味を持ち知っているようだが、絵を見て英語音声を聞くことで語彙理解は進んでいる。英語音声も日本語借用語と近いためか、真似しやすく、記憶しやすい語彙であったようだ。これらは、児童が学習する語彙のほんの一部であり、学習語彙全般に関しては、音声習得には至ってないのが現状であろう。語彙のみの発音練習の時には意識して英語音声を真似ても、実際の句・文の発話や、英会話で英語音声を意識して使う事は高度な技であり、そこまではできないようである。

　英語らしい発音のできる児童は、ピッチの高さもアクセントの後は音域の

下限までピッチが下がっており、native speaker と似たような音声グラフになっている。

　児童が苦手とすることは、weak accent が聞き取れないために正確に理解・発話出来ないことである。go to bed の前置詞 to や study at school の at、さらに、restaurant の語末の /t/ などがそれに当たる。また、elephant の語尾が、/t/ ではなく /to/ や /tsu/ 等になるのは、日本語の開音節の影響だと考える。

　児童にとって借用語の影響は大きい。日常親しみのある借用語は意味理解ができ、発音もよく似ているために日本語をそのまま発音する実態があった。banana や sandwich がそうであったが、学習前は日本語のまま発話していたものの、2 年間の学習後は、英語らしい発音、または、日本語ではない英語を感じさせる発音になってきた児童が増えた。"My name is~" では、自分の名前の部分を日本語的な拍リズムの高低アクセントで発話する児童がかなりいる。

　以上のように英語音声の習得にはほど遠いが、30 名の児童の英語音声習得の状況は一様ではない。英語音声に聞き慣れ、意味理解ができ、ALT や DVD の発音の真似をして、英語音声発話が少しずつ可能になっている児童が増え、その語彙の量も少しずつ増えてきているのが現状と考える。

4.4. 英語音韻習得

　日本語は、特殊音素を除くと全て開音節、つまりモーラ（拍）という単位であり、モーラは日本語の基本的単位で時間的長さを表すものである。英語は音節という「聞こえ」に基づいた単位で、実際にはモーラのようなきちんとした単位にはなっていない点が習得を難しくしている点である。

　川越いつえ（1999：99）は、音声の長さの単位として音節と拍について次のように説明している。

　　　例えば、「ロンドン」をいくつかに区切る時、英語話者は London /lʌn.dən/ と 2 つに区切るが、日本語話者は /ro.ɴ.do.ɴ/ と 4 つに区切る。英語話者は音節を単位として句切り、日本語話者は拍（mora）という単位で区切る。音節は、母音を中心とした音の集合で発音上の単位である。日本語の区切りでは、/ro.ɴ.do.ɴ/ の下線部には母音がない。日本語で長さの単位となるものを拍という。日本語で 1 拍と数える単位には、a.(子

音）＋母音　例）/ka/（蚊）/e/（絵）/kjo/（虚）　b. 促音 /kokko/（国庫）　c. 撥音 /koɴbaɴ/（今晩）　d. 長母音、二重母音（まま）の第二要素 /boo/（棒）/ai/（愛）　の 4 種がある。

日本語は、発音の単位であるモーラをもとに、特殊拍（まま）を除く単語の最後の音は、母音で終わる開音節である。英語は、母音の前にも後にも子音若しくは連結子音が連なることがあり、子音で終わる閉音節が多い。

なお、上記の二重母音は連母音のことであり、特殊拍は特殊音素のことである。

文字を使わずに音声による学習を進めている小学校外国語活動では、音節に関する特別な説明はないが、ALT や DVD の音声を真似する事により、自然に英語の閉音節が身についている児童が少なからずいる。

さらに、英語の二重母音や子音連結など、日本語にはない音をどのように発話するか、その実態を把握したいと思い本調査に取り組んだ。

加えて、川越いつえ（1999：87）は、英語と借用語の音節について以下のように述べている。

　　例えば、英語の "dress" が日本語に借用されると「ドレス」となる。dress /drɛs/ とドレス /doresu/ は似ているが、音のつながり方が違う。英語では /dr/ で始まるが、日本語では dr の間に母音 /o/ が入る。英語では　/s/ で終わるが、日本語では /su/ と母音 /u/ が入る。母音を V、子音を C で表すと両者は次のようになる。下線を引いた音が日本語に借用されたために挿入された音である。

英　語	dress	/drɛs/	C CVC
日本語	ドレス	/doresu/	CV CV CV

日本語の方は子音と母音が交互に並んでいるが、英語では子音が連続し、しかも子音で終わっている。日本語話者に「ドレス」を区切って発音するように頼めば、「ド．レ．ス」と 3 つに区切る。これを子音と母音で見ると、CV. CV. CV で区切られている。どの句切りも子音＋母音（CV）の単位である。日

本語話者は決して /dor・esu/ のように区切ることはない。日本語では子音＋母音（CV）が基本の単位で、これが集まって単語を作る。一方、英語話者にdress/drɛs/ を区切って発音するように頼んでも、できないと言われる。CCVC が 1 つのまとまりで、これを /d.rɛ.s/ のように区切ることはできない。英語では CVC が基本で、さらに、/dr/ のような子音の連続（CC）をもつことができる。単語の集合で作る、単音より大きな単位を音節（syllable）と呼ぶ。音節は発音の際の基本単位である。CV 型の音節を開音節、CVC 型の音節を閉音節と呼ぶ。

　また、白畑知彦（2010：2）は、著書の中で、母語からの転移として音声の領域で説明している。

　　　英語の基本的な音節構造は CVC、つまり、語の最後が子音で終わる閉音節構造なのが一般的である。また、たとえば CCVCC（例：stand/stænd/）といったように、2 つ以上の子音が連続する子音連結も可能である。一方、日本語は、語の最後が母音で終わる CV と言う開音節構造が基本である。そして、若干の例外を除けば、子音連結はないと考えてよい。このような日英語の音韻構造の違いから、日本語を母語とする英語学習者の中には、たとえば、street/striːt/ という単語を発音する際、/sutoriito/ といった具合に、各子音の後ろに余分に母音を付加して発音してしまう人がいる。この原因は、おそらく開音節構造が基本である日本語の音節構造からの転移ではないかと考えられる。

　さらに、鹿島　央は、「日本語教師を目指す人のための基礎から学ぶ音声学」（2002：85）の中で、日本語の音節の構造や音韻的な音節について、次のように説明している。

　先ず、音節の構造について、
① [hæm]　　　（英　語）　⇒　　CVC
　　[hamɯ]　　（日本語）　⇒　　CV・CV
② [sɑks]　　　（英　語）　⇒　　CVCC
　　[sokkusɯ]　（日本語）　⇒　　CVC・CV・CV

③［stæmp］　　（英　　語）　⇒　　CCVCC
　［suɯtampuɯ］（日本語）　⇒　　CV・CVC・CV
④［stouv］　　（英　　語）　⇒　　CCVCC
　［suto:buɯ］　（日本語）　⇒　　CV・CVV・CV

　日本語では一つの音節が、（C）V, （C）VV, CVN と簡単な構造であり、その数も少ないということと、CVC、CVV の音節は特殊音（まま）を含むもので、特殊音は単独で音声的な音節にはならない。一方英語では、CVC、CVCC、CCVCC となかなか複雑な構造になっている。このように単音の連続が一つの切れ目のない音節を形成している時、言語により音節構造に、共通の音節と異なる音節があることになる。日本語で CV の連続である［jo・ko・ha・ma］などを英語話者が［jok・ham］のように CVC の組み合わせで発音する傾向があるのは、その方が英語話者にとっては音節構造の点から自然であるということになる。逆に、英語の例えば［print］については、日本語では音節の初めと終わりに子音が連続することは許されないので［puɯ・rin・to］のようになる。随分発音は違ってくる。（なお、特殊音とは特殊音素のことである。）

　児童の母語である日本語と英語の音節やモーラについて、児童は一切の説明を受ける訳ではなく、指導する側の担任も ALT も特段の意識をせずに授業を展開している。ALT や電子黒板の DVD の英語を聞いて真似をするだけの児童に、英語の音韻習得がどの程度であるのか調査していくことにした。

4.4.1. 本研究の目的・内容・方法

　本研究の目的は、次のように考える。英語音韻で、日本語と明らかな相違があるのは、英語閉音節や二重母音、子音連結などである。児童への発音に関する詳細な説明はないが、英語音声をしっかりと聞き、日英語の音韻上の違いに気付き、真似をすることで、どの程度発音できているか調査分析し、実態把握をすることを目的とする。

　調査内容は、M小学校6年生の学年末に音声調査をした20語から、閉音節9語14項目、二重母音4語4項目、子音連結5語7項目を抽出して調べる。
　閉音節に関する調査………elephant, game, ride a unicycle, convenience store, France, get up, go to bed, study at school, eat lunch

二重母音に関する調査語彙………game, play, station, go

子音連結に関する調査語彙………store, grandfather, France, study, school

　調査方法としては、上記の語を音声収録したものを、ALT の音声と比較し、各調査項目が正答は○、誤答は×、解答なしはレと評価し、分析する。なお、調査対象児童は、M小学校 6 年生 1 学級30名である。

4.5. 音韻調査の結果と分析

4.5.1. 英語の閉音節

　調査内容は、絵を見せて単語を発話させている20語のデータから、語末の音声が閉音節である語彙を抽出している。語句については、語末が子音になるものを元の語句から切り離して調査している。各語彙の語末が、閉音節であるか開音節であるかを調査した結果が次の表である。

表 4 - 9　単語における閉音節の現れ方　1

児童番号	elephant	game	ride	unicycle	convenience	store	France
IPA	[éləfə.nt]	[géɪm]	[ɹaˈɪd]	[yuːnɪsáɪkl]	[kənvɪˈːnjəns]	[stɔˈːr]	[frǽns]
2	× -to	○	レ	レ	× -su	× -a	× -su
3	○	レ	レ	レ	レ	レ	レ
4	× -to	× m-u	× grand	○	○	○	× -su
5	○	レ	○	○	○	○	○
6	○	レ	レ	○	× -su	○	○
7	○	○	レ	○	× -su	○	○
8	○	レ	レ	レ	レ	レ	レ
9	× no-t	○	レ	レ	○	○	○
10	○	レ	レ	○	○	○	○
12	○	レ	レ	レ	○	○	○
14	○	○	○	○	○	○	○
15	× -to	レ	レ	レ	○	○	レ
16	○	○	レ	レ	× -su	○	× -su
17	○	レ	レ	レ	× -su	× -a	○
18	レ	レ	レ	レ	○	○	レ
19	○	○	○	○	○	○	レ

20	レ	レ	レ	○	レ	レ	× -su
21	○	○	レ	○	× -su	○	× -su
22	× no-t	○	レ	○	× conbini	× ensuto	○
23	○	○	レ	レ	○	○	○
24	○	○	レ	○	○	○	○
25	○	○	レ	レ	○	○	○
26	○	○	レ	○	○	○	○
27	○	○	○	レ	× cycling	○	○
28	○	レ	レ	○	× -su	○	レ
29	○	○	レ	レ	× -su	○	× -su
30	○	○	レ	○	○	○	○
31	○	○	レ	○	○	○	○
32	× -tsu	レ	レ	レ	○	○	○
33	○	○	○	○	○	○	○

正答＝○、　　誤答＝×、　　解答なし＝レ

　elephant は、児童にとって親しみのある語のようだ。3名の児童が、語末の音を［-to］と母音が入っている開音節で発話している。また、2名の児童が、語末の子音［-t］を脱落させている。さらに1名の児童が、語末を［tsu］と発音している。語彙を記憶していない児童が2名でその他の児童22名（73%）は、語末の子音［t］を閉音節で発話していた。

　game は、短い単語であり、借用語として日常的に使われている単語でもある。閉音節で発話出来た児童が18名（60%）、語末の［-m］に母音を付加して［-mu］と開音節で発話した児童が1名、絵を見て単語を思い出せなかった児童が11名（37%）いた。アルファベットの学習時、絵を見て単語を発話する活動は十分な時間もかけず、一通り発話して終了する学習展開が多いので、児童には定着しにくい状況があり、発話できない児童が40%いたと考えられる。

　ride a unicycle は一塊の語句であるが、絵を見て unicycle を思い出す児童が半数いるものの、ride を発話できる児童は4名（13%）しかいなかった。ride を grand と言い間違えた児童が1名、残りの25名（83%）の児童は ride という単語を記憶していなかった。一輪車に載る児童の絵を見て、「一輪車」という名詞は半数の児童が記憶している（16名、53%）が、「乗る」という動詞までは覚えていないのが現状のようである。

　convenience store は、「コンビニ」という日本語が浸透しており、両語の語末を閉音節で発話出来た児童が18名（60%）いた。convenience の語末が日本語モーラの干渉を受けた発音である –su- で発話していた児童は 8 名（27%）であった。store の方は、閉音節で発話した児童が24名（80%）いた。convenience と比較すると若干多いが、store の語末［-r］を［-a］と開音節で発話した児童が 2 名、単語を思い出せなかった児童が 3 名、単語を間違えた児童が 1 名であった。「道案内をしよう」という単元のさまざまなランドマークの中でも、convenience store は児童にとっては記憶し易い部類の単語であると考える。

　France の語尾の –nce- を閉音節で発話出来た児童は18名（60%）、開音節で発話した児童が 6 名（20%）、記憶していなかった児童が 6 名（20%）であった。学習中は国旗を見て国名を言う場面が何度かあったが、児童にとって馴染みのある単語でも開音節で発話する児童が20%もいるのは、英語を聞く・話す時間や回数から察すると致し方の無いことかもしれない。英語を聞く時間や回数が増えると、閉音節で言える児童も増えるであろうと考える。

表 4 -10　単語における閉音節の現れ方　2

児童番号	get	up	go to bed	study at	school	eat	lunch
IPA	［gɛt］	［ʌp］	［gou tuː bɛd］	［stʌdi æt］	［skuːl］	［ɪːt］	［lʌntʃ］
2	レ	レ	× -do	レ	× -ru	レ	レ
3	レ	レ	○	レ	レ	レ	レ
4	× -to	○	× -do	レ	レ	レ	○
5	レ	○	○	レ	○	レ	レ
6	× -to	○	○	レ	レ	レ	レ
7	○	○	レ	レ	レ	○	○
8	レ	レ	○	レ	レ	レ	レ
9	○	○	レ	レ	レ	○	レ
10	○	○	○	レ	○	○	○
12	× -to	○	○	レ	レ	レ	レ
14	○	○	○	○	○	○	○
15	レ	レ	レ	レ	レ	レ	レ
16	× -to	○	○	× - end to	○	レ	レ
17	○	○	レ	レ	レ	レ	レ

18	レ	レ	レ	レ	レ	レ	レ
19	○	○	○	○	○	○	○
20	レ	レ	レ	レ	レ	レ	○
21	レ	レ	○	レ	レ	レ	レ
22	○	○	× -do	レ	○	○	○
23	× -to	○	× -do	レ	レ	レ	レ
24	× -to	○	○	レ	レ	○	○
25	レ	レ	レ	レ	レ	○	○
26	レ	レ	レ	レ	レ	レ	レ
27	× -to	○	○	○	○	レ	○
28	○	× -pu	レ	レ	○	○	○
29	× -to	○	レ	レ	○	レ	○
30	× -to	○	○	レ	○	× -to	○
31	× -to	○	○	○	○	○	○
32	○	○	○	レ	レ	レ	レ
33	× wake	○	○	○	○	レ	○

正答＝○、　　誤答＝×、　　解答なし＝レ

　get up は短い単語同士から成る句で、調査時は学習したばかりだったから
か、英語閉音節や日本語開音節で発話する児童が19名（63%）いた。なお、1
名の間違った児童は、get up を wake up と発話したのである。残りの10名は、
記憶していなかった。get の語尾の音、［-t］と日本語開音節の［-to］の聞き分
けは結構難しく、子音のような、母音が付加されているような、判別が難しい
語句であった。up の方は、閉音節の発話の児童が20名（67%）で、全体的にあ
る程度発話できていると考える。up を「-pu」と発話する児童は1名であった。
　また、18名（60%）の児童が発話できていた go to bed は、開音節で終わる
発話［-do］の児童は4名であった。残りの8名は記憶できていなかった。
　study at school の　［ət］については、閉音節で発話できている児童が5名
（17%）で、記憶できていない児童が24名（80%）であり、難しい語句であっ
たようだ。絵を見て、school に関しては9名（30%）の児童が発話できてい
たが、語句として記憶できている児童が非常に少なかった。
　eat lunch は、学習したばかりではあったが、これも児童には記憶しにくい
語句であったようだ。eat の発話ができた8名（27%）の児童は、lunch も発
話できていた。

　さらに lunch だけ発話出来た児童は7名（23%）であった。lunch が発話出来た児童は15名（50%）で半数の児童になる。eat を開音節で発話した児童は、1名であった。

○　全語彙の閉音節の現れ状況
　調査参加児童数は30名であった。14項目の単語毎の児童の閉音節の現れ方の調査結果は、次の通りである。

表4-11　語彙別の児童の閉音節の現れ状況

	elephant	game	ride	unicycle	convenience	store	France
○	22	18	4	16	18	24	18
×	6	1	1	1	9	3	6
レ	2	11	25	13	3	3	6

	get	up	go to bed	study at	school	eat	lunch
○	9	20	18	5	9	8	15
×	11	1	4	1	1	1	0
レ	10	9	8	24	20	21	15

正答＝○、　　誤答＝×、　　解答なし＝レ　　　　　　（単位：人数）

　児童の正答数が半数以上の語彙は、名詞が中心で elephant, game, unicycle, convenience, store, France, bed, lunch である。動詞 ride は6年生の1学期に「できることを紹介しよう」の単元で学習した動詞句であるが、あまり覚えてないようである。その他の動詞句　get up, go to bed, study at school, eat lunch は丁度この調査時期に学習したばかりの項目である。しかし、1単元4時間の学習「一日の紹介をしよう」の中で動詞句の新出語句が15項目もあり、短時間で記憶するには量が多すぎる問題がある。ただし、文部科学省は、あくまでも「体験すること」に重点を置き、「記憶すること、定着すること」は求めていないので、一日の生活を紹介するために多くの例文が示されていると考える。それでも、幾つかの語句に関しては、児童が思いの外よく覚えている。get up は、get が開音節になっている児童11名と閉音節で発話できた児童9名の合計20名（66%）の児童が、一応、記憶していることになる。発音は適切でなくても語句そのものは記憶できているようだ。go to bed も18名

（60％）の児童が適切に発話できている。この2つの動詞句は、児童の中では非常に身近な語句のようである。それに引き換え、study at school や、eat lunch は、正答者が5名や8名と非常に少ない。"Hi, friends" の教材の取り扱いでも、get up や go to bed は15項目の新出語句とは別に、Q&A の中でも取り扱われているので、英語練習を通して、聞く・話す機会が多かったようである。英語体験の差が成績の差に反映していると考える。

　本調査を始める前には、開音節ではなく閉音節で発音することは、ALT も担任も意識していないので児童は当然できていないだろうと思って調査した。しかし、結果をみると児童が ALT や DVD の音声をしっかりと聞き、素直に真似をすることで音韻習得が少しずつできていると考えられる。

○　英語の閉音節発話に関する個人別評価

表4-12　英語の閉音節発話の個人別評価

児童番号	○	×	レ	児童番号	○	×	レ	児童番号	○	×	レ
2	1	6	7	14	14	0	0	24	10	1	3
3	2	0	12	15	2	1	11	25	7	0	7
4	5	6	3	16	6	4	4	26	6	0	8
5	9	0	5	17	4	2	8	27	10	2	2
6	6	2	6	18	2	0	12	28	7	2	5
7	9	1	4	19	13	0	1	29	5	3	6
8	2	0	12	20	2	1	11	30	9	2	3
9	7	1	6	21	5	2	7	31	11	1	2
10	12	0	2	22	8	4	2	32	6	1	7
12	6	1	7	23	6	2	6	33	12	1	1

正答＝○、　　誤答＝×、　　解答なし＝レ　　　　　（単位：問題数）

　上記の英語閉音節発話の個人別結果から、30名の児童中、英語閉音節発話が約80％（11）以上できている児童が5名、50％（7）以上80％（10）未満の児童が9名いる。両者で14名（47％）と凡そ半数の児童が、英語閉音節の発音が少しできていることになる。詳しい説明もなく ALT や DVD の音声を聞き、素直に真似しているだけのようだが、英語の子音で終わる閉音節の発音が、児童本人も気づかぬ内に少しずつできつつあるようだ。

　なお、14名の閉音節発音ができつつある児童の内、塾でも学習している児童は５名だけで、残る９名は、学校で外国語活動を素直にまじめに体験することで音韻習得に近づいているようである。

4.5.2. 英語の二重母音

　牧野武彦（2006：38, 43）の英語母音の各論の中にある二重母音に関する説明は以下のようであった。

　　英語の二重母音は全て、前半の要素が強く長く後半の要素が弱く短い下降二重母音である。さらには、後半の要素はあくまでも目標点であってそこに到達することは必要条件ではない。そのこともあって、移動距離の短い二重母音である /eɪ/ と /oʊ/ は後半の要素がほとんど聞こえない［e·］と［o·］になってしまうこともある。
　　さらに、以下のようにも説明を続けている。
　　/eɪ/ は、日本語の「エ」よりも舌を緊張させて「エイ」と口を狭める方に動かす。日本語では「エイ」と「エー」の音声上の区別はあるが、形態論上の区切りがある場合を除いて、音韻上の区別がないため、これと /ɛ/ の区別は意外に難しいことがある。「避税地」を意味する tax haven/heɪvn/ の第２要素を heaven/hɛvn/ と勘違いしていたり、「西」の west/wɛst/ も「腰回り」の waist/weɪst/ も同じく「ウエスト」とカナで書いたりしているのはその反映である、としている。

　さらに、竹林滋、斉藤弘子（2008：46）では、米音の［oʊ］の出発点の母音は日本語の「オ」とそれほど違わない、「オ」の後に軽く「ウ」を添えれば実用的には間に合うとしている。日本語の「オ」に最も近い母音は米音ではこの /oʊ/ の［o］である。米音においてはこの［oʊ］と［ɒ:］の区別が紛らわしくなることがある、とも記述している。

　この他にも、川越いつえ（1999：45）には、以下の説明がある。
　二重母音はある母音に始まり、別の母音の方へと舌が動いてゆくものである。英語には５つの二重母音がある。２つの母音の組み合わせという点では日本語の「アイ」（愛）、「コイ」（恋）などと類似しているが、英語の二重母

音では第1母音が中心で長く、第2母音はいわば添え物で、「アーイ」、「アーウ」の感じである。日本語の連母音は「ア」＋「イ」の足し算感覚であり、第2母音の「イ」が添え物ではなく、第1母音と同様の重みがある。そこで連母音と呼ばれる。一方英語の二重母音は2つの母音の連結ではなく全体で1つの母音である。

　日本人学習者が英語の二重母音を聞いてそれを発音したときに、日本語の特徴として、借用語に近い長母音か、英語の二重母音に近い連母音になる。日本語では、「アイ」は連母音になり、[éɪ]、[ou] は「エー」、「オー」と長母音になる。

　借用語の game, play, station は、それぞれ「ゲーム」、「プレー」、「ステーション」と [éɪ] が [é:] の長母音に変わってしまうことが多い。さらにgo は、[o´ʋ] ではなくて [o´:] という長母音になってしまう。しかも、英語の二重母音は、第1アクセントが強く第2アクセントが弱い音であるが、日本語の二重母音は英語と同じではなく、第1アクセントも第2アクセントもほぼ同じ強さの連母音がほとんどである。

　そこで、児童の収録音声から二重母音に該当する語の発話状況を調査した結果、以下のようになった。

表4-13　単語における二重母音の発話

児童番号	game	play	station	go
IPA	[géɪm]	[pléɪ]	[stéɪʃən]	[go´ʋ]
2	× é:	◯	◯	× o´:
3	レ	レ	× é:	× o´:
4	× é:	◯	× é:	× o´:
5	レ	◯	◯	× o´:
6	レ	レ	◯	× o´:
7	× é:	レ	× é:	レ
8	レ	レ	レ	◯
9	× é:	◯	× é:	× o´:
10	◯	レ	◯	× o´:

12	レ	○	○	× oˊ:
14	× éː	○	○	× oˊ:
15	レ	レ	○	レ
16	× éː	○	○	× oˊ:
17	レ	レ	○	レ
18	レ	レ	レ	レ
19	× éː	○	○	× oˊ:
20	レ	レ	レ	レ
21	× éː	レ	レ	× oˊ:
22	× éː	○	○	× oˊ:
23	× éː	○	○	× oˊ:
24	× éː	レ	○	× oˊ:
25	× éː	○	○	レ
26	× éː	○	○	レ
27	× éː	○	○	× oˊ:
28	レ	○	× éː	× oˊ:
29	× éː	レ	○	レ
30	× éː	○	× éː	× oˊ:
31	× éː	○	○	× oˊ:
32	レ	○	○	× oˊ:
33	○	○	○	× oˊ:

正答＝○、　　誤答＝×、　　解答なし＝レ

　二重母音の調査結果は、表の通りである。game は、借用語になっているので、その影響が大きいのか、［géːm］と二重母音より長母音で発話する児童が17名（57%）いた。アルファベットの学習で教材の挿絵を見て、game と記憶することは難しいことであり、解答を言えなかった児童が11名（37%）、二重母音の発話ができた児童は 2 名（6%）に相当する。二重母音を意識して指導しなければ、児童が理解することは難しいだろう。

　play は、play the recorder や play the piano を学習していて、18名（60%）の児童が二重母音の発話ができている。借用語にもなっており、長母音で話す児童が多いのではと思っていたが、意外にも二重母音の発話が多かった。解答できない児童は12名（40%）と少なくはない。station も、借用語になっているので、［stéːʃən］と長母音で話すかと思ったが長母音の児童は 6 名

（20％）、きちんと二重母音で発話した児度が20名（67％）とよくできていた。
go は多くの児童21名（70％）が借用語の影響か、二重母音ではなく長母音で
解答している。調査した語彙はどれも借用語になっているもので児童には馴
染みのあるものである。英語音声よりも自分たちの知っている借用語で話す
児童が少なからずいたが、その音声は二重母音ではなく長母音が多かった。
児童にとっては言い慣れた発音であるうえ、英語の正確な発音の指導を丁寧
に受けていないので、こういう結果になったのであろう。

○　二重母音の発話の現れ状況
　調査参加児童は、30名である。二重母音の児童の発話での現れ方は、以下
の通りである。

表4 -14　二重母音の児童の発話での現れ方

	game	play	station	go
○	2	18	20	1
×	17	0	6	21
レ	11	12	4	8

正答＝○、　　誤答＝×、　　解答なし＝レ　　　（単位：人数）

　game は、借用語として日常的に使われているためか、二重母音よりは長母
音で発話する児童が半数以上いた。正答は2名だけであった。挿絵を見て単
語を思い出せない児童は、11名（37％）いた。普段通りに無意識に長母音で
発話した17名の児童に、二重母音の指導を一言入れると改善される児童が多
数いると考えられる。
　play は、スポーツやゲームで使う事も多い語彙であると思うが、60％と多
くの児童がきちんと二重母音で話せていた。授業では、play baseball や play
soccer、play the piano、play the recorder 等々、動詞句として学習することが
多く、play を長母音で発話するより二重母音で発話する児童が多かった。ま
た、思い出せない児童も40％と決して少なくはないが、play the recorder とい
う動詞句を答える時に、recorder は思い出せても、play はなかなか思い出せ
ないようであった。
　station は日常的な語彙で、駅名の宣伝文句やテレビ番組名で「ステーション」

［sté:ʃən］という長母音の借用語がまかり通っているが、丁寧に二重母音［stéɪ
ʃən］で話すことができていた。授業の中では、station を単独の語彙で学習する
よりは、fire station や police station のように複数の語彙の組み合わせで取り扱
い、長母音よりは二重母音の発音が児童に浸透していったと考えられる。

　逆に、go は、［ɡoʊ］と二重母音で話す児童は１人だけで、殆どの児童は
［ɡo:］と長母音で話していた。これも、日本語の特徴によるものと考える。go
to bed の動詞句は、長母音で発話する児童が21名いたので、指導が望まれる
ところである。

　上記の「単語における二重母音の発話」の一覧表を見ると、児童の発話状
況がみえてくる。

○　英語の二重母音発話に関する個人別評価

表４-15　英語の二重母音発話の個人別評価

児童番号	○	×	レ	児童番号	○	×	レ	児童番号	○	×	レ
2	2	2	0	14	2	2	0	24	1	2	1
3	0	2	2	15	1	0	3	25	2	1	1
4	1	3	0	16	2	2	0	26	2	1	1
5	2	1	1	17	1	0	3	27	2	2	0
6	1	1	2	18	0	0	4	28	1	2	1
7	0	2	2	19	2	2	0	29	1	1	2
8	1	0	3	20	0	0	4	30	1	3	0
9	1	3	0	21	0	2	2	31	2	2	0
10	2	1	1	22	2	2	0	32	2	1	1
12	2	1	1	23	2	2	0	33	3	1	0

正答＝○、　　誤答＝×、　　解答なし＝レ　　　　　（単位：問題数）

　二重母音の発音が４問中３問できている児童は１名、２問できた児童は14
名、１問正解の児童は10名であった。ここでは長母音でないものを二重母音
としているが、実際には連母音といってもいいものかも知れない。一応長母
音でなければ二重母音の範疇に入れているが、いわゆる連母音の発音の児童
の方が二重母音の発音の児童よりかなり多くいたことは事実である。日本語
の特徴からすると連母音であると考える。

　3 問できた児童 1 名と 2 問できた児童の内、残り 2 問が不正解であった児童 8 名は発話をしたものの二重母音ではなく長母音になっていたようである。正解が 0 であった児童 5 名の内全く英語で答えられなかった児童は 2 名、3 名は、解答するも長母音であったり、解答できなかったりしたものである。二重母音と連母音の区別が曖昧であった児童も全くいない訳ではなかった。厳密に言うと二重母音の発音はこの時期のこの環境の児童にとっては非常に難しいものであると考える。

4.5.3. 英語の子音連結

　英語では語頭（母音の前）に 3 つ、音節の末尾（母音の後）に 4 つまで子音が連続することができる。日本語には基本的に子音連結がないので、日本語話者にとって英語の子音連結の習得は個々の音の長音以上に困難を伴うが、これは滑らかな発音のためには重要な要素である。

　本調査の音節の子音連結に該当する語彙は、5 項目であり、以下は、その調査の結果である。

表 4 -16　単語における子音連結の発話状況

児童番号	store	grandfather		France		study	school
	ccvcv	ccvccvccvc		ccvccv		ccvcc	cccvvc
IPA	[stɔr]	1 [grǽndfɑːðər] 2 [grǽnfɑːðər]		[frǽNS]		[stʌdi]	[skuːl]
		[gr-]	1 [-df] 2 [-nf]	[fr-]	[-NS]		
2	×su	レ	レ	○	○	レ	○
3	レ	レ	レ	レ	レ	レ	レ
4	○	レ	レ	×fu	×-su	レ	レ
5	○	レ	レ	○	○	レ	○
6	○	レ	レ	×fu	○	レ	レ
7	○	○	2○	×fu	○	レ	レ
8	×	×gu	1× -do	レ	レ	レ	レ
9	○	○	2○	○	○	レ	レ
10	○	○	2○	○	○	○	○
12	○	○	1× -do	○	○	レ	レ
14	○	○	1× -do	○	○	○	○

単語における子音連結の調査は、該当する7項目について実施した。最初の子音がsで始まる store, study, school については、発話できる場合は、ほとんど正答である。動詞句の study at school は児童には難しかったようで、解答できない児童がそれぞれ21名と19名いた。発話出来た児童は全員、発音に際して子音連結の音であると次の子音の間に母音を差し入れることはなかった。正答数の多い store も同様である。store は、convenience store の store で、児童には親しみ深い語彙でもあったので、正答者が多い結果になったようだ。「ストア」と連続する子音の間に母音を差し入れて発話する児童が4名いたが、22名（73%）の児童が [stɔːr] と発音し、語アクセントの間違いもほとんどない状態であった。「ストア」の初めのモーラ「ス」には日本語のアクセントがないので母音が無声化してしまい、英語の子音連結に近い音声になったと考えられる。その影響もあってか [stɔːr] の発音は多くの児童ができていた。grandfather も、発話できる児童は連続する子音の間に母音を差し入れること

No.							
15	○	○	レ	レ	レ	レ	レ
16	○	レ	× gu	1 × -do	× fu	× -su	○
17	× su	× su	レ	レ	レ	○	× su
18	× su	レ	レ	レ	○	レ	レ
19	○	○	○	1 ○	レ	レ	○
20	レ	レ	レ	レ	× fu	× fu	レ
21	レ	レ	○	レ	× fu	× -su	レ
22	×	×	レ	レ	× fu	○	○
23	○	○	○	1 × -do	○	○	レ
24	○	○	1 ○	レ	レ	レ	レ
25	○	○	1 ○	レ	× fu	レ	レ
26	○	○	2 ○	○	○	○	○
27	× gu	レ	1 × -do	○	○	レ	レ
28	○	○	2 ○	×	×	×	レ
29	× su	○	2 × -pa	× fu	× -su	レ	レ
30	○	○	2 × -pa	× fu	○	○	レ
31	× gu	○	1 × -do	○	× fu	× -su	レ
32	○	レ	1 × -do	× fu	× fu	レ	○
33	○	○	レ	レ	○	○	○

正答＝○、　　誤答＝×、　　解答なし＝レ

となく発話できていた。gr の間に母音を入れて［gurand~］と発話していた児童の発音は、語彙全体が、借用語のような日本語的な発音であった。

　grandfather の発音記号は、［grǽndfɑ˞ːðər］と［grǽnfɑ˞ːðər］の2通りあり、電子黒板で聞き取る DVD の音声は［grǽndfɑ˞ːðər］であったが、英国人 ALT の発音は［grǽnfɑ˞ːðər］であった。児童の音声には、両方の言い方があったが、初めの音節末の子音［d］は実際には非常に弱く発音されるか、あるいはほとんど無声化して聞こえないだけだということで、どちらで発音しても正解としている。ただし、［-ndofɑ-］とdの後に -o が挿入されたものは不正解としているが、該当する児童は8名いた。

　France については、Fとrの間に母音 –u が入り、借用語のように「フランス」と発話する児童が13名（43%）もいた。英語の子音連結の発音ができた児童は11名（37%）、答えられなかった児童が5名いた。さらに France の N ce を Ns ではなく Nsu と発音する児童が6名いた。この児童たちは、［fu.ra.N.su］と発音し、借用語の発音と同様であった。また、［furaNs］と語頭では fr の間に母音の u が挿入されたが、語尾では Ns で終わった児童が8名いた。児童は聞こえる通りに発音しているのでより正確な音声を身に付けるには丁寧な指導が必要であると考える。ちょっとした一言で児童が正確な英語音声に近づけるなら、指導を入れるべきではないかと考える。活動とはいえ、あくまでも学習であると考えるからである。

　そこで、語彙における子音連結の音声の現れ方は、次の表のようになっている。

表4-17　子音連結での児童の音声の現れ方

	store	grandfather		France		study	school
IPA	［stɔr］	1 ［grǽndfɑ˞ːðər］ 2 ［grǽnfɑ˞ːðər］		［frǽɴs］		［stʌdi］	［skuːl］
		［gr-］	1 ［-df］ 2 ［-nf］	［fr-］	［-ɴs］		
○	22	14	8	9	17	9	10
×	6	4	10	15	7	0	1
レ	2	12	12	6	6	21	19

正答＝○、　　誤答＝×、　　解答なし＝レ　　　　　（単位：人数）

store は、正答者の多い語彙である。study, school は、1 単元 4 時間で一日の生活を英語で表現する学習内容であるが、動詞句だけでも16個あり、4 時間の学習だけでは到底覚えられるものでもなく、解答できなかった児童は20名前後と非常に多い。

しかし、語彙を覚えている児童は発話に際しては子音連結らしく、子音の間に母音を差し入れることも無く発話できていた。grandfather は、正答者数は半分くらいだが発話できない児童が12名とやや多い。この単語も6年生の1学期に少し学習しただけなので記憶することは難しいかも知れない。France は、意味が分かっていても発話が難しかったようだ。連続する子音間に母音を差し入れてしまい、借用語のような「フランス」という音声になってしまった。指導の必要を感じる。

英語の子音連結発話の個人別調査結果は、次の表の通りである。

表 4 -18　英語の子音連結発話の個人別調査結果

児童番号	○	×	レ	児童番号	○	×	レ	児童番号	○	×	レ
2	3	1	3	14	6	1	0	24	3	0	4
3	0	0	7	15	1	0	6	25	4	1	2
4	1	2	4	16	3	4	0	26	5	0	2
5	4	0	3	17	1	3	3	27	5	2	0
6	2	1	4	18	0	1	6	28	3	2	2
7	4	1	2	19	5	0	2	29	1	4	2
8	0	3	4	20	0	2	5	30	4	2	1
9	5	0	2	21	1	2	4	31	5	2	0
10	7	0	0	22	3	2	2	32	2	3	2
12	4	1	2	23	3	2	2	33	4	1	2

正答＝○、　　誤答＝×、　　解答なし＝レ　　　　　（単位：問題数）

正答数が7問中4問以上（半数以上）の児童は13名、誤答が4問以上の児童は2名、解答できない問題が4問以上の児童は9名、これらの内のどれにも該当しない児童が6名であった。連続子音の発音が少しできつつある児童が半数弱いるものと捉える。その反面、学習した英語を記憶したり発話したりすることが苦手な児童も9名（30％）とかなり多い。学習内容と練習時間

の少なさからすると致し方のない事かも知れない。

4.5.4. 英語音韻習得に関する考察

　児童は、ALT や DVD の音声などをしっかり聞いて、音声の真似をしながら学習している。英語音声を聞き取る力や発話能力のある児童ほど、求められずとも学習事項を記憶しているようである。

　本節では、英語音韻の閉音節や、二重母音・子音連結の発話に関する調査を行った。日英語の音韻の大きな違いは、特殊音を除いて開音節でおわる日本語と閉音節でおわることの多い英語にある。上記について、児童が、主に聞く・話す活動を通してどの程度、理解・習得ができているか調査した。その結果、詳しい指導がないので当然できないだろうと思っていた閉音節の聞き取りや発話を児童の半数近くができていた。閉音節でおわる語彙の発話状況は、多くの児童が慣れ親しんでいる語彙の正答数が多く、聞き慣れない語彙や記憶しにくい語彙ほど閉音節の発音ができていないことが分かった。借用語になっている語彙や記憶することが難しい動詞句などの句でも、児童にとって身近な語彙ほど開音節でおわるよりは閉音節でおわることが多かった。意味の理解できる英語を耳で聞いたとおりに発話している状況が窺えた。

　二重母音に関しては、相当発話する機会の多い play, station が二重母音で発話されていた。play については、"Can you play~?" や、一日の生活、国別の生活時間と活動などで何度も会話練習をし、かなり発話体験をしているので、自然に［pléɪ］の発話ができていたと考える。station は借用語として日常的に使う語彙ではあるが、［stéɪʃən］の発話も 20 名もの児童ができていた。ここでいう二重母音は、日本語の連母音のことであると捉える。

　子音連結の音声調査も、調査項目 7 つの内、半数以上にあたる 4 つ以上発話できていた児童が 13 名（43%）と半数近くおり、動詞句そのものが難しくて発話できなかった語彙を除けば、ある程度の学習効果はあると考えられる。

　全体的にみると、児童は限定された学習環境と教材の内容にもかかわらず、しっかり英語話者の音声を聞き取り、半数弱ではあるが英語音韻習得はできつつあると考えられる。

4.6. 本章のまとめ

　英語音声習得に関する事項では、小学校２年間で学ぶ英語は、習得の過程であるというよりは、学習効果が現れ始めているところと捉える。英語音声に関しては、個人差はあるが日本語と違う英語らしい発音に気づきつつある程度である。

　児童に学習効果が見られることは、児童が、高さアクセントの日本語音声から強さアクセントのある英語的な発音に少しずつ気づき、発音できていることである。

　-banana- は、通常借用語として使っているので児童はよく知っている語彙であるが、英語音声は自分たちの使っているものとは随分違うので、その違いに気づき発音を真似することで英語音声を意識し、発音できてきている。

　児童が苦手とすることは、weak accent が聞き取れないために正確に理解・発話出来ないことである。

　学習前は借用語を日本語のまま発話していた語彙も、２年間の学習後は、英語らしい発音になってきた児童が少しばかり増えてきた。

　英語音声に聞き慣れ、意味理解ができ、発音の真似をして、英語音声の聞き取りと発話が少しずつ可能になっている児童が増え、その語彙の量も少しずつ増えてきているのが現状と考える。

　英語音韻習得に関する事項では、英語音韻の閉音節や、二重母音・子音連結の発話に関する調査を行った。

　閉音節の聞き取りや発話が、ある程度できていた。閉音節でおわる語彙の発話状況は、多くの児童が慣れ親しんでいる語彙の正答数が多く、聞き慣れない語彙や記憶しにくい語彙ほど閉音節の発音ができていなかった。意味の理解できる英語を耳で聞いたとおりに発話している状況が窺えた。

　二重母音に関しては、相当発話する機会の多い play, station が二重母音で発話されていた。しかし、これは二重母音というよりは、日本語の連母音に近かった。

　子音連結の音声調査も、調査項目７つの内、半数以上にあたる４つ以上発話できていた児童が13名（43％）と半数近くおり、ある程度の学習効果はあると考えられる。

　全体的にみると、児童は限定された学習環境と教材の内容にもかかわら

ず、しっかり英語話者の音声を聞き取り、僅かではあるが英語音韻習得はできつつあると考える。

第5章　形態素習得

5.0. 序

　形態素の習得順序に関する研究は、1970年代から進められている。Brown（1973）の第一言語習得の研究を皮切りに、第二言語習得（SLA）研究の領域においても重要な研究課題の一つを占め、英語圏はもとより日本でも、さまざまな研究が数多く行われてきた。形態素の習得順序について、Duly and Burt（1974）の調査結果から一定の順序を得ている。

　中学生を対象にしたMakino（1981）で9形態素中、冠詞の習得が2番目であるのに対し、被験者に高校生を取り上げたShirahata（1988）では8番目、同じくYakushi（1988）では9番目、Terauchi（1992）では9番目になっている。同じ横断的テスト法であっても、結果が異なるのは、問題内容の選択方法と被験者の相違にあるのであろう。外国の研究者によるこの種の研究は極めて多い。Krashen（1977）が、様々な形態素の習得順序を比較して発表した9形態素の習得順序は次の順で習得される。

　　第1グループ：-ing, plural –s, copula
　　第2グループ：progressive auxiliary, article
　　第3グループ：irregular past
　　第4グループ：regular past, 3rd singular –s, possessive –s

　この順位中グループ内の形態素の習得順序は問わない。これらの習得順序は母語が如何様な言語であっても習得順序はほぼ変わらないことが証明されている。（小池　2003：24）

　現行の小学校外国語活動では、句や文を一塊の言葉として扱い指導している。挨拶や会話を通して新出語彙や文などの表現を学習しているが、形態素について具体的な説明はない。ただし、必要な場面で最小限の学習と英語体験活動をしている。そこで、小学校で取り扱う不定冠詞と名詞複数形の理解度について調査した。

　本章「形態素習得」、第6章「統語習得」、第7章「語彙習得」に関しては、調査校M小学校とH小学校で調査した内容のうち、各章で必要な項目を抽出して分析論述する。M校では2年間に渡り3回の調査をし、3種類の調査用紙A，B，Cがある。H校では、5・6年生同時に1年間で2回実施した語彙94問と句26問の計120問の調査問題がある。さらに、統語の聞き取り・意味理解の調査文20問と統語の発話問題が6項目ある。調査内容や項目は、次章第6章統語習得及び第7章語彙習得で提示しているが、本章では調査項目が少ないので、上記調査内容から必要事項のみ取り出し説明することにする。

　なお、M校、H校で実施した調査問題は、巻末資料（調査用紙）に掲載している。

　上記2小学校の調査問題は、言語のレベルを考慮し、形態素については以下の項目について抽出論述する。

○　形態素問題1（付録、M小学校調査問題B参照）
　・調査時期………2回目調査（5年生学年末）、3回目調査（6年生学年末）
　・調査対象児童…2回目、3回目共1学年4学級130名弱
　・不定冠詞　　　　M小、問題Bの③，⑤　　　　　　　　　　計2問
　　　　　　　　　　It's an apple. It's an orange.
　・名詞複数形　　　M小、問題Bの①、②、④　　　　　　　計3問
　　　　　　　　　　six strawberries, two cars, three flowers

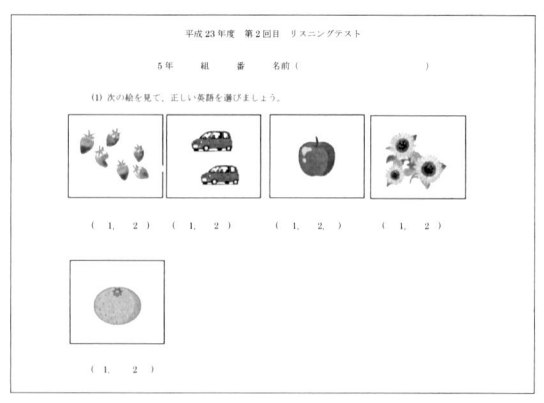

図5-1　M小調査問題Bの一部

問題は、以下の通りである。英語音声を聞いて解答する方法を採った。

問「次の絵を見て、正しい英語を選びましょう。（正答は＿＿＿＿）

①	1. six strawberry	2. <u>six strawberries</u>
②	1. <u>two cars</u>	2. two car
③	1. This is a apple,	2. <u>This is an apple.</u>
④	1. three flower.	2. <u>three flowers</u>
⑤	1. <u>It's an orange.</u>	2. It's a orange.

○　形態素問題2（付録、H小学校統語問題参照）

・調査時期………6年生9月

・調査対象児童…H小学校6年生38名

　H小、　統語「聞き取り・意味理解」問題　20問中　　計6問

　問「英語を聞いて［　　　　　］の中に聞こえた英語をカタカナで、

　｜　　｜には意味を日本語で書いて下さい。」

①	I like apples.	②	I don't like spiders.
⑥	I like triangles.	⑪	How many giraffes?
⑫	Five giraffes.	⑳	I can help my friends.

5.1. 不定冠詞

　日本語には無い形態素である不定冠詞a, anは、児童にとってはなかなか理解し難く使用することも難しい項目である。不定冠詞の調査問題は、前頁にあるように英語音声を聞いて正答番号を選択するようにした。問題数は非常に少なく2問だけである。調査時間の関係で1回の調査問題数を20問程度に限定していたので、形態素の不定冠詞と名詞複数形の問題数も限られ、十分な調査に至らなかった面がある。また、ものの数を数える時に単数形では不定冠詞を使う経験を児童はしていたので、児童に身近な、an apple と、an orange について調査した。児童は、an apple と three apples の単数・複数の言い方など、いくつかの身近な単語について学習していた。例えば apple [æpl] が、an apple [ə næpl] と発音されることを聞き、話すことも経験しているが、十分には理解できていない。学習後の5年生末の2回目調査でも6年末の3回目調査でも、40％前後の理解度である。日本語には無い冠詞は、児童にとっては馴染みが無く必要性も感じられない。また、a と an の区別は、文字

を学習しない児童にとっては、困難なものである。母音、子音との関係で不定冠詞が決まるという説明抜きで理解し記憶することは、無理があるだろう。また、指導する non-native の ALT の中には、ALT 自身が不定冠詞について無頓着であり、指導をしないこともある。丁寧な指導がないと、児童に理解は望めない。外国語活動では、英語体験だけが目的であり、正確な英語の習得を求めないことも不定冠詞の理解や習得を難しくしているようだ。

　以下は、M小で実施した不定冠詞の英語聞き取り問題の理解状況である。

表5-1　不定冠詞の正答状況

an apple		5年末	6年末
	被験者数	121名	125名
	正答数（名）	50名	48名
	正答率	41%	38%

表5-2　不定冠詞の正答状況

an orange		5年末	6年末
	被験者数	121名	125名
	正答数（名）	46名	51名
	正答率	38%	41%

　不定冠詞に関する調査は、学習後に行ったものである。学習中、"What's this?", "It's an apple. It's an orange." という言い方を聞いたり、真似して発話したりする活動はあるが、文字学習も説明も無いので、日本語との違いに気付く児童と聞き流すだけで不定冠詞に気付かない児童がいるのが現状である。

　不定冠詞の理解度は非常に低い。調査項目は2項目、2回とも40％前後の理解度である。不定冠詞に気付かない、理解していない児童が大半である。

表5-3　不定冠詞の理解の変化の状況

2回目⇒3回目	an apple		an orange	
	人数	%	人数	%
○⇒○	29	25%	21	18%
×⇒○	16	14%	26	22%
○⇒×	19	16%	25	21%
×⇒×	53	45%	45	39%

　また、その理解の過程も、2項目とも2回目の調査で正答の児童は12名、1項目は2回とも正答だがもう1項目は3回目に正答になった児童、又は2項目とも3回目に正答になった児童は19名、つまり31名（26％）が3回目調査の時点で2項目とも正答の児童である。2項目を2回目・3回目とも誤答の児童が29名（25％）いて、残りの57名（49％）の児童は1項目誤答であったり2項目とも2回目は正答なのに3回目は誤答になったりしている。学習中も、学習直後も理解し難い不定冠詞は、1年後の調査でもよくなることはなかった。

　塾でも学ぶ児童と学校だけで学ぶ児童の習得の差異についても調査した。結果は、以下の表の通りである。

表5-4　2回目調査 塾・非塾の形態素正答者

	an apple	an orange
塾（30名）	16名	10名
塾（％）	53%	33%
非塾（91名）	34名	37名
非塾（％）	37%	41%

表5-5　3回目調査 塾・非塾の形態素正答者

	an apple	an orange
塾（55名）	32	32
塾（％）	59%	59%
非塾（70名）	15	18
非塾（％）	21%	26%

　2回目と3回目の調査結果を比較すると、塾でも学ぶ児童は総数そのものが増加し、理解できている児童数は大幅に増え、正答率も若干増えている。特に、an orange の理解度は約2倍に増加し、正答児童も3倍になり大幅に理解が進んでいることになる。一方、塾に行っていない児童の3回目の正答率は、2回目と比較して大幅に減少している。ただし、塾に通う児童も通ってない児童も、各調査時の正答者の総数はほぼ同数である。また、2回目調査

時は塾に通っていないが、3回目には塾に通い出した児童で両項目とも正答の児童が14名いた。

5.2. 名詞複数形

名詞複数形については、教材にもあり授業中に学習したこともあるので、学習後の2回目調査では、70％弱の児童が理解できている。日本語には英語のような名詞複数形の語尾変化はなく、また、音声的には語尾を大きくはっきり話すわけではない上に、文法的な説明もないので、なかなか習得しにくい項目である。それでも、3回目調査では、理解度が80％前後まで、各項目10％程度改善されている。英語の経験が増える中で、名詞複数形に触れることもあり、僅かながら理解できている児童が増加していると考える。

表5－6　名詞複数形の正答人数と正答率

six strawberries		5年末	6年末
	被験者数	121名	125名
	正答数（名）	82名	101名
	正答率	67％	81％

表5－7　名詞複数形の正答人数と正答率

two cars		5年末	6年末
	被験者数	121名	125名
	正答数（名）	83名	96名
	正答率	68％	77％

表5－8　名詞複数形の正答人数と正答率

three flowers		5年末	6年末
	被験者数	121名	125名
	正答数（名）	84名	96名
	正答率	69％	77％

名詞の複数形は、電子黒板上のDVDの絵を見ながら、単数・複数の数え方の練習をしている。本調査校のALTは電子黒板を利用して指導をしていた

ので、児童はその学習経験がある。上記の表は、1学年約120余名の児童全体の正答率であるが、個人の獲得状況やその変化については一様ではないので、以下の表に、個別の習得の変化の様子を記した。2回目⇒3回目の項目の○⇒○は2回とも正答、×⇒○は誤答から正答に、○⇒×は正答から誤答に、×⇒×は2回とも誤答を示す。

表5-9　名詞複数形の理解の変化の状況

2回目⇒3回目	six strawberries		two cars		three flowers	
	人数	%	人数	%	人数	%
○⇒○	67名	57%	65名	56%	66名	56%
×⇒○	28名	24%	24名	20%	23名	20%
○⇒×	10名	9%	14名	12%	14名	12%
×⇒×	12名	10%	14名	12%	14名	12%

　ここで調査した名詞複数形3項目の児童の理解の様子は、2回目も3回目も全部正答であった児童が42名いた。また、2回目より3回目に成績が向上した児童が45名、その内、3回目は3項目全部正答であった児童が31名いた。14名は2回目よりも改善していることになる。2回目よりも3回目の成績が低下した児童は19名いた。その内、3回目に3項目とも誤答になった児童が5名いた。中には2回目は3項目とも正答であったのに3回目は全て誤答になった児童が1名いた。学習直後は記憶していたことを、1年経つと忘れてしまったと考えられる。2回目も3回目も同じ成績であった児童が6名いた。その内2名は、2回とも3項目全てが誤答であった。名詞複数形の意味が理解し辛く記憶も難しいのであろう。2回目より3回目に1つ正答が増え1つ誤答になった児童が5名いた。

　児童の調査結果を個別にみると、I.S児のように2問正答から誤答に変わり1問は誤答のままのような複数形に気付かない児童や、A.S児のように1問正答のまま、1問誤答のまま、1問は正答から誤答になった児童もいる。一方誤答から正答に変わり名詞の複数形に気付いている児童もかなりいる。3つの調査項目全体で、誤答から正答に変わった延べ正答人数は72名、正答から誤答に変わった延べ誤答人数は38名である。児童の名詞複数形に対する気付きや習得状況はまちまちで、学習時間は少なく繰り返しの練習もほとん

ど無いので、なかなか身に付きにくい項目ではある。塾で触れる児童もいるが全員ではなく、学校の限られた学習だけで身に付く児童もいるので、個人の興味関心や能力に負うところも大きいと考える。また、学習直後は理解できていたが、１年経つと忘れてしまう児童がいることもある。

　２回目と３回目の理解の過程を見ることのできる児童の状況は以上のようであった。なお、２回目も３回目も正答の児童42名の内、ずっと塾でも学ぶ児童が15名、２回目は塾に行っていたが３回目は止めた児童が１名、２回目は塾に行ってなかったが３回目は塾に行き出した児童が14名、２回目も３回目も塾に行ってない児童が12名いた。成績の低下した児童19名の内、塾でも学習している児童が６名いた。塾でも学ぶと学習時間も内容も多くなり児童の成績には有利と考えられるが、塾に行かなくても正答を得られる児童もかなりいることと、逆に塾で学んでいても成績の芳しくない児童も少なからずいることが分かる。

　上記の結果から全体的に見て、英語の名詞複数形に関する学習事項は理解できるようになった児童が少し増えていると捉えることができる。

　以下は、名詞複数形の理解の様子を、塾でも学ぶ児童と塾には行ってない児童に分けて正答数と正答率を表したものである。

表５-10　２回目調査塾・非塾の名詞複数形理解状況

	six strawberries	two cars	three flowers
塾（30名）	26名	24名	27名
塾（％）	87%	80%	90%
非塾（91名）	56名	58名	57名
非塾（％）	62%	64%	63%

表５-11　３回目調査塾・非塾の名詞複数形理解状況

	six strawberries	two cars	three flowers
塾（55名）	48名	48名	47名
塾（％）	89%	89%	87%
非塾（70名）	52名	47名	48名
非塾（％）	74%	67%	69%

　2回目調査と3回目調査の結果を塾でも学ぶ児童と塾に行ってない児童に分けて表示している。2回目から3回目にかけて塾に通う児童がほぼ倍増していることもあり、両者間の正答率に差が見られる。six strawberries, three flowers の正答率の差は、それぞれ25％から15％へ、27％から18％へと減少しているが、two cars は16％から22％へと増加している。その two cars も、児童数を見ると48名と47名で分母の違いから正答率が随分違うが、正答の児童数は殆ど変らない。塾で学ばなくてもある程度理解している児童は確実にいると捉えてもよいのではないかと考える。

5.3. 名詞複数形の聞き取り・意味理解の状況

　H小学校で英文の聞き取りと意味理解の調査をした時に、名詞の複数形も数項目調査した。英語聞き取りは、カタカナ表記で書かせたので、表現の仕方に多少の違いはあるが、名詞複数形が明確にわかるものを正答とした。ここでは、文法項目として形態素の1つである名詞複数形 –s の聞き取り・意味理解ができているか調査した。

○　H小、　統語「聞き取り・意味理解」問題　20問中　　計6問
　　問「英語を聞いて［　　　　　］の中に聞こえた英語をカタカナで、
　　｜　　　｜には意味を日本語で書いて下さい。」

① 　I like apples.　　　② 　I don't like spiders.

⑥ 　I like triangles.　　⑪ 　How many giraffes?

⑫ 　Five giraffes.　　　⑳ 　I can help my friends.

　名詞複数形の問題は、① apples　② spiders　⑥ triangles　⑪ giraffes　⑫ giraffes　⑳ friends　の6問である。児童のカタカナ解答には、アポース、ジュラープス、ジュラースなどがあるが、概ね名詞複数の -s は聞こえていると解釈する。以下、児童全員の調査結果である。

表5-12　名詞複数形の聞き取り調査（6年生38名）

		① apples	② spiders	⑥ triangles	⑪ giraffes	⑫ giraffes	⑳ friends
聞き取り	正答数	20	15	7	28	24	8
	誤答数	18	23	31	10	14	30
意味理解	正答数	38	38	35	20	19	28
	誤答数	0	0	3	18	19	10

　6年生にとって、上記の名詞複数形は既習事項である。授業中、複数形の聞き取り、発話の練習はしているが、各単語は単元学習の4時間の中で少し聞いたり発話したりする程度で、繰り返しの学習はほとんどなく、覚える必要もないのでなかなか身に付かないと考える。聞き取り調査の内容をカタカナで表記する経験もあまりない児童にとっては、難しい問題であったようだ。

　⑪ giraffes と⑫ giraffes は問いと答えの問答文に出てくる単語であるが、問⑪と⑫の正答数に若干の差が見られた。複数 -s に該当するカタカナ表記の有無の違いである。問⑪と⑫の解答を同じように書いていない児童が少なくとも4名はいたようである。

　triangles は5年生の2学期の学習事項で、その後日常的に使う言葉ではないためか正答が少ない。また、friends は6年生の7月に学習した後の調査であったが聞き取りはあまりできていなかった。ただし、アルファベットで書くのではなくカタカナ表記なので、「フレンド」と書いた児童がほとんどで、「フレンズ」と複数形であることが分かる表記は非常に少なかった。聞き取りと比較して意味理解はよくできているが、日本語にすると名詞に複数形はないので意味が分かれば正答になるためである。

5.4. 本章のまとめ

　本章では、文法項目の中の形態素、不定冠詞と名詞複数形の児童の理解について述べてきた。授業は説明よりも体験中心で、電子黒板や ALT の音声を聞いて真似をし、発話する練習を、1単元4時間の授業の中で一部行うだけである。児童全員が十分に理解し記憶できる学習をしている訳ではない。それでも児童の中には、学習内容を理解し記憶している者が少なからずいる。その状況を分析し解明できた結果は、以下の通りである。

① 形態素の不定冠詞や名詞複数形は、日本語にはないもので、現行の学習形態では児童には理解しにくく記憶もしにくいものである。
② 児童にとって、不定冠詞は理解度が低く、名詞複数形の方が理解度はやや高い。

　これは、先行研究の Krashen（1977）の習得順序と共通するところである。ただし、不定冠詞より複数形の練習量が多いことが理解度の高さに影響していることも考えられる。
③ 名詞複数形の2回にわたる調査で、全体的に見ると児童の理解度が約10％程度上昇したが、個別にみると児童それぞれに理解の過程や状況は違う。
④ 一般的に見ると、塾に通う児童の成績は、塾に通っていない児童と比較すると多少良いようである。しかし、個人差があり、塾に行かずとも好い成績の児童もいれば、塾でも勉強しても成績が芳しくない児童もいる。個人の興味・関心や能力に負うところが大きいと考える。

　僅かな学習内容と調査問題であったが、児童の調査結果から以上のようなことが分かってきた。

第6章　統語習得

6.0. 小学校「外国語活動」の統語習得に関する研究

　現在の小学校英語教育では、文法事項の説明はなく指導もしないので児童は英語文法や統語に関する知識を意識していないが、国語では統語に関わる学習内容を実質的には経験している。

　また、小学校学習指導要領国語（平成20年３月改訂）による「文および文章の構成に関する事項」として次の学習目標が指定されている。

①文の中における主語と述語の関係に注意する。（１、２年生）
②修飾と被修飾の関係など、文の構成について初歩的な理解を持つこと。（３、４年生）
③指示語や接続語が文と文との意味のつながりに果たす役割を理解し使うこと。（３、４年生）
④文や文章にはいろいろな構成があることについて理解すること（５、６年生）

　児童は、母語の日本語で文に関して学習経験を積み重ねており、英語学習においても、単語だけでなく句や文を表現として学習している。授業中も、新出単語の学習とともに、その語を使った文や会話の練習をすることで、自分の思いを挨拶や文などの表現を通して伝えることを経験している。体験する学習内容は短く平易な文で簡単なものであり、限られた表現ではあるが、自分の考えを表現することに、少しずつ取り組んでいるところである。また、句や文の中で、語彙を入れ替えて文を作り、個別の思いや細かな情報を表現する練習もしている。児童にとっては無意識ながらも、意味のある文表現を体験していることになる。そこで、この学習経験から、児童が無意識とはいえ、統語に関する学習内容をどの程度理解しているか、研究を進めていく。実際に指導されている内容について、①句・文に関する聞き取り問題で解答として適切な絵を選択する　②英語音声の文の聞き取り・意味理解は適切か

③絵を見て適切な英文を作り出すことができるか、という観点で児童の統語習得状況を明らかにする。

　M小学校では、英語音声を聞いて解答は該当する絵を選択する調査を実施した。H小学校では、M小と同じく英語音声を聞いて解答は該当する絵を選択する調査と、英語音声の聞き取りをカタカナ表記で記入させる調査を実施した。適切な表記方法とは言えないが、児童の現状を鑑み、上記の観点から英語能力の一端を把握することができると考え実施した。また、聞き取った英文の意味を日本語で書く調査も行った。文産出の状況は英語音声を個別に収録し分析した。

6.1. 本研究における目的・内容・方法
○　目的

　小学校で学習する英語の統語習得における句・文の聞き取り・意味理解の実態把握と文産出に関する児童の統語習得の実態を解明する。

○　内容

　本調査では、既習事項について、①英語の句・文に関する聞き取り調査、②英文の聞き取り・意味理解の調査、③児童が自分で産出する英文の発話調査を行った。

○　方法

　M小学校の英文の聞き取り・意味理解の調査では、解答をアルファベットで書けないので、解答の意味内容に該当する絵を選択する方法をとった。

　H小学校の語彙調査に含まれる動詞句の問題は、聞き取り調査の解答で適切な絵を選択するものである。この問題は、5・6年生に同じ問題を6月と1月に同時に行った。学力的に似ている2つのグループの調査結果で、小学校英語の習得状況を把握するために行ったものである。また、同小の英文聞き取り調査では、児童はアルファベットを学習していない事を考慮して、英語音声をカタカナで表記させ、意味を日本語で書かせることにした。児童の実態を考えると、現時点では妥当な方法と考え実施した。また、児童の英文産出に関しては、絵を見て発話する英文の調査を個別に行い、音声を収録した。

6.2. 英文聞き取りに関する調査結果とその分析

　M小学校、H小学校で調査した項目の内、統語に関するものは以下の通りである。

（巻末資料：調査用紙M小、H小参照）

6.2.1. 統語に関する調査内容

○句	H小、英文中の句の聞き取りと意味理解	計10問
○文	M小、問題Aの⑯～⑳	計5問
	問題Bの⑦～⑱、⑳	計13問
	M小、問題Cの⑦、⑧、⑯～⑳	計7問
	H小、語彙調査120問中、動詞句のある文	計26問
	H小、統語聞き取り問題①～⑳	計20問
	H小、統語発話問題①～⑥	6問

6.2.2. 句に関する調査内容

　H小の英文理解の調査の内、句に関する問題は以下の10問であった。英文の構成要素である名詞句・動詞句・副詞句に関する理解度の調査である。

　⑦　What do you study <u>on Monday</u>?　　　⑫　<u>Five giraffes.</u>

　⑬　When is <u>your birthday</u>?　　　⑭　<u>My birthday</u> is June twelfth.

　⑮　<u>In Australia</u>, Christmas is <u>in December</u> <u>in summer.</u>

　⑯　Can you <u>play soccer</u>?　　　⑱　Can you <u>play the piano</u>?

　⑳　I can help <u>my friends.</u>

6.2.2.1. 句の聞き取りと意味理解の調査結果

表6-1　句の理解度の評価

		○	△	×	計
1	Five giraffes	16 (42%)	11 (29%)	11 (29%)	38
2	on Monday	20 (53%)	6 (16%)	12 (32%)	38
3	In Australia	4 (11%)	16 (42%)	18 (47%)	38
4	in December	2 (5%)	13 (34%)	23 (61%)	38
5	in summer	2 (5%)	13 (43%)	23 (61%)	38
6	your birthday	26 (70%)	9 (24%)	3 (8%)	38

7	my birthday	30（80%）	5（13%）	3　（8%）	38
8	my friends	13（34%）	15（39%）	10（26%）	38
9	play soccer	31（80%）	7（18%）	0　（0%）	38
10	play the piano	27（70%）	11（29%）	0　（0%）	38

（数字：人数）

　上記の英語理解の評価では、句を聞いて聞取りと意味理解が確実にできれば○、聞取りも意味理解も全くできない場合や聞取りはできても意味理解ができない場合は×、その他の名詞、数詞、動詞等、部分的に理解できている場合は△としている。上記の句の中で、7～8割の児童が理解できているものが play soccer, my birthday, play the piano, your birthday であった。どの句も児童にとっては身近なものであるが、play the piano は聞取りの場合、定冠詞 the を聞きもらすことも多いのに、この調査対象児童はほとんど聞きもらすこともなく意味理解も正確にできていた。逆に、聞き取りにくく意味理解も難しかったのが in Australia, in December, in summer の3句であった。副詞句を成す前置詞 in は弱音で聞きとりにくく、また、意味も分かりにくかったようである。どちらかというと前置詞 in よりも後続する名詞 Australia, December, summer の方が聞きとれており意味も理解できていたようで日本語表記もできていた。この3つの句は一文に含まれるもので、児童にとってはかなり長文であり、授業でもそれほど丁寧に学習していた文ではなかったので、句や文としては理解できなかったと考える。five giraffes, on Monday, my friends は3～5割前後の理解度であるが、意味理解ができていない児童もそれぞれ3割弱いる。各句の聞き取り・意味理解について以下で詳細にみることにする。

　on Monday, in December, in summer は、時を表す副詞句であり、In Australia は文全体を修飾する副詞句である。on Monday は、聞き取りこそ32名ができているが意味理解は20名と少ない。

表6-2　　on Monday の聞き取り・意味理解状況の詳細

on Monday	○ (1-1)	△ (1-0)	△ (0-1)	× (0-0)
聞き取り	32	1	2	3
意味理解	20	0	6	12

（単位：人数）

　上の表は、on Monday の聞き取りと意味理解の児童の調査結果の詳細である。○×内の（1-1）、（0-1）の1は各単語の正答、0は誤答を表す。聞き取りの正答は38名中32名（84％）であるが、意味理解の正答は20名（53％）で、非常に少ない。この句では理解ができている児童は20名（53％）と捉える。誤答の、on と Monday では、アクセントのある Monday を理解ができている児童が6名（16％）と多い。on は弱アクセントの前置詞で、児童にとっては音声を聞き取り、意味を理解することは難しいようである。聞き取りが全くできない児童は3名（8％）だが、意味理解が全然できない児童は12名（32％）と多く、英語音声を聞き取れても意味理解ができないのであれば、文を理解していることにはならないと捉える。文理解は、児童にはかなり難しいことのようである。

　以下は、長文に副詞句が3つある問題文⑮の児童の理解状況である。なお、この文の句構造は以下のようになっている。

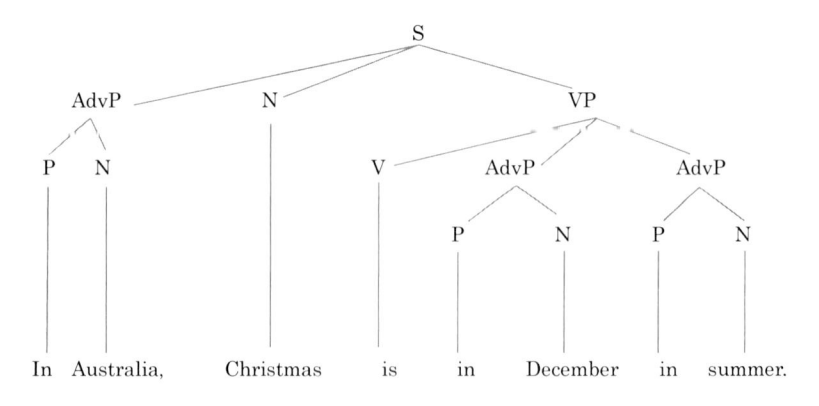

図6-1　樹形図

表6−3 In Australia の聞き取り・意味理解状況の詳細

In Australia	○ (1-1)	× (1-0)	× (0-1)	× (0-0)
聞き取り	11	0	9	18
意味理解	7	0	13	18

(単位：人数)

表6−4 in December の聞き取り・意味理解状況の詳細

in December	○ (1-1)	× (1-0)	× (0-1)	× (0-0)
聞き取り	2	0	20	16
意味理解	5	0	10	23

(単位：人数)

表6−5 in summer の聞き取り・意味理解状況の詳細

in summer	○ (1-1)	× (1-0)	× (0-1)	× (0-0)
聞き取り	5	0	11	22
意味理解	8	0	7	23

(単位：人数)

　本文は、6年生の5月教材 "When is your birthday?" の中の「世界の行事と月」で学習した内容で、電子黒板の音声や ALT の発話を聞いて意味理解する程度の取り扱いであった。丁寧な説明を受けて児童が何度も発話練習をした訳ではなく、児童にはかなり難しい学習内容ではあった。In Australia, in December, in summer は、句の意味理解がほとんどできていない。その中で、内容語である名詞の Australia の意味理解は児童の半数にあたる20名ができている。December の意味理解は15名、さらに summer の意味理解は15名ができている。以上の句は、既習事項ではあるが1つの文中にあり、この時期の児童の実態からするとかなり長文になるので、1つ1つの句の意味を理解し、その上、日本語とはいえ文字で書き記すことは児童には困難な作業であったようだ。

　他の句の聞き取りと意味理解の調査結果は、以下の通りである。

表6-6　five giraffes の聞き取りと意味理解の調査結果

five giraffes	○ (1-1)	× （1-0)	× （0-1)	× （0-0)
聞き取り	26	2	6	4
意味理解	17	7	5	9

（単位：人数）

表6-7　your birthday の聞き取りと意味理解の調査結果

your birthday	○ (1-1)	× （1-0)	× （0-1)	× (0-0)
聞き取り	27	0	9	2
意味理解	33	0	2	3

（単位：人数）

表6-8　my birthday の聞き取りと意味理解の調査結果

my birthday	○ (1-1)	× （1-0)	× （0-1)	× （0-0)
聞き取り	36	0	0	2
意味理解	31	1	3	3

（単位：人数）

表6-9　my friends の聞き取りと意味理解の調査結果

my friends	○ (1-1)	× （1-0)	× （0-1)	× （0-0)
聞き取り	29	2	1	6
意味理解	13	0	15	10

（単位：人数）

　five giraffes、your birthday、my birthday、my friends は、数量詞や所有限定詞などの付加部と名詞から成る名詞句である。

　Five giraffes の意味理解は、全児童の半数もできていなかった。giraffes は6年当初の既習事項であるが、児童に好評の動物名の中では、あまり親しみのない語のようである。4月に学習した内容だが9月当初の調査時点ではあまり記憶できてなかった。

　your birthday、my birthday は児童には身近で、意味理解もしやすい句であったようだ。

　my friends は、複数の -s を聞き落としてフレンドと書いた児童が21名いた。聞き取りでマイ フレンズと名詞の複数形を表記した児童は 8 名であり、friends の複数に気付き表記している児童は非常に少なかった。

　動詞句に関する調査結果は、以下の通りであった。

表 6 -10　play soccer の聞き取りと意味理解の調査結果

play soccer	○ (1-1)	× (1-0)	× (0-1)	× (0-0)
聞取り	36	0	2	0
意味理解	32	0	6	0

（単位：人数）

表 6 -11　play the piano の聞き取りと意味理解の調査結果

play the piano	○ (1-1-1)	× (1-0-1)	× (0-1-1)	× (0-0-1)	× (0-0-0)
聞取り	29	8	0	1	0
意味理解	32	0	0	6	0

（単位：人数）

　play soccer, play the piano は動詞＋名詞、または動詞＋定冠詞＋名詞から成る動詞句である。特に、定冠詞 the の聞き取りは弱アクセントで聞き落としがちであると思われるが、実際に聞き取れなかった児童は 8 名で、聞き取れた児童は29名、意味理解ができた児童は32名であった。よく聞き取り理解できていたと考える。両句とも聞き取りも意味理解もよく出来ており、児童には非常に身近な覚えやすい句であるようだ。

6.2.3. 文に関する調査内容と結果の分析

6.2.3.1. M小調査問題A

⑯　Close your eyes.　⑰　I play baseball.　⑱　We go to school.

⑲　Please sit down.　⑳　Please get on the bus.

　調査問題：⑯は、1（Close your eyes.）, 2（Open your eyes.）, 3（Touch your eyes.）から番号選択、⑰以下は、該当する絵を○で囲む。

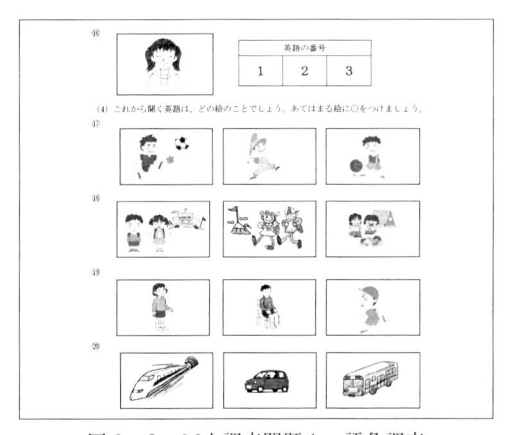

図6－2　M小調査問題A、語彙調査

　調査Aの統語に関する項目について、学習開始当初、5年生末、6年生末の3回の調査結果に基づき分析した。今回の調査も、文字学習をしていないので、英文聞き取りの意味理解を示す解答を絵選択で測った。外国語学習開始直後の英語体験の少ない時期の児童に理解しやすい英文で、教室でも使う文や、短く簡単な文の意味理解ができているかを調査したものである。英文になってはいるが、この時期は、語彙の意味を中心に文全体を理解できているかを調査したものである。解答方法の絵選択は、英文全体を理解できなくても、一部知っている単語があれば正答を選択できる偶然性は否めない。丁度一語文のように、名詞や動詞の一語の意味が分かれば、文全体の意味を理解できる状況と似ているものである。

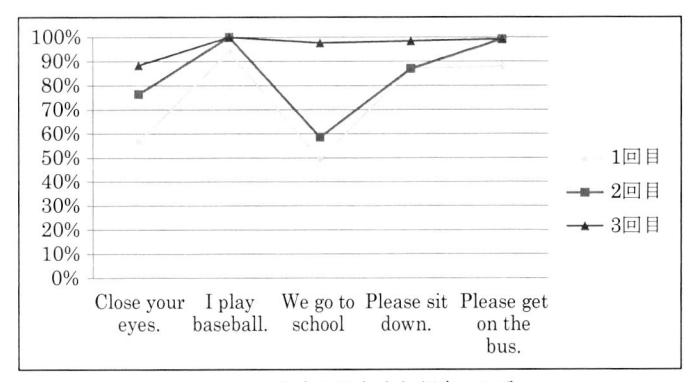

図6-3　英文の聞き取り調査3回分

　I play baseball. Please sit down. Please get on the bus. は、1回目調査時から、多くの児童が意味を理解できている文であった。特に、baseball, sit down, busは、児童には身近な言葉であり、絵を見て選択することは容易であったと考える。"I play baseball." は、解答方法が soccer、basketball、baseball の絵3択なので、baseball が聞き取れれば正答を得やすい、分かりやすい項目である。それに比べると、Close your eyes. は、学習開始時は理解できていなかったが、教室英語の一例として学習経験の中で理解が進んだと考えられる。Open your textbook. や Close your textbook. Open your eyes. など、学習中の ALT の指示を聞き、意味理解ができるようになった児童は正答になっている。5年生当初は、ALT の指示を聞いても直ぐには理解できなかった児童が、何度か英文を聞き、その語の意味に気付き、理解できるようになった文の1つである。

　また、We go to school. は、児童にとっては身近な語彙ではなかったようだ。go to school は6年生3学期に学習する動詞句で、1回目、2回目の調査時の児童には、絵の判別も含めて理解が難しかったようだ。児童には、借用語であるスクールは意外と使われていなかったようで、十分に定着していなかったと考えられる。しかし、学習後の3回目調査では、殆どの児童が理解できている。児童にとって一度語彙を学習した後は、語彙を含む句・文も、結構理解できるようになっている。

6.2.3.2. M小調査問題B

図6-4　M小調査問題B、統語関係

本調査では文は、"It's a koala."、"It's a fish."、"I study math and social studies."、"I have pants." である。その他の問は、応答文になっている。質問文に対し、絵を見て該当する英文の番号を選択したり正誤を判断したりする問題である。問題の半数がこのような応答文を選択するものにしている。短いながらも文脈の中で意味を理解しやすいように配慮した。なお、下のグラフの語の部分は、英文の一部を記載している。

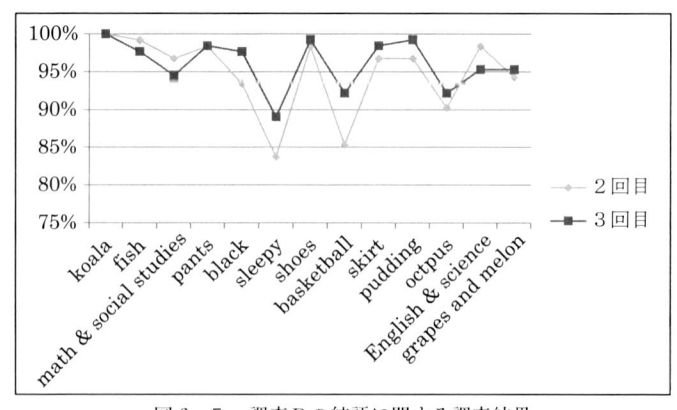

図6-5　調査Bの統語に関する調査結果

　２回目調査時期（５年生学年末）までの既習事項の調査結果である。解答を単語で表示しているものも英文を聞いて内容を選択しており、これらの調査事項は統語の範疇で捉えた。既習事項を調査しているので、児童はほとんどの問題を理解できている。５年生の２回目調査時直前に学習した教科名 math & social studies や English and science は、その１年後に調査した３回目の結果の方が僅かに悪いようである。fish についても同様に僅かに悪くなっているが、該当する児童が、130名前後の児童の内の４名（3%）程度の人数で誤差の範囲と考える。５年生末に一度学習した後、殆ど学習することのない英単語や句・文を大抵の児童が忘れていない事に、児童の記憶力の良さが窺える。平易な英文や英会話の応答文については、ある程度理解ができていると考える。調査Ｂでは、聞き取りで理解した句・文を日本語で解答するのではなく、全問、解答を該当する絵や番号で選択させた。これは、児童の学習形態や方法と照らしても、表現しやすい方法であると考えた。児童は学習中、英語を聞いて日本語に訳して考えるより、英語に該当するものを絵や写真、図等で理解・記憶している実態がある。英語音声と具体物で語彙を記憶しているのが現状であるが、理解したことを表現する方法は練習できていない。

　以上の様に、調査Ｂでは、主に英文、応答文中の句の理解度も調査した。解答方法の絵や番号を選択することは、児童には分かりやすかったようで、ほとんど理解できていた。

6.2.3.3. M小学校の動詞句を含む文の聞き取り調査

動詞句を含む文の聞き取り調査の内容は以下の通りである。

　調査問題Ｃ－⑦、⑧、⑯〜⑳　　　　　計７問（絵３択）

⑦　Can you ride a unicycle?
⑧　Can you play the recorder?
⑯　I watch TV.
⑰　I get up.
⑱　I go to bed.
⑲　I study at school.
⑳　I eat lunch.

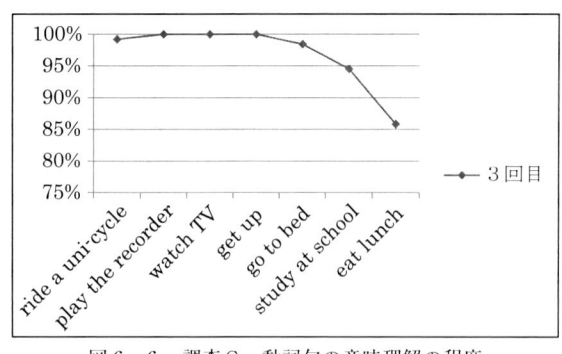

図6-6　調査C、動詞句の意味理解の程度

　6学年末の3回目調査時に調べた動詞句の聞き取り調査である。英語音声は、動詞句を含むIを主語とする英文で話しているので、統語の範疇で考えた。study at school は95％、eat lunch は85％程度の理解度である。eat breakfast, eat lunch, eat dinner を同時にしかも、4時間という短い学習時間の中で12の新出の動詞句を含む文を学び理解することは難しかったようだ。その他の5つの動詞句を含む英文の理解度は100％に近く、殆どの児童が意味を理解できていると考える。関連のある単語を同時に学習することは記憶し易いようであるが、短時間の内に一度に多くの新出語彙を学ぶことは、児童には負担が大き過ぎる。それでも授業中の学習を通して英語の句や文を聞き取り、意味理解をし、句や文の再生がどの程度出来ているか、児童の実態を調査してみた。

　聞き取り調査は学年全体約130名の児童に実施したが、句再生の調査は、1学級30名の児童に一人ずつ発話して貰い、ICレコーダーに収録する方法で実施した。

表6-12　動詞句の正答数・率と誤答の内容

動詞句	正答数・率 （絵3択）	正答数・率 （句再生）	発話における誤答の内容 （旧5-4学級の児童の事例）
ride a unicycle	30名 100%	4名 13%	unicycle のみ発話児童8名
play the recorder	30名 100%	15名 50%	recorder のみ発話児童4名、 play the ~ だけ発話児童1名
watch TV	30名 100%	11名 37%	TV のみ理解児童7名

get up	30名 100%	21名 70%	
go to bed	30名 100%	21名 70%	
study at school	29名 97%	5名 17%	study のみ、study on the school, study the school 各 1 名
eat lunch	28名 93%	5名 17%	lunch のみ 8 名、eat のみ 1 名

　句の習得については、以下のような特徴があった。先ず、聞き取りと句再生のギャップの大きい句は、ride a unicycle, play the recorder, watch TV, study at school, eat lunch であった。小学校英語では、ひとつの句を成す名詞、動詞、前置詞、冠詞をひとかたまりの言葉とみなし、日本語の意味もひとかたまりで捉えて学習する。絵 3 択の場合は、句の中の一部の名詞や動詞が理解できれば、正答を得やすく、正答数も正答率も非常に高くなる。しかし、発話の場合は、句の成分である名詞や動詞、前置詞や冠詞を正確に記憶していないと正答にはならない。そこで正答数や正答率が非常に低くなっている。誤答の内容を見ると一部の名詞や動詞だけいえる児童はかなりの数いるが、それは正答ではない。study at school のように動詞と名詞が分かっていても前置詞を間違えるとやはり正答になり得ない。学習中の指導方法を見ても、十分な時間をかけずに丁寧な説明も少なく、児童の推測や理解力で英語語彙や語句を指導し体験活動をさせても、しっかりと理解させ記憶させることは困難である。何より本活動は、体験活動をさせることが主たる目的である。児童は ALT の英語と担任の説明を少し聞き、英語を話す体験活動をすることが主で、理解・記憶することもテスト勉強をすることもないので、上記の表のような結果になっていると考える。

6.2.3.4. H小学校の調査内容と結果の分析

H小学校での調査内容は、以下の通りである。

語彙調査120問中、動詞句のある文　　　10＋16　　　　計26問

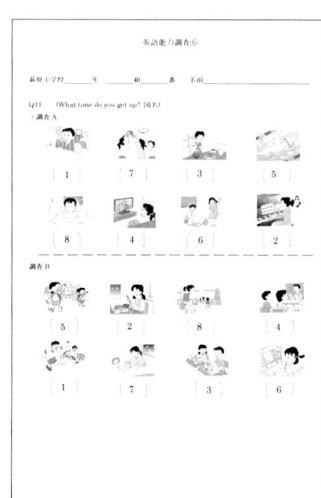

図6-7　動詞句のある文の意味理解の調査

○　H小学校の動詞句のある文の聞き取り調査　①

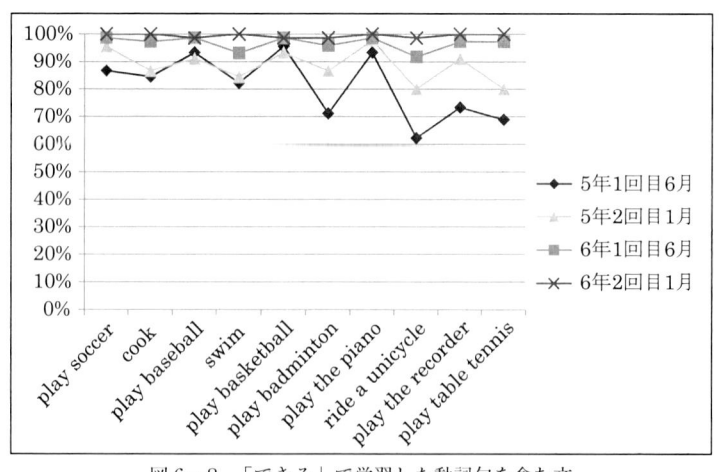

図6-8　「できる」で学習した動詞句を含む文

　グラフ上の語や句で表示している調査項目は、実際は、英文で話されたもので
ある。グラフでは、長い文を表示できないので、最小限の語句で表わしている。
　本調査は、動詞句を含む文の聞き取り調査である。"I can play the recorder."
や、"I can play basketball." など、「私は〜ができる」という例文を聞き、話し、
会話する練習を児童は経験している。「〜をする」という動詞を英語で言う時
は play の後に名詞をつけて表現する例が多い。勿論、単語一語で表現する
swim や cook も６年生は学習している。また、授業中、新出語彙としての聞
き取りや発話練習では、該当する絵を見ながら、これらの動詞句をひとかた
まりの語として捉えていた。６年生の１回目調査時に学習する内容であるが、
聞き取り調査では動詞句の中の名詞の意味が理解できれば動詞句の意味が分
かるので、未学習の５年生でもかなり理解できている。動詞が play ではなく、
しかも聞き慣れない ride a unicycle は、５年生には難しい質問事項であった。
play〜 の名詞である badminton, table tennis も未学習の５年生には聞き慣れなく
て難しかったようである。また、play the piano はよく聞き取れているが、play
the recorder は聞き慣れない語句であったようだ。しかし、学習をしている６
年生にとっては１回目からよく理解できており、２回目調査では正答率100%
が４項目、99%が４項目あり、殆どの児童は聞き取りができ、意味理解がで
きるようになっている。学習による効果は、非常に大きいと考える。

○　　H小学校の動詞句のある文の聞き取り調査　②

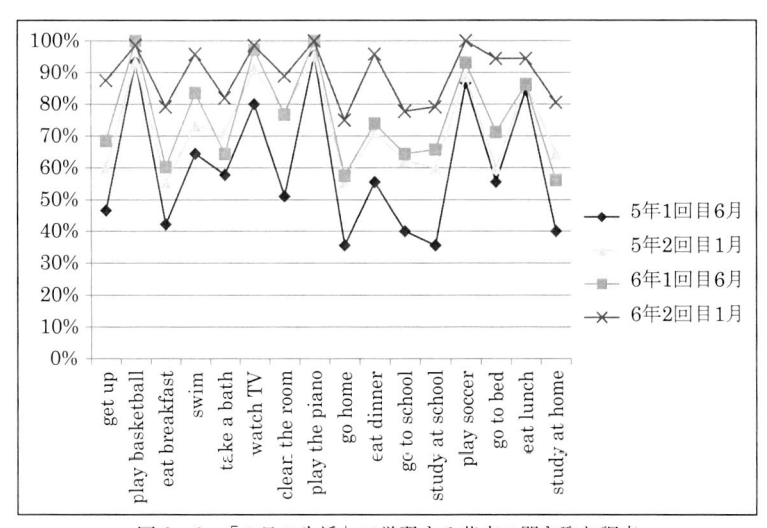

図６-９　「１日の生活」で学習する英文の聞き取り調査

　本調査項目は、swim 以外は全て動詞句のある英文である。児童は、授業では 2 ～ 3 語の句をひとかたまりの言葉と捉えて聞き取り、発話し、記憶している。文字で確認することはなく聞き取り中心の学習なのでアクセントの無い音声は聞き取れない事がある。聞き取り問題で絵を選択することは、語句の内の一部でも意味が分かれば正解を得る偶然性はあるが、発話に関しては正確に記憶していないと発話することは難しい。

　5 年 1 回目の調査では未習事項であるのに正答率が高い play basketball, watch TV, play the piano, play soccer, eat lunch などは、語句の一部でも理解できれば、絵選択で正答を得ることができたようだ。6 年 1 月に学習する内容なので、未習の時期の調査結果が良くないのは当然である。学習後の 6 年 1 月の調査でも、よく理解されている語句とそうではない語句がある。90%以上の正答率の高い句・文は、play basketball（99%）, watch TV（99%）, play the piano（100%）, eat dinner（96%）, play soccer（100%）, go to bed（94%）, eat lunch（94%）の 7 項目であった。get up（88%）, clean the room（89%）もよく理解している語句であると考える。学習方法でも、対になる語を同時に学ぶ（例：get up と go to bed, eat dinner と eat lunch）等々、児童が理解しやすく記憶しやすいように工夫して指導する様子が見られる。しかし、児童にとっては覚えやすい語句と覚えにくい語句があるようだ。因みに学習後の 6 年生 1 月の調査では。get up（82%）と go to bed（94%）, eat dinner（96%）と eat lunch（94%）, go to school（78%）と go home（75%）という正答率になっている。

6.3. 英文理解に関する調査と結果の分析　―H小学校の場合

　児童は、母語である日本語で文について学び、英語学習でも会話練習などを通して句や文にふれ、聞き取りや表現に少しずつ慣れてきているところである。そこで、英語の句・文の聞き取りや意味理解に関する児童の実態を把握するべく、本調査を実施することにした。

6.3.1. 調査問題の内容

　児童は新出語彙とともに挨拶や文の練習をするが、文の聞き取りは、児童にとっては結構難度の高いものなので、児童が考え易いように、問題文は 2 問で問答になっているものが多い。また、授業で何度も練習した短文が多いが、中には、聞き取り中心で発話練習の少なかった文も含まれている。問題

文は、以下の通りである。

① I like apples.　② I don't like spiders.　③ What color do you like?

④ I like red and blue.　⑤ What shape do you like?　⑥ I like triangles.

⑦ What do you study on Monday?　⑧ I study English and science.

⑨ What would you like?　⑩ I'd like milk and pizza.　⑪ How many giraffes?

⑫ Five giraffes.　⑬ When is your birthday?　⑭ My birthday is June twelfth.

⑮ In Australia, Christmas is in December in summer.　⑯ Can you play soccer?

⑰ Yes, I can. I can play soccer.　⑱ Can you play the piano?

⑲ No, I can't. I can't play the piano.　⑳ I can help my friends.

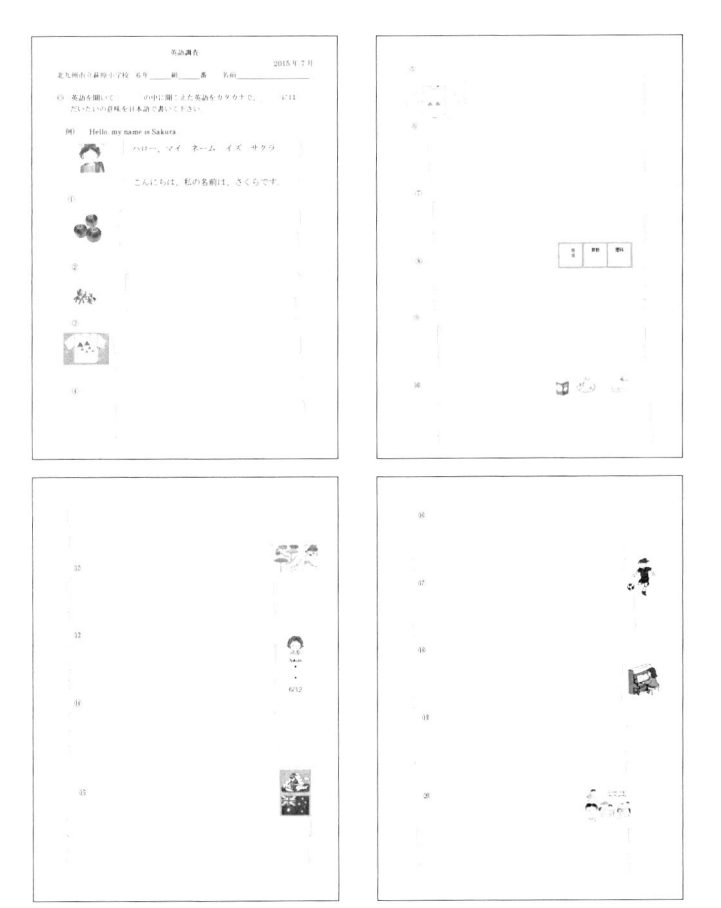

図6−10　統語聞き取り、意味理解調査問題

　上記、問題用紙の絵を見ながら英文を聞き、聞き取った英語音声をカタカ
ナ表記で、その意味を日本語表記で記入させた。問題用紙は、巻末資料に提
示している。

6.3.2. 調査結果とその分析

　本調査では、聞こえる英語をカタカナ表記して評価する方法なので正確な
解答ではないかもしれないが、句・文の単位で聞きとり、意味理解できてい
ると判別できるものを評価している。概ね聞き取りができ意味理解もできて
いれば評価4、語や句の重要な部分を捉えていれば評価3とし、英文の中の
1～2語や1つの句を聞き取り意味理解ができていれば評価2、全く解答なし
しか誤答の場合は評価1としている。児童の解答③の「ワッツ　カラー
デュ　ユー　ライク」、「あなたは何色がすきですか」は評価4に、⑦「ワッ
デュ　ユ　スタディー　オン　マンデ」、「月曜のじかんわりは何がすき？」
と聞き取りはほぼ評価4であるが、動詞の意味が違うので総合的に評価3と
し、⑲「ノー　アイ　キャンツ　ピアノ」、「私はピアノがきらいです」は、一
部可として評価2、理解不可能や無解答を評価1として集計したものが下の
グラフである。なお、グラフの縦軸は児童数38名、横軸は問題1～20である。

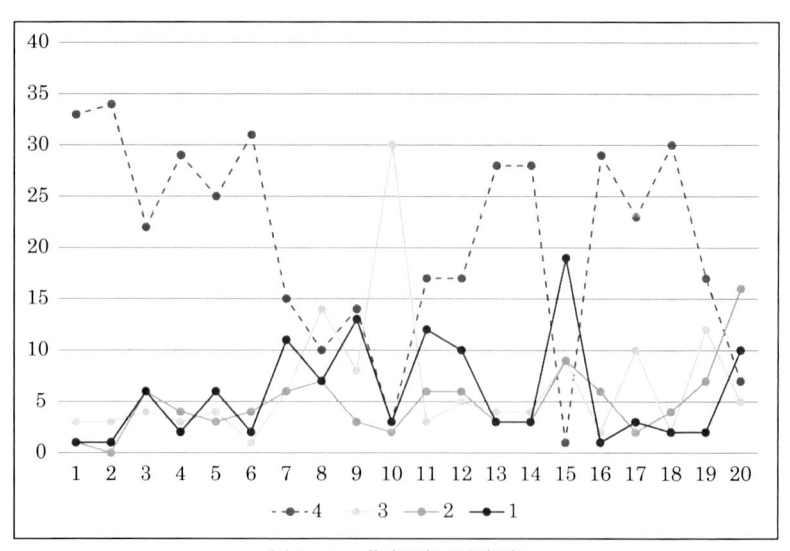

図6-11　英文理解の評価表

　評価値4〜1の内容については、上記に記述している。

　なお、問題20問の聞き取りと意味理解の総合評価の状況は、以下の通りである。

表6-13　問題別聞き取り、意味理解の総合評価

問題番号	①	②	③	④	⑤	⑥	⑦	⑧	⑨	⑩
評価4	33	34	22	29	25	31	15	10	14	3
3	3	3	4	3	4	1	6	14	8	30
2	1	0	6	4	3	4	6	7	3	2
1	1	1	6	2	6	2	11	7	13	3

（単位：人数）

問題番号	⑪	⑫	⑬	⑭	⑮	⑯	⑰	⑱	⑲	⑳
評価4	17	17	28	28	1	29	23	30	17	7
3	3	5	4	4	9	2	10	2	12	5
2	6	6	3	3	9	6	2	4	7	16
1	12	10	3	3	19	1	3	2	2	10

（単位：人数）

　さらに、本調査文の聞き取りと意味理解を別々に評価したものが次の表である。

表6-14　問題別聞き取り調査1

問題文	①	②	③	④	⑤	⑥	⑦	⑧	⑨	⑩
評価4	36	35	33	35	35	36	31	26	25	4
3	1	2	1	1	0	1	2	9	3	32
2	0	0	0	1	0	0	2	0	0	1
1	1	1	4	1	3	1	3	3	10	1

（単位：人数）

表6-15　問題別意味理解調査Ⅰ

問題文	①	②	③	④	⑤	⑥	⑦	⑧	⑨	⑩
評価4	34	36	23	30	27	32	17	11	16	30
3	3	2	4	3	4	1	5	13	6	4
2	1	0	6	4	3	4	5	9	3	1
1	0	0	5	1	4	1	11	5	13	3

（単位：人数）

表6-16　問題別聞き取り調査 II

問題文	⑪	⑫	⑬	⑭	⑮	⑯	⑰	⑱	⑲	⑳
評価4	34	26	30	32	6	37	35	37	22	15
3	2	0	5	4	12	0	1	0	8	15
2	0	7	1	0	11	0	0	0	7	1
1	2	5	2	2	9	1	2	1	1	7

（単位：人数）

表6-17　問題別意味理解調査 II

問題文	⑪	⑫	⑬	⑭	⑮	⑯	⑰	⑱	⑲	⑳
評価4	17	17	32	30	2	29	23	30	25	7
3	3	5	2	3	11	2	10	2	9	5
2	6	6	2	3	8	7	3	5	3	16
1	12	10	2	2	17	0	2	1	1	10

（単位：人数）

　全体的にみると、80％前後の児童が理解している文は、① I like apples. ②
I don't like spiders. ④ I like red and blue. ⑥ I like triangles. ⑬ When is your
birthday? ⑭ My birthday is June twelfth. ⑯ Can you play soccer? ⑱ Can you
play the piano? の8つの文である。これらの文は、当然理解できない児童が
非常に少なく、内容的にも児童には分かりやすい文であったようだ。どの文
も新出事項の学習時に聞き取り・発話の練習をし、典型的な文として児童の
記憶に残りやすかった内容と考える。どの文も単文で短く、単語も馴染みが
あり、学習中の発話練習で多くの児童が記憶できたものであろう。I like ～ と
いう文はよく聞き取り理解できている構文である。⑬、⑭ の文も「あなたの
誕生日はいつですか」、「私の誕生日は～」という英語表現を6年生の5月中
旬から6月中旬にかけて何度も練習し、よく記憶しているようで、文理解も
よくできている。

　聞き取りは80％以上できていて意味理解が70％程度と若干不十分な文が、
③ What color do you like?　⑤ What shape do you like?　⑰ Yes, I can. I can play
soccer. の3つの文である。⑦ What do you study on Monday? や⑪ How many
giraffes? の聞き取りは31名以上できても意味理解は17名程度と非常に少ない
場合もあった。児童は、Wh や H で始まる疑問詞疑問文の聞き取りはかなり
出来ても意味理解は未だ十分にできていないようであった。

　聞き取りは不十分であるが意味理解は概ねできている文が、⑩ I'd like milk and pizza. の文である。これは、敬体の丁寧語で日本語表記すれば、"I like ~." も "I 'd like ~." もほぼ同じような「好きです」という丁寧な表現になるので正答が多くなっている。

　名詞の複数形の間違いや前置詞の脱落は文の大意に大きく影響しなければ理解できていると捉えて評価している。聞き取りも意味理解もかなり出来ている①、②、④、⑥の文は、５年の単元「好きなものを伝えよう」や「友達にインタヴューしよう」で学習した英文であり、児童もよく記憶しているようである。また、⑭、⑯、⑱は、６年の単元であるが、１学期に「友達の誕生日を調べよう」や「できることを紹介しよう」で学習し、児童が興味を持ち会話練習もよくしていた内容である。これらの文は、各単元の典型的な英語表現で、児童にとっても興味・関心があり、理解しやすく記憶しやすいものであると考える。

　これに対して、評価４の児童が１桁の英文は、⑩ I'd like milk and pizza.　⑮ In Australia, Christmas is in December in summer.　⑳ I can help my friends. であった。⑩は、"I'd like ~" の聞き取りが難しい文であったが、評価３の児童が30名もいて、児童は本問題の意味をある程度理解できていると考える。問⑮は、授業中も丁寧に指導を受けたものではなく英語音声を聞き、意味を知り、日本との違いに興味関心をもつ程度の経験をした内容である。挿絵をヒントに学習したことを想起する児童もいるかも知れないが、何よりも児童にとっては長文で、英語を聞き取りカタカナ表記をするとともに、続けて意味を日本語で表記する作業は、児童には負担が大きかったかも知れない。問⑳は、動詞 help の意味が分からなかったようで、解答できていた児童が11名（29％）であった。文全体の日本語表記になると、文意が伝わる書き方ができた児童が７名、ある程度理解できる児童が５名の計12名（32％）であった。動詞は、１つでも理解できないと、文の意味を理解することは困難になる。

6.3.3. 児童の理解が難しかった問題の分析

　特に聞き取りが難しかったのは、⑩、⑮、⑳ の３問で、これらの解答の詳細は以下の通りである。

問⑩　I'd like milk and pizza.

表6-18　文を構成する語彙の聞き取り・理解状況1

		I'd	like	milk	and	pizza
聞き取り	正答数	4	34	37	35	36
	誤答数	34	4	1	3	2
意味理解	正答数	33	31	35	34	34
	誤答数	5	7	3	4	4

（単位：人数）

　レストラン等で食事を注文する場面などで使われる文である。お客に対する丁寧な表現として "Would you like ~?" と、それに応答する "I'd like~." の言い方を練習したが、would, I'd の聞き取りも応答も意識していないので聞き取りにくく、英語音声をカタカナで表記することは難しかったようだ。本文の場合、聞き取りは不十分でも「私は牛乳とピザが好きです」という意味の日本語の丁寧な表現はできていた。英語の丁寧な表現は、日本語の普通の表現とほぼ同じ日本語表記になり、意識せずとも理解できていたようであった。

問⑮　In Australia, Christmas is in December in summer.

表6-19　文を構成する語彙の聞き取り・理解2

		In	Australia	Christmas	is	in	December	in	summer
聞き取り	正答数	11	20	27	9	2	22	5	16
	誤答数	27	18	11	29	36	16	33	22
意味理解	正答数	7	20	19	18	5	15	8	15
	誤答数	31	18	19	20	33	23	30	23

（単位：人数）

　文全体の英語音声聞き取りでは、Christmas, December, Australia, summer 等の内容語が一部、児童には聞き取れたようである。また、意味理解では、Christmas が主語であることは半数の児童にしか認識されていない。Australia の国名も半数しか理解されていない。全8語の語彙を正確に遺漏なく聞き取り意味理解した児童はいなかった。前置詞を1～2か所聞き漏らした児童は6名、概ね文の意味を理解している児童が5名いた。この時期の児童にとってはかなり長文であり、授業中、ALT の発話と電子黒板の音声で何度か聞いた程度の学習内容なので、児童が正確に聞き取ったり、十分に理解

したりするには難しい文であったと考える。

問⑳　I can help my friends.

表6-20　文を構成する語彙の聞き取り・理解状況3

		I	can	help	my	friends	friend
聞き取り	正答数	33	32	11	31	8	22
	誤答数	5	6	22	5	8	
意味理解	正答数	15	6	8	13	29	
	誤答数	23	32	30	25	9	

（単位：人数）

　聞き取りについては、I, can, my, 単数の friend の語彙は多くの児童に聞き取られている。しかし、文の重要な語彙である動詞 help の意味理解ができていない。児童の文理解不振の原因であると考える。friends の複数を表すフレンズの聞き取りが確実にできなくても日本語の友達という意味は理解できている。日本語にはない英語の名詞複数形としての形態素の存在が、児童の聞き取りを難しくさせている。

6.3.4. 個人別、英文聞き取りと意味理解に関する調査

表6-21　統語調査個人別総合評価

児童番号	両正	中間	両誤	児童番号	両正	中間	両誤	児童番号	両正	中間	両誤
①	19	1	0	⑭	5	12	3	㉗	6	9	5
②	3	13	4	⑮	13	3	4	㉘	8	11	1
③	9	10	1	⑯	11	9	0	㉙	16	2	2
④	14	4	2	⑰	7	3	10	㉚	4	10	6
⑤	17	3	0	⑱	10	8	2	㉛	13	7	0
⑥	15	4	1	⑲	3	4	13	㉜	14	6	0
⑦	6	3	11	⑳	15	4	1	㉝	6	9	5
⑧	18	2	0	㉑	9	9	2	㉞	14	6	0
⑨	12	5	3	㉒	16	1	3	㉟	9	7	4
⑩	10	3	7	㉓	12	7	1	㊱	0	1	19
⑪	9	11	0	㉔	17	3	0	㊲	13	7	0
⑫	15	5	0	㉕	5	12	3	㊳	16	3	1
⑬	13	6	1	㉖	11	8	1				

（単位：解答数、　1人計20問）

　本調査では、各問の聞き取りと意味理解を両方ともできている場合は評価4とし、両方ともできていない場合は評価1とした。また、その中間のものを評価2、3として、児童各個人の調査結果を表にしたものである。

　聞き取り・意味理解共に正答が70％以上の児童は13名（34％）、0％以上30％未満の児童は9名（24％）であった。3分の1の児童がある程度英文の聞き取りと意味理解ができていると考える。その反面、4分の1の児童が聞き取りも意味理解もあまりできていない状況である。さらに、70％以上理解できている児童の内、塾にも通っている児童は13名中5名であった。調査内容は既習事項に限っていたので、学習したことは、通常の学習を通してある程度身についていることが窺える。

　英文の聞き取り・意味理解が両方とも誤答ではない英語がある程度理解できている児童は11名（29％）であった。これに対し、両方とも誤答が10問（50％）以上の、どちらかというと英語が苦手な児童が4名（11％）いた。

　英文の聞き取り・意味理解がよくできている児童と、あまりできていない児童について詳細を以下に記す。

（聞き取り・意味理解ともよく理解出来ている児童）
児童番号①
　問9の聞き取り I'd は、「アイド〜」と表記して正答、問15は、前置詞が1つ脱落していたが意味理解はできていたので正答とし、問20の意味「私は友だちを〜」の日本語表記を、「私の友だちは〜」と主語が入れ替わっていたので誤答とした。

児童番号⑧
　問11の giraffes を「ジュラーンレ」と表記し、英語音声に近くないと判断して誤答にしていたが、問12の five giraffes を「ファイヴ　ジュラーンズ」と名詞の複数形を意識して表記したため、少し英語音声に近くなったと判断し正答にした。問10の I'd like〜 を「アイ　ライク〜」とし 'd の音声部分の表記が脱落していたので誤答とした。問15は前置詞が1つ脱落したが、長文で8語もあり、弱音の前置詞を1つ聞き取れなかったけれども意味理解は正確にできていたので正答としている。

児童番号㉔

　全20問中17問は正答であった。問 8 の聞き取りはできているが意味理解の表現が「私の勉強は英語と理科です」とあったので評価 3 とし、中間の成績にしている。問10 は、I'd like ～ の 'd の音声を聞き取れていなかったので評価 3 。問15は、聞き取りは前置詞 1 語脱落ではあるが、意味理解の日本語表現が「オーストラリアはクリスマスの12月が夏です」と主語が変わっていたので、評価 3 にした。

児童番号㊳

　問題20問中16問が正答であった。問 7 の聞き取りは正答であったが、意味が「今日は何曜日ですか」とあったので、総合評価を 1 としている。問10 は、I'd の日本語表記が脱落していて総合評価 3 と中間のグループである。問15 の聞き取りは、内容語である名詞のクリスマス、デッセンバー、サマーのみ表記していたが、意味理解も不十分で中間のグループに入れている。問20 の聞き取りは help が表記されていなかったし、フレンドは単数形であった。意味理解は「あなたは何人友だちがいますか」とかなり違っていたので、これも中間のグループに入れている。

　（聞き取り・意味理解が不十分な児童）

児童番号⑦

　聞き取りは、問 1 、 2 、 4 、 5 、 6 、11、13、16、17、18、19で11問が正答であるが、意味理解は、問 2 、13、16、17、18、19の 6 問のみ正答であった。総合評価としては、聞き取りも意味理解も両方正答は 6 問、両方とも殆ど解答できていない誤答は11問、ある程度聞き取りはできるが意味理解ができていない中間のものが 3 問であった。

児童番号⑲

　聞き取りの正答は、問 1 、 4 で、問10 は 'd が脱落していた。その他の問題は、問16、18、19の解答をかなり記入していたが、他は未記入であった。意味理解で正答の問題は、問 1 、 2 、 4 、10であった。他はほとんど未記入であった。問16 "Can you play soccer?" の聞き取りは「ケニュ　ブレー　サッカー」で正答と評価できるが、意味を「私はサッカーができます」と疑問文

を平叙文としていて、意味合いが違うので 評価を中間の2としている。

児童番号㊱

　聞き取りはほとんど間違いで、意味を表す日本語解答をカタカナ表記していいるだけであった。意味の正答は、問4、5、6、10、14、聞取りが理解できている問題は、問1、2、である。問17の意味「あなたはサッカーができますか」を「わたしはサッカーが苦手だ」とし、問18のCan you play the piano? の意味を「できるのはピアノ」、また問19の No, I can't. I can't play the piano. の意味を「できないのはピアノ」としていて解答としては不十分と判断し、聞き取りもできていない状態なので評価を1とした。従って、聞き取り・意味理解とも、ほとんどが誤答になっている。

　解答方法が、カタカナや日本語で記述する調査なので、解答内容もいろいろあるが、聞き取りは、多くの児童ができている。意味理解は不十分な場合もあるが、児童は一生懸命問題に取り組んでいた。意味理解の場面では、問題のカットが意味理解の参考になったかもしれないが、3分の1の児童が、学習内容の英文の7～8割の内容を理解していることは、この体験活動の学習効果であると判断してもよいと考える。

6.4. 英文産出の状況

6.4.1. 文の発話調査とその結果

　数枚の絵を見て英文を表現させた。全て既習事項であり、絵は教材である "Hi, friends" に載っているものである。絵を見て児童の発話する英文を収録した。調査時期が学校行事との関係で6年生2学期の9月になったので、出題文は5年時と6年時の1学期までの学習事項から選択した。41名の児童の英文は、以下の通りである。児童には英文を要求するが、語や句だけの児童も少なからずいた。また、どの問題にも英文を考えることができない無回答の児童がいた。評価としては、絵を見て、既習事項の文や適切な文が表現できれば良としている。絵に該当する既習の文を思い出し発話できれば文の産出は良好であると評価するが、児童の産出する発話の中には、句や語のみの場合もあり、これは文ではないので不適格と判断する。また、名詞の複数形の脱落や動詞がないもの、序数詞のところを数詞で表現したものなど、文法

的には間違いでも、統語の観点から主語・述語・目的語・補語等々、文とし
て意味が通じるものであれば可としている。各問題により児童の発話した文
の評価について説明し、適切か否かを評価し、児童の文産出に関する学習効
果を分析している。

　以下は、文産出に関する問題である。

次の絵を見て英文を言いましょう。

① ② ③ ④ ⑤ ⑥

6.4.2. 調査結果

表 6 -22　　apples に関する児童の発話

Do you like apple?	5	○	It's three apple.	1	△
Do you like apples?	1	◎	It's delicious.	1	○
I like apples.	4	◎	It's a apples.	1	△
I like apple.	14	○	This is three apple.	1	○
I have three apples.	1	◎	This is apple.	2	△
I can apple.	1	×	They are three apples.	1	○
I can't apple.	1	×	apple, three	1	×
three apple	2	×	three apples	1	×
three apples no, I don't	1	×			
Three apples I don't like.	1	○	無回答	4	

(単位：人数)

　14名の児童が英文として発話している I like apple. であるが、文法的には4
名の児童が発話する I like apples. の方が正しい。なお、4名の正答者の内、2
名は塾でも学び、2名は学校だけで学んでいる。リンゴの絵を見て「リンゴ
が好きだ」という気持ちを表現したものであるが、文法事項を正確に指導さ
れていないのでこのような表現になっている。また、apple（リンゴ）には、
like（好き）という語と共に発話する児童が非常に多く25名（61%）いた。3
個のリンゴの名詞複数形の言い方は、授業中電子黒板に映る DVD などの絵

を見て単数形・複数形の違いを学習している。そこで文法事項の説明は不十分でも、映像や音声を注意深く見聞きし、単数と複数の違いに気付き発話練習することでその表現方法が身についている児童が、僅かながらいる。「リンゴが好きですか」という疑問文も文法的に正しいDo you like apples?　は1名だけで5名の児童がDo you like apple?　と発話している。聞く・話す活動が中心の学習では、名詞の複数形apples の -sは聞き取りにくく発話も当然難しい。1人正解であった児童は学校だけで英語学習をしており、特別な学習をしていないようだが名詞の複数を理解できていた。授業中の名詞複数形の言い方の練習をしっかり記憶していたのであろう。I have three apples. や It's delicious. さらに They are three apples. などの文は、各1名の児童の発話であるが、未学習の英文であるにも拘らず正答であり、英語表現はできている。全員、塾で学習している。Three apples I don't like. や、It's three apple. また、It's a apples. さらに、This is apple. 等は、文法事項に間違いがあるが、主語・動詞・目的語・補語等、文に必要な要素を考えて発話している。非常に少ない学習経験から英文を短い時間に考えて発話していることも児童には難しいことである。中間言語的発想からすると、目標言語には達していないが意味が分かる状況は、文法的には正答でなくとも児童が習いたての英語で既習事項を応用して文を発話していることや、正確ではなくとも意味が通じる範囲の英文であることを鑑みて、本調査では文としては適切と判断する。結局33名（80％）の児童が、統語として意味の通じる英文を表現できていると捉え、無回答の児童が4名（10％）ということを考え合わせると、本問題は、児童には非常に親しみ深い文であると考える。

表6 -23　色と形に関する児童の発話

②

It's cute.	1	◎
It's triangle t-shirts.	1	◎
I want three red triangles and three blue triangles.	1	◎
I like red triangle and blue triangle.	1	◎
I like blue triangle, red triangle.	1	○
I like triangle red.	1	△
I like triangle blue.	1	△
This is red triangle and blue triangle t-shirt.	1	○

This is red triangle and blue triangle.	1	○
red triangle and blue triangle	5	×
blue triangle three, red triangle three white t-shirt	1	×
red triangle three, blue triangle three	1	×
red three triangle and blue three triangle	1	×
red and blue triangle t-shirt	1	×
three triangle red and three blue triangle	1	×
three red triangle and three blue triangle	1	×
red triangle, blue triangle three t-shirt	1	×
white t-shirt red three triangle, blue three triangle	1	×
red and blue train	1	×
red blue triangle	1	×
t シャツ	1	×
white and red and blue	1	×
six triangle	1	×
red triangle	1	×
triple red triangle	1	×
triangle	1	×
無回答	11名	

（単位：人数）

　本問題は、英文を表現しにくいものであったようだ。無回答の児童が13名（32％）もいて、句で表現した児童は19名（46%）、語だけの発話は2名（5%）、英文で表現できた児童は7名（17%）であった。This is red triangle and blue triangle t-shirt. や I want three red triangles and three blue triangles. さらに I like red triangle and blue triangle. また It's triangle t-shirts. It's cute.This is red triangle and blue triangle. などの文もあった。英文になっているが、意味としては正確に表現できていない文もある。しかし、児童の伝えたい気持ちは理解でき、文脈の中では理解可能な範囲の英文表現であると捉える。この問題では文表現が難しくて句だけ表現した児童が19名であった。5名の児童が表現していた red triangle and blue triangle や red and blue triangle t-shirt さらに red triangle などの句があったが、文で表現することは難しかったようだ。この単元の英文の学習では、I like ~ の文を練習していたが、絵の中に色と形と2つの要素があり、中には模様の数も含めて3つの要素があるので、これら

を英語で表現することは児童には難しい課題のようであった。英語学習の時間では、全ての要素を英文表現する必要はなかったが、児童は絵を見て多くの要素を表現しようと試みたようであった。

　5年生の9月に学習した内容であるが、絵の一部を英文表現した経験を覚えていないというより、目の前の絵を見て確実に表現しようと思うものの、伝えたい気持ちを英文としてうまく表現できなかった大変難しい問題であったようだ。

表6-24　教科、学習に関する児童の発話

発話	人数	評価
I like math.	1	◎
It's easy and interesting.	1	◎
I like Japanese and math and science.	2	◎
I like Japanese, math and science.	1	◎
I like Japanese and math.	1	◎
I don't like science.	1	○
It's Japanese, math, science textbook.	1	○
I like japan, math and science.	1	△
I like matt.　（math のこと）	1	△
I like Japanese.	1	○
I like science.	3	○
math, science	1	×
I can't science.	1	×
I study on Saturday.	1	○
I like Japanese and science.	1	○
Japanese, math, science	3	╳
Do you like study?	1	△
What do you study on Monday?	1	◎
I study science math.	1	○
Science	1	×
science, math（tsu）, Japanese	1	×
I like Japanese and cycle（science）.	1	△
無回答	14名	

（単位：人数）

　5年で学習した教科に関する表現である。I like Japanese, math and science. と答えた児童が1名、同じ内容で I like Japanese and math and science. と表現した児童が2名、少し短く I like Japanese and math. や I like Japanese and science. 等の表現もあった。さらに短く I like math. や I like Japanese. など一教科だけ選択して答える児童もいた。I like science. と答える児童は3名であった。また、塾でも学習している児童の It's easy and interesting. や I study on Saturday. などの発話があった。さらに、I don't like science. と否定形で表現する児童もいた。What do you study on Monday? と疑問文の児童もいたが、この疑問文は授業中、何度も会話練習をしているのでよく覚えていたようで表現し易かったと考えるが、発話した児童は1名だけであった。この単元では、時間割の教科名とともに study という動詞と共起する英文の練習をしていたが、I like ～ の文で表現する児童が多かった。また、It's Japanese, math, science textbook. と表現した児童は、主語を I ではなく、自分の知っている3人称の it にしたために主語と動詞が It's になったようだ。文を作る時に主語が I でも、you でも、we でもないとすると、残る学習した主語は、it だけになり、上記のような英文になったと考える。3人称複数形の they は、小学校では学習しないので、it を選択したと考える。この問題で短い文も含めて英文表現ができた児童は41名中 16名（39％）であった。文でありながら明白な間違いのある英文が5名（12％）また、文では発話できずに、句や語だけで発話した児童が6名（15％）、無回答の児童が14名（34％）名であった。英文の発話ができる児童は約40％で、英文で答えようと考える児童が多くはない問題ではあった。

表6-25　soccer に関する児童の発話

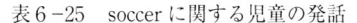

④		
I like soccer.	12	○
I like soccer game.	1	○
I don't like soccer.	1	○
I play soccer.	2	◎
Do you play soccer?	3	◎
I can play soccer.	5	◎
I can't soccer.	2	×
I can soccer.	1	×

Can you play soccer?	1	◎
Can you play soccer? Yes, I can.	1	◎
I like basketball.	1	○
I don't like play soccer.	1	×
I like try soccer.	1	×
play soccer game	1	×
soccer game	3	×
play soccer	1	×
soccer ball	1	×
soccer	1	×
無回答	4名	

（単位：人数）

　この問題では、I like soccer. が12名いた。さらに I like soccer game. や I don't like soccer. などを加えると、動詞 like を使った文表現が14名（34%）と意外に多かった。授業では動詞 play とともに使う文を多く学習していたためか、Can you play soccer? という疑問文や I can play soccer. という平叙文5名（12%）、さらに1人で Can you play soccer? Yes, I can. という応答文を言うなど play と共起する児童が12名（29%）いた。丸暗記をしている可能性もあるが、意味を理解し記憶していく過程であると考える。授業中、聞く・話す活動をしっかり重ねた証でもあると考える。また、Do you play soccer? という疑問文もあった。I like basketball. は、絵を見て自分の好みのスポーツを主張しているので、英文表現は良とみなしている。以上の結果から英語の文表現ができている児童が27名（66%）いたことになる。文表現ができなくて、play soccer game や play soccer、soccer game、soccer ball 等の句表現をした児童は6名（15%）いた。また、文表現に挑戦しているが動詞の脱落が3名（7%）、本来 to 不定詞になるところを to が脱落して ~like play~ や ~like try~ のように動詞が重なっている児童が2名（5%）、語だけ発話した児童が1名（2%）、無回答が4名（10%）であった。授業では ~play soccer~ で学習し、児童には大変身近な英文のようである。英文表現ができる児童と英文に挑戦した児童が32名（78%）いること、また、無回答の児童が4名（10%）であるということで、本問題はかなり児童に浸透している英文であると考える。

表6-26　play the piano に関する児童の発話

⑤			
Can you play the piano?	2	◎
Can you play piano? No, I can.	1	△
No, I can't. I can't play the piano.	1	◎
I can play the piano.	5	◎
I can't play piano.	2	○
Piano, no, I don't.	1	×
I like piano.	5	○
I like play the piano.	1	△
I don't like piano.	3	○
I play the piano.	1	◎
I play piano.	3	○
I want piano.	1	△
I can't piano.	1	×
grand piano	1	×
piano play	1	×
plays piano	1	×
無回答	10名	

（単位：人数）

　この絵の英文表現は、Can you play the piano? の疑問文（2名）やその応答の否定文である No, I can't. I can't play the piano.（1名）、また、I can play the piano. の平叙文（5名）、I play the piano.（1名）など、教材「できることを紹介しよう」の既習事項で学習した文の発話ができた児童が9名（22%）いた。この問題でも I like piano.（5名）や I don't like piano.（3名）など、動詞を like で表現する児童が8名いた。 また、I play piano. や I want piano. など定冠詞 the が脱落している児童も4名いた。児童の英語を、目標言語には達していないが意味が分かる状況にある中間言語的な発想で考えると、これは英文表現を意識しながらも細かい文法事項は理解していないが、限定的な状況の下で作り出された英文として正答と評価できると考える。これまでの学習経験で記憶している英語を使って英文を考えようとする気持ちはあるが、日本語には無い、学習中の指導もほとんどない文法事項は理解できず活用できない状態である。Can you play piano? No, I can. などは、定冠詞の脱落や、否定文の can't の間違いがあるが、はじめの疑問文の方は英文として認められると

判断する。本問題の解答として英文を考えた時の間違いに定冠詞の脱落が多いが、児童の学習形態や時間数、経験の少なさを考慮すると致し方のない面もある。なお、本問題では、児童の半数にあたる25名（61％）が英文表現を意識し、できるようになっていると考える。児童は、文については国語で学習し、全ての学習活動では文で発言することを基本としている。日常生活の中で、特に教師や大勢の児童の前では単語より文で発言することも指導されている。児童は、「文で言って下さい」という質問の意味を理解できていると考える。ただし、英語を単語や句しか言えず、文ではない事を自覚しても英文を思い出せない児童や、難しい文に関しては英文表現ができない児童もいる。さらに、児童の発話する英文は、短文で簡単な内容が多いのも事実である。英文について文法的に学習している訳ではないので、短文・単文についてある程度理解している状況であると考える。また、無回答数は10名（24％）であった。

表6-27　birthday に関する児童の発話

⑥

When is your birthday?	○	
My birthday is June 30th.	○	
My birthday is December 12th. (twelveth)	○	
My birthday in December 15th.　is と in の間違い	×	
My birthday is Augus（t）27.	○	数詞
My birthday is September 23rd.	○	
My birthday is September 13.	○	数詞
My birthday is August 29.	○	数詞
My birthday　June 19.	△ 数詞, ×-be 動詞	
My birthday is June 16.	○	数詞
My birthday　May 9.	△ 数詞, ×-be 動詞	
My birthday　February 29.	△ 数詞, ×-be 動詞	
birthday cake		句
brother birthday cake		句
My birthday is May 7th.	○	
My birthday　November 6.	△ 数詞, -be 動詞	
My birthday　March 19th.	×	-be 動詞
My birthday is April 11.	○	数詞

My birthday is November 27.	○	数詞
My birthday is June 18th.	○	
My birthday June 13.	△	数詞、−be 動詞
My birthday is March 26.	○	数詞
My birthday is February 8.	○	数詞
My birthday is August 17.	○	数詞
My birthday is May 1st.	○	
My birthday is September 5th .	○	
My birthday July 2nd.	×	−be 動詞
My birthday February 21.	△	数詞、−be 動詞
My birthday July 25.	△	数詞、−be 動詞
My birthday October 10.	△	数詞、−be 動詞

正答…8名、　　数詞で○…9名、
be 動詞の脱落…3名　　数詞○＋ be 動詞の脱落…8名、
句…2名、　　無回答…11名

（単位：人数）

　この絵を見て When is your birthday? と疑問文を発話した児童が1名
（2%）、自分の誕生日を My birthday is September 23rd. と正確に発話出来た児
童が7名（17%）いた。My birthday is August 29 . と誕生日を序数詞ではなく
数詞で発話した児童が9名（22%）いたが、適格ということで正答としてい
る。この17名（41%）は文を意識して表現できていると考える。My birthday
March 19th. と be 動詞 is が脱落した児童が2名、My birthday June 19 . のよう
な数詞による表現を正答とみても be 動詞も脱落した児童が8名、My
birthday in December 15th. のように is と in を間違えたのか be 動詞が脱落して
いる児童1名の合計11名（27%）の児童の英文で be 動詞が脱落していた。
birthday cake や brother birthday cake のように句で発話した児童は2名いた。
何も答えられなかった児童は11名（27%）であった。中間言語的な発想で考
えると、be 動詞が脱落しても意味が通じるので文とみなせば、調査対象児童
41名の内の28名（68%）の児童が自分の誕生日を英文表現できていると捉え
る。児童は、非常に少ない学習時間と難しい内容にもかかわらずよく記憶で
きていると考える。本問題は、児童にとっては非常に身近な問題である。

6.4.3. 英文産出に関する考察

　上記6問の問題に対する児童の英文の発話を調査した結果が上記のようであった。

　各問題の英文表現可能者は、①33名（80％）　②7名（17％）　③16名（39％）　④27名（66％）　⑤25名（61％）　⑥28名（68％）であった。また、それぞれの無回答に児童数は、①4名（10％）　②13名（32％）　③14名（34％）　④4名（10％）　⑤10名（24％）　⑥11名（27％）であった。問題の絵は、児童にとっては難易度があり、多くの児童が英文表現しやすい身近なものと、非常に表現しにくい苦手なものがあったようだ。数字からも分かるが、リンゴ、サッカー、ピアノ、バースデーケーキなどは、児童にとっては非常に身近な興味関心の高いもののようであった。

　また、③I study ~　④play soccer　⑤play the piano　等の動詞を学習したにもかかわらず、どの文もI like ~ で表現しようとする児童が結構いたが、それだけI like~ の構文が定着しているとも考えられる。児童にとっては非常に言いやすい表現なのであろう。絵にある対象物を見て、先ず、好きか嫌いかを判断する児童が多いことも考えられる。

　さらに、児童の産出する英文は、文法的にみると文法事項の間違いが結構あるが、本活動の目的や、非常に少ない学習内容と体験活動を考慮すると、児童の目標言語には達していないが意味が分かる状況である中間言語としては、意味の通じる英文もかなりあった。これらを勘案して中間言語的発想から判断すると、英文として適格といえる英文の産出をかなりの児童ができていると考える。

　児童は、学習内容から新出語彙だけでなく平叙文や疑問文とその応答文を聞き、自分の思いや伝えたい内容を文で表現することを少しずつ経験している。経験回数や時間が限定される英文の会話練習や、ごくわずかな回数の学級全員に自分の考えを伝える発表経験などを通して文を意識し表現することも体験している。学習内容と時間を考慮すると学習事項が身に付くことはほとんど無いと思われるが、実際には、個人差こそあれ学習効果が少しずつ現れていると考える。1単元4時間の学習中、新出の単語とともに挨拶や表現として英文の学習をしているが、具体的な文法事項に関する説明はなく、文字に書いて覚える訳でもなく、それぞれの英文を聞き、意味を理解し、何度か発話してみることだけを行っている。その体験学習を通して、かなりの児

童が英文を記憶していることに英語習得の一端が垣間見られる。自分の知っ
ている英語知識を駆使して何とか英文表現をしようとする児童の英語学習に
対する態度が、英語表現ができるようになりつつある現実に結び付いている
ものと思われる。

6.5. 本章のまとめ

　現行の小学校外国語活動では、「聞くこと・話すこと」を中心に英語体験活
動を推奨しており、児童の身近な生活場面における表現について、英単語を
学び簡単な挨拶や文などの表現にも慣れさせるように指導している。その活
動の中で文法項目の説明はないが、統語に関する文法事項や文表現等の英語
体験活動はしている。その児童の活動の実態から、統語に関する知識・理解
について調査分析して明らかになったことは、以下の通りである。

① 　英語を聞いて、句や文の聞き取りと意味理解では、聞き取りの方が少し
　 よくできていたようだ。特に、（前置詞＋名詞）や（名詞のみ）の聞き取り
　 の正答数の合計は、意味理解よりも10％程度良い成績であったことが多
　 かった。名詞複数形に関しては、日本語には単数・複数の区別が無いので、
　 日本語表記の解答には正答が多かったが、聞き取りのカタカナ表記では正
　 答は少なかった。
② 　英語の聞き取りに関しては、句や文における、アクセントのある内容語
　 の名詞・動詞は聞き取りやすいが、アクセントの無い前置詞や冠詞などは
　 聞取りが不十分であった
③ 　既習事項の英文の聞き取りと意味理解が両方ともできる児童は非常に少
　 ない

　少ない時間でアルファベットの文字を使わずに学習している現行の学習環
境をみると、学習内容が児童に定着しづらいことは明白である。外国語活動
の本来の目的が、英語の習得や定着ではなく英語体験活動をすることなの
で、学習効果を求めることは論外であるかも知れない。しかし、児童は個人
差があるものの、既習内容の句や文の聞き取り、意味理解ができ、英文を発
話することも児童個人の能力や意欲関心に応じて少しずつできるようになっ
てきている。

第7章　語彙習得

7.0. 序

　語彙習得研究は、第二言語習得研究の中では比較的新しい分野であるようだ。以下の先行研究（投野由起夫　1997：7-20）でも、そのことが説明されている。

　語彙習得の研究分野は、1990年頃から急速に関心を集めだしたようだ。理由としては、この時期に生成文法の考え方に大きな変化があり語彙への関心が非常に高まっていたこと、コンピューターの革命的進化によって言語データをコンピューターで処理する方法が飛躍的に発展したことを挙げている。特に英語に関しては、英文を大量にコンピューターに蓄積して分析するコーパスの構築と分析手法が大きな発展を遂げた。語彙習得研究の方法としては、母語の語彙習得の研究に多い事例研究のタイプと、統計的研究がある。統計的な研究は大別するとアンケートなどの調査型リサーチと、テストなどで被験者の行動を見る実験型リサーチがある。

　上記研究では、日本人英語学習者を対象とした研究を推進しているが、対象者は高校生・大学生や成人がほとんどで、日本語母語話者の英語語彙習得研究では、小学生を対象とする研究はほとんどない。しかし、現在小学校では、外国語活動という英語学習が指導されている。そこで、本書では、先行研究の少ない小学校外国語活動で学習する英語能力について語彙習得に関する学習効果を中心に記述していく。

　小学校英語で体験する語彙数はごく僅かである。児童が聞き覚えのあるもの、借用語として日常的に使っているが英語音声とは少し違う語等々、児童にとって身近な語をどのように習得していくのか調査分析した。小学校外国語活動における英語の習得に関する先行研究が殆ど無い現在、英語語彙の習得過程やその実態の解明は、児童期に英語学習を始める子どもたちの英語教育に必ず役立つと考える。

　本章では、M小学校、H小学校での調査を基に、児童の英語語彙の習得過程の研究を以下の要領で進めていく。２校の語彙に関する調査問題は以下の通りである。

　　　　　M小調査問題Aの①〜⑬、⑮　　　　　　　計14問
　　　　　M小調査問題Cの①〜⑥、⑨〜⑬、⑭、⑮　　計13問
　　　　　H小語彙調査問題120問中　　　　　　　　　　97問

　なお、2011年度に調査を開始したM小学校の児童の教材は、５年生時は「英語ノート１」であったが、６年生時の2012年度には新教材 "Hi, friends2" に変わった。その結果、一部の調査問題に不都合が生じた。H小学校では、2013年度以降の調査で、新教材の "Hi, friends1, 2" を使用していたので、学習内容の離齟は無かった。また、各問題の調査内容の見本は、各調査について詳細を記述する際に表示する。（調査用紙は巻末資料参照）

7.1. M小学校における調査研究の目的・内容・方法

　M小学校は、北九州市八幡西区郊外の住宅地にあり、学校は各学年４学級と比較的大きな規模の学校である。児童の学力は全国と比較しても平均より僅かに良い方である。M小学校での外国語活動は、主に北九州市教育委員会が委託した委託事業者派遣の ALT（Assistant Language Teacher）が北九州市作成の「北九州スタンダードカリキュラム」に則り授業を計画・展開している。学級担任は ALT との英会話の模範を見せたり、児童管理をしたりする。児童は、個人活動では真剣に活動に取り組むが、ペアやグループなどの集団活動になると、緊張感がとれるのか、主体的にというよりは周りとともに協調して集団で活動する傾向がある。本調査協力校の児童は、概ね素直で真面目な学習態度である。

○　目的
　外国語活動を通して、児童の習得する英語語彙知識を調査分析し、習得の過程を解明することを本研究の目的とする。児童は、外国語活動を通して多くの体験をするが、学習事項の定着は求められず、テストも評価も無いので、学習したことの何がどのように定着しているか不明である。そこで、学習内容のどの部分をどの程度習得しているか、第二言語習得の視点で調査分析す

る。

○　内容

　小学校 2 年間で学習する内容は、語彙数約400語、挨拶や英文等の表現は約40で、決して多くはない。学習内容は、児童にとって身近な語彙が多いが、文字は学習しない。一単元ずつ異なる内容を取り扱い、新出語彙や表現が必ずあるが、繰り返し学習するのは一単元中の 4 時間が基本で、その後は、ほとんど出てこないし、英語を聞き話す機会もそう多くはない。このような状況で学習する内容から調査項目を選択し、児童の英語語彙の習得状況を詳らかにする。調査内容は、基本的に既習事項とする。毎回実施する意識調査では、英語の好き嫌いや塾での学習状況などを尋ね、英語習得との相関関係なども分析する。

○　方法

　M小学校の聞き取りによる語彙調査の問題は、ALT の英語音声を聞き取り、解答用紙に書き込むものである。問題A（英語学習開始時）は学習経験が浅く内容も少ないので児童が身近に触れることがあると思われる英語語彙の内容も調査している。問題B（5 年生学年末＝英語学習 1 年経過後）、問題C（卒業間際＝英語学習 2 年経過後）の内容は、既習事項を中心とする聞き取り調査である。塾や家庭での学習環境なども併せて調査し、聞き取り能力との関係も分析する。調査Aの問題作成時には、6 年生最後の学習までを見通して調査した項目も含まれている。旧教材にはあったが新教材では取り扱わなかった語彙 "horse", "walk" は、未習のまま調査した経緯があり、児童の習得状況にも少なからず影響している。

7.2. M小学校における調査問題A、C

7.2.1. 調査Aの結果とその分析

（1 回目：5 年生当初、2 回目：5 年生末、3 回目：6 年生末）

　本調査A1回目は、5 年生当初の学習経験が余り無い時期に実施した。調査内容は、語彙の意味を絵 3 択で解答する問題 3 問、語彙の意味を日本語で表記する問題10問、語の意味を番号で選択する問題 1 問の計14問である。結果は、以下のグラフに表示している。

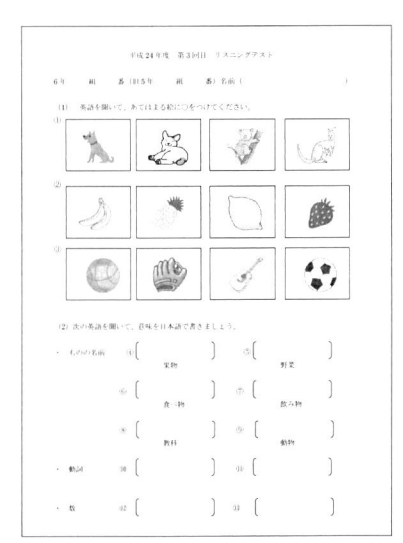

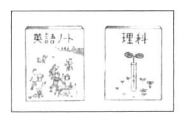

図7-1　調査Aから語彙に関する問題

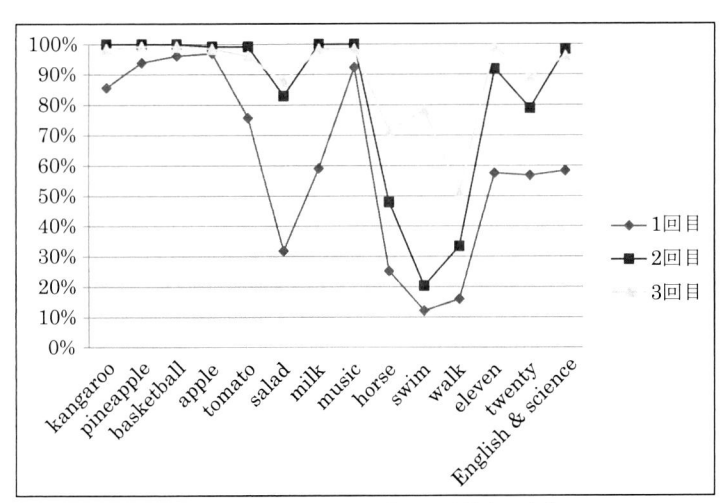

図7-2　3回に渡る調査Aの正答率の変化

　英語学習開始後約1か月半の時点で既習事項も殆ど無いのに、1回目から正答が多い語彙は、pineapple, basketball, apple, music であり、どの語彙も学習開始時に90％以上の正答率である。児童にとっては、非常に身近な英語語彙であるといえる。借用語として日本語となっている語彙でもあり、音声もカタカナ表現に近く聞き取りやすかったことも影響していると考える。

　2回目調査で正答率が大きく伸びた語彙には、salad（伸び率51％）、milk（同38％）、English and science（同38％）、eleven（同34％）がある。どの語も借用語として日常生活で見聞きすることのある語彙である。カタカナ表現として知っている語彙でも、その英語音声に聞き慣れないと聞き取りは難しい。1回目調査時は未習事項で特に英語音声が理解できなかった児童も、その後の学習を通して英語の発音を聞き、発話体験をすることで、日本語とは違う英語音声に気付き、語彙の聞き取りができるようになり、理解が進んだと考える。20％前後の正答率の伸びが見られた語彙には、tomato, horse, twenty がある。6年生後半に学習する予定であった horse, walk 以外は既習事項で、授業中の聞く・話す活動に慣れてくれば理解も向上するものである。horse, twenty は、理解度の伸び率は20％前後であるが、語彙そのものの理解度は、salad（83％）、horse（48％）、twenty（79％）である。伸び率のいちばん大きい salad でも、83％の理解度である。児童がよく知っている「サラダ」は、英語音声 /sǽləd/ に聞き慣れていないと意味理解は難しい。しかし、一度学習し、日英語の音声の違いに気付くと、理解は深まると考える。

　3回目の調査では、90％程度以上の理解度を示す語彙は、horse, swim, walk 以外の項目である。この3項目の語彙の3回目の理解度は、horse（71％）、swim（78％）、walk（51％）である。horse, walk は、6年生3学期の調査時期までに学習する予定の語彙であったが、教材変更のため未習のままの調査になり、当然理解はできていない。また、"I can swim.""I want to walk on the moon." のような動詞句や文を通して意味を理解する語彙を、動詞だけ取り出して、しかも日本語で解答することは難しかったようだ。swim を水泳やスイミングとし、walk をウォーキングと名詞で解答する児童もいて表現しにくかったようで、絵3択にすれば児童には解答し易かったであろうと考える。

　さらに、調査Aの語彙に関する問題3回分の個人別得点の変化をグラフにした。1回目は、初めての調査で、学習経験もテスト形式の調査の経験も少な

いので、14点満点中半分以下の得点７点未満の児童が132名中28名いた。２回目調査になると半分未満の得点の児童はいなかった。一番得点の少ない児童は、50％の正答率の７点であった。３回目調査では、４点の児童が１名いるものの、その他の全員が50％以上にあたる８点以上の得点であり、14点満点の児童は46名（37％）いる。90％以上にあたる13得点以上の人数は75人（59％）になる。約６割の児童が学習内容の殆どを理解していると考えられる。

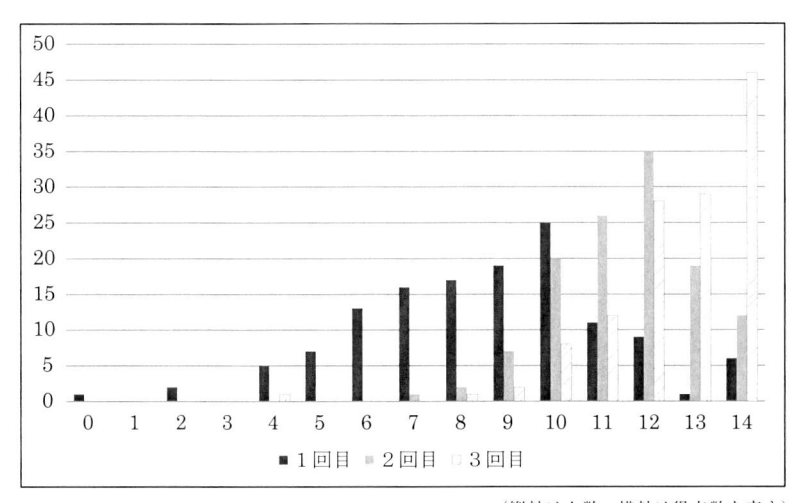

（縦軸は人数、横軸は得点数を表す）

図７−３　調査Ａ語彙問題　個人別得点グラフ

表７−１　調査Ａ 個人別得点表

	0p	1p	2p	3p	4p	5p	6p	7p
１回目	1	0	2	0	5	7	13	16
２回目	0	0	0	0	0	0	0	1
３回目	0	0	0	0	1	0	0	0

	8p	9p	10p	11p	12p	13p	14p	合計
１回目	17	19	25	11	9	1	6	132
２回目	2	7	20	26	35	19	12	122
３回目	1	2	8	12	28	29	46	127

（上記表中、単位ｐは得点を、数字は児童数を表している。）

　個別にみると、1回目調査で 0 点の H.Y 児の得点は、2回目は10点、3回目も10点である。1回目は初めての調査で要領が分からなかったようで、2回目・3回目は学習事項を大分記憶していて成績が向上している。2回目と3回目の正答の内容の違いは、2つの語彙にあった。2回目正答の salad が3回目は誤答になり、2回目誤答の swim が3回目は正答であった。残りの9語については2回目も3回目も同じ語彙が正答で、H.Y 児の中では理解が定着しつつあると捉えることができる。なお、1・2回目は塾に行ってなかったが、3回目は塾に通っていた。1回目 2 点の A.S 児は、2回目10点、3回目12点であった。学校だけで学習している児童で、学習事項が理解でき得点が徐々に向上している。

　2回目 7 点の K.K 児は、1回目 4 点、3回目12点である。1回目の正答は basketball, apple, milk, music であったが、2回目には kangaroo, pineapple, tomato が正答になり、3回目には salad, horse, swim, eleven, twenty 等の語彙の正答が増えている。本児の理解の進み方は、借用語の英語音声に少しずつ慣れていき、数詞も理解できる語彙が増えている状況である。学校だけで学習している児童であるが、学習内容の理解が少しずつ進んでいると考える。もう 1 人の K.K 児は、やはり塾には行ってないが 1 回目10点、2回目11点、3回目12点と少しずつ理解が進んでいる。

　3回目 4 点の Y.T 児は、1回目 5 点、2回目は欠席で調査を受けていなかった。1回目に理解できた語彙は、kangaroo, pineapple, basketball, tomato, salad であったが、3回目は、pineapple, basketball, eleven, twenty の 4 語であった。1回目と3回目調査では約 2 年弱の時間が経過しており、確実に理解できる語は、pineapple, basketball だけのようだ。Y.T 児は全般的に学習事項があまり身に付いていない。本人は英語が好きなようだが、学校だけで学習している環境で、成績は芳しくない。

　塾に通っていないが 1 回目から14点満点の N.C 児は、2回目・3回目も14点であった。特に英語が好きではないようだが、学習事項は身に付いているようだ。塾に通っている U.M 児も 3 回共14点であったが、この児童は、英語が好きで積極的に学習しているようである。個人別にみると英語獲得の過程は一様ではない。各人の能力・興味・関心や学習環境等の影響を受けて児童それぞれの獲得の過程を経ているようである。

　なお、児童の14点満点中の平均得点は、１回目8.6点、２回目11.5点、３回目12.6点であった。以上のような調査Aの３回の結果から、児童の英語語彙習得は、それぞれの英語教育環境の中で様々な過程を経ながら、少しずつ向上していると考える。

7.2.2. 調査Cの結果とその分析
　　　（３回目：６年生卒業前の英語語彙習得調査）

7.2.2.1. 調査Cの内容とその結果
　調査Cでは、６年生で学習する英語語彙に関する習得状況を調査した。調査A、Bを参考に、13の語について絵３択で理解度を測った。調査内容は６年生で学習したものばかりで、名詞の語彙が主である。なお、動詞の問題は、句・文として第６章「統語習得」で記述している。

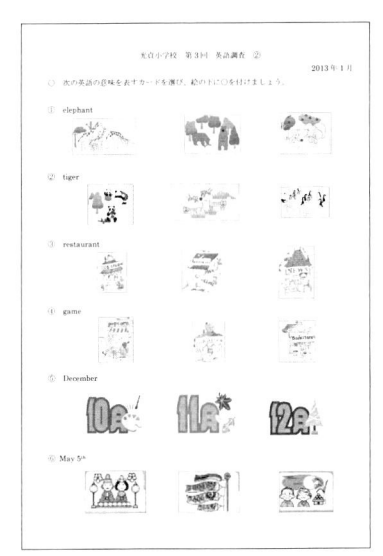

図７−４　　調査Cの問題

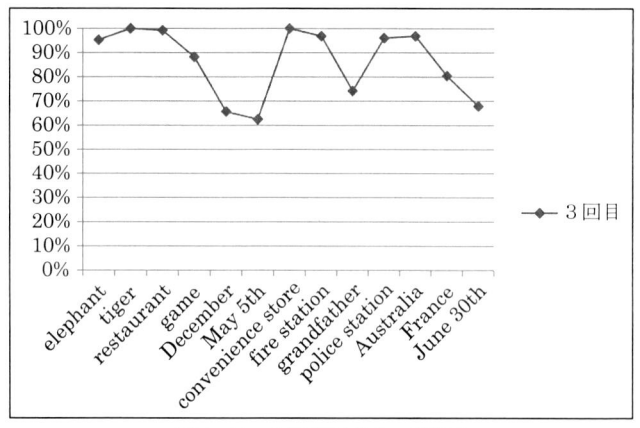

図7-5　　3回目調査Cの正答率

　語彙13項目中、ほぼ90％以上の理解度を示すものは、8項目である。elephant, tiger, restaurant, game, convenience store, fire station, police station, Australia が該当する。それに引き換え60％、70％台の理解度を示す語は、December, May 5th, grandfather, June 30th, である。児童にとって12の月名を全て記憶することは困難である。自分と関わりのある、興味関心のある月名から少しずつ記憶している。また、日付を表す序数詞は、説明もほとんどなく練習もあまりしないのでほとんど記憶できない内容である。grandfather も father ほど、児童にとって親しい語彙ではないようで、聞く・話す頻度も少ないと見受けられる。France は、音声を聞き意味理解ができても、英語や日本語で表記するのではなく国旗の絵を選択する解答法なので、少し難しかったのか正答率は80％であった。解答方法としては、絵3択より国名を日本語表記させた方が、正答率が高かったかも知れないことも考えられる。

　児童は、英語音声を聞いて内容理解を絵3択で解答すれば、学習した語彙はかなり理解できていると考える。ここでいう語彙習得とは、英語音声を聞いて聴き取りができ、意味理解ができることと考える。

7.2.2.2. 聞き取りと発話における語彙習得の差違

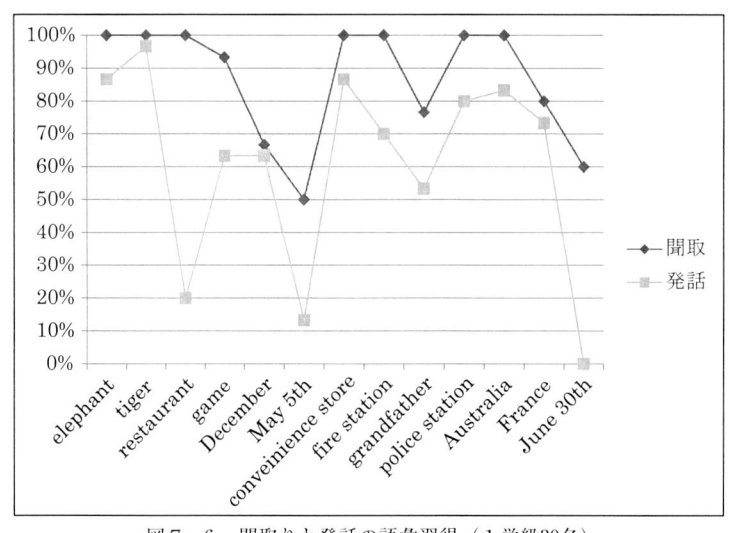

図7−6　聞取りと発話の語彙習得（1学級30名）

　本調査では、聞き取り調査で行ったものと同じ項目の児童の発話の状況を調査した。聞き取りに関しては、解答を限定された3枚の絵カードから選択するが、発話は、問題の絵を見て発話するものである。絵を見て記憶を呼び起こし発話することは語を正確に記憶していないとできない、児童にとっては難度の高い問題である。

　本学級の児童の聞き取りにおける絵3択解答は、14問中7問が全員正解である。正解が90％台のものは、game だけである。France は国旗を見て解答するが、授業中に何度か経験した活動であり、理解度も80％とある程度児童に理解できている語彙と考える。grandfather は、77％とやや少ないが、誕生月の学習後は殆ど出てこない語彙なので、あまり記憶に残ってないようだ。December（67％）、May 5th（50％）、June 30th（60％）は、決して良い結果ではない。前述したように、月名の12か月分を全て記憶することを児童は強制されていないし、子どもたちも自分に関係のあること、関心のあるものから記憶していくのでこれらの問題はすべての児童には当てはまらない。しかし、全員の共通事項として行事や会話の事例に出てきた内容ではある。これらの語彙は聞き取りも難しいが、発話はさらに難しいようだ。May 5th や June 30th

の語句の内、月の名前だけなら言える児童はかなりいる。日付を序数詞では
なく数詞で言う児童が非常に多い。中には、May fif. という児童もいるが、文
字も学習しないで英語音声を聞くだけのその児童には、fifth の –th の部分が
聞こえていないので発話もしていないと考える。序数詞はカレンダーの表現
で1~31まで取り扱うが、発音を全て記憶するのは非常に難しいようだ。共通
事項として学習経験があっても、非常に少ない経験と学習時間では、記憶す
ることは困難であると考える。

　発話は英語らしく発音されるべきであるが実際はそうではない。借用語の
発音は日本語的なものから英語音声らしく聞こえるものまであり、特に、
restaurant, と Australia では発話の正誤判断が微妙であった。ALT の発音と比
較して、[rɛˈstərənt] の音声の最期の /t/ が発音されていない児童が30名中22
名いた。日本語借用語の「レストラン」に近い音声である。最後の音である
[t] まで発音できている児童は 6 名、内 1 名は最後の音が [t] ではなく [to]
であった。また、全く発話できなかった児童が 2 名いた。語彙の文字を書い
て記憶する活動はなく、耳を頼りに音声だけを聞いているので、語尾の小さ
な音は聞こえにくく、理解も記憶もしづらい語彙なので、なかなか習得しに
くいようだ。児童の中には塾に行っているものが 9 名いた。塾の学習内容、
方法は塾により様々である。テスト形式で個別に学び英語習得に力点を置く
塾や会話を中心に英語活動をするところ、ゲームや歌など楽しい活動に重点
を置く塾など様ざまである。この restaurant に関する調査結果は、塾に通う
児童 9 名の内、正答は 2 名（22%）、誤答は 7 名（78%）であった。塾に通っ
ていない児童21名の内の正答 4 名（19%）、誤答・無回答17名（81%）であっ
た。塾で必ずしもアルファベットの読み書きをするとは限らないが、指導し
ているところも結構あることを考えると、restaurant に関しては、アルファ
ベットを知っていることと語彙理解とは直接関係が無いようにみえる。

　Australia の発音 [ɔːstreˈɪljə] が、日本語モーラの [ɔːstraria] になっている
児童がほとんどであった。通常の英語教育で指導する [ɔːstreɪljə] と発音が
違うが、教材の DVD は高齢の日本人女性の声で、[ɔːstraˈria] と発音し、指
導していた。児童の発話の結果は日本語的な発音の「オーストラリア」が圧
倒的に多く16名、授業中学習した少し英語らしい発音の [ɔːstraˈria] が 8 名、
通常英語で学ぶ [ɔːstreˈɪljə] と発音出来た児童は 1 名、誤答が 5 名いた。通
常英語で学ぶ [ɔːstreˈɪljə] と発音出来た児童 1 名は、塾に通っていない者で

ある。5年生の教科の学習時に、DVDのALTの発音を聞いていたのを覚えていたようだ。他の正答8名の内、塾通いの児童は3名、塾に通っていない児童は5名であった。日本語的な発音の児童16名のうち塾通いの児童は4名、塾に通っていない児童は12名であった。誤答の児童5名の内、塾通いの児童は2名、塾に通っていない児童は3名であった。調査項目が学習したことを中心に設定されているので、塾で学んでいる児童が、そうでない児童よりずば抜けて成績が良いとは限らない。そして、授業で学んだ [ɔːstraˈria] とそれに近い借用語の「オーストラリア」いう発音の児童が非常に多いということは、児童は新しく学習した通りに英語音声を身に付けていくものであると考える。

7.2.3. 塾・非塾の児童の英語能力の差違

本調査校では、5年生の新学期に初めて英語に接する児童は、約64％であった。36％の児童は、塾や家庭で指導者や家族と英語に触れる機会を持っていた。

調査校の授業では、「英語ノート」、"Hi friends" を教材に native speaker であるALTから指導を受けていた。1回目の調査は、5年生学年当初の慌ただしさと5月末の運動会終了後で、少し授業を受け、学校が落ち着いてきた時期に行ったものである。

この時期の塾に通う児童と学校だけで学ぶ児童には、英語の学習時間に大きな差があり、学習内容も違うので英語力にも差があるだろうと考えた。特に学習内容に関しては、塾の方針によりまちまちではあるが、概ね塾では「読む・書く」活動もあり、学習したことはテストなどを通して習得を求められ、学習の効果が表れていることも多い。それ以前に塾通いの児童は、英語が好きであったり、興味関心の高い児童がいたり、保護者も教育熱心であったりすることが多い。しかし、一人ひとり個別にみると、塾でも学び成績の良い児童もいれば、そうでない児童もいる。また、学校だけで学ぶ児童でも好成績を上げる児童もいるし、成績の芳しくない児童もいる。児童個人の興味・関心・態度や能力によるところも大きい。外国語活動は週に1時間であるが、塾では、週に1回1時間や、週2回で2時間、または週1回2時間や、週2回4時間等々、塾にもよるが、学習時間は学校だけで学習する児童より確実に多い。そのグループと、指導要領による授業時数だけ学校で学習する

児童のグループの英語習得状況の差異について、特に学習開始直後のこの時期は影響が大きいかも知れないと思い比較してみた。

7.2.3.1. 1回目調査Ａ（5年生5月）

表7-2　塾児・非塾児の語彙理解の差異

	kangaroo	pineapple	basketball	apple	tomato
塾（48名）	43	45	47	48	43
塾（％）	90%	94%	98%	100%	90%
非塾（84名）	70	79	80	80	57
非塾（％）	83%	94%	95%	95%	68%
差（％）	7%	0%	3%	5%	22%

	salad	milk	music	horse	swim
塾（48名）	21	37	47	22	10
塾（％）	44%	77%	98%	47%	21%
非塾（84名）	21	41	75	11	6
非塾（％）	25%	49%	89%	13%	7%
差（％）	19%	28%	9%	34%	14%

	walk	eleven	twenty	English & science
塾（48名）	16	33	33	31
塾（％）	33%	69%	69%	65%
非塾（84名）	5	43	42	46
非塾（％）	6%	51%	50%	55%
差（％）	27%	18%	19%	10%

　英語語彙知識の調査結果を、塾に通う児童と、塾には行かず学校の授業のみで学習する児童のグループに分別して表示した。どの項目も、塾に通っている児童は、英語に慣れているせいか成績は良い。特に両グループの差違が大きいのは、全体の成績で見ても難しかった項目で顕著に現れている。tomato, milk は、借用語であるが、英語音声になれていないと理解しにくい項目である。英語に触れる機会の多少で理解度に顕著な差が出たようだ。horse, walk は、6年3学期に学習する予定であったが新教材に変更になり、これも、塾で学ぶ児童には及ばない結果となった。塾に通う児童と、学校のみで学習する児童の英語知識で顕著な差違がある語彙は、以上の項目である

が、他にも差違が見られるものに、salad, eleven, twenty 等々、10％～20％前後の理解度の差がある項目が5項目ある。まだ学習を始めたばかりの児童には、突然テスト形式で英語音声を聞いて調査を受けることは、初めての経験で慣れない上に、学習量も少なく理解しにくい項目であったと考える。両者の差違が10％未満の項目は、5項目だけであった。

7.2.3.2. 3回目調査A （6年生1月末）

表7-3　塾児・非塾児の語彙理解の差

	kangaroo	pineapple	basketball	apple	tomato
塾（57名）	57	57	57	57	56
塾（％）	100%	100%	100%	100%	98%
非塾（71名）	69	70	70	69	67
非塾（％）	97%	99%	99%	97%	94%
差（％）	3%	1%	1%	3%	4%

	salad	milk	music	horse	swim
塾（57名）	54	57	57	49	54
塾（％）	95%	100%	100%	86%	95%
非塾（71名）	59	69	69	42	46
非塾（％）	83%	97%	97%	59%	65%
差（％）	12%	3%	3%	27%	30%

	walk	eleven	twenty	English & science
塾（57名）	40	57	52	56
塾（％）	70%	100%	91%	98%
非塾（71名）	26	70	62	67
非塾（％）	37%	99%	87%	94%
差（％）	33%	1%	4%	4%

　小学校で英語学習を始めて約2年経過し、6年生の卒業間近の1月末に3回目の調査を行った。1回目と同じ調査Aの結果である。両者の理解度の差違が10％未満の項目は、10項目であった。特に30％もの差が出てきた項目は、学年全体で見ても成績の奮わない、児童にとって難しいと思われるものであった。塾では学習内容も多く、本格的に英語学習をしている塾もあるので、学校では未習事項の "horse, walk" 等の学習経験もあるだろうと考える。

しかし、"swim" に関しては、6年生の学習内容であり、"Can you swim?" や "I can swim." など、会話練習をしていたので、学校だけで学習する児童でも理解できると思われたが、殊の外理解度は低かった。前述したように、動詞句や文の中で学習し記憶している動詞を1語だけ取り出して調査したことは、調査方法としては不適切であったかも知れない。解答を表記することが難しかったであろうと考えられる。ただし、塾通いの児童57名中54名（95％）が理解しているのに比較して、71名中46名（65％）が理解しているという非塾の児童の中には、英語が苦手な子、興味関心の無い子や学習事項をなかなか覚えられない子などもいると考えられる。25名の児童が理解できていないということになるが、各学級32 ～ 33名中5・6名（15%~19%）の児童が理解していないことになり、想定内の人数と受け止められる。なお、horse, swim, walk の2回とも塾と非塾の児童の1回目から3回目への語彙習得過程の個別の状況について表にまとめてみた。

表7-4　塾と非塾の児童の1回目と3回目の語彙習得状況

児童の①1回目から③3回目への語彙獲得状況	塾	非塾
①3問正答→③3問正答	5名	1名
①3問誤答→③3問正答	6名	8名
①1問正答2問誤答→③3問正答	6名	0名
①2問正答1問誤答→③3問正答	5名	0名
①3問誤答→③2問正答	5名	15名
①1問正答2問誤答→③2問正答1問誤答 ①3問誤答→③1問正答、	1名	22名
①3問誤答→③3問誤答	0名	9名
①3問正答→③2問正答1問誤答	1名	0名
1回目も3回目も正答・誤答数が同じ	3名	3名
1回目3回目とも塾（非塾）の環境が同じ児童数	32名	58名

　正答数が少なく2語は未習事項であり、児童にとって親しみの無い単語であると思われる3つの語彙の習得過程であるが、3回目調査の時、塾で学び3問正答の児童は22名（68％）に対し、非塾の児童は9名（16％）である。3回目調査で3問とも誤答の児童は塾で学ぶ児童は皆無であるが、非塾の児童は9名（16％）もいる。正答数が少し増えても全問正答になっていない児童数も塾で学ぶ児童は6名（19％）に対し非塾の児童は37名（64％）である。児

童にとって難しい問題では、塾で学ぶ児童の方が正答率は高く、語彙を習得していくように見えるが、学校だけで学ぶ児童には、習得が難しい様子が分かる。塾に通う児童は、学習時間と内容が違うのでこのような難しい問題には有利であると思われるが、学校で学習する調査項目に関しては、両者間に大差はないと捉える。horse, walk は、6年3学期の3回目調査の頃に学習する予定の項目であったが、教材変更のため学校では未習事項になり、塾児と非塾児に差が出たことは想定される。しかし、swim は、6年1学期の学習事項で、両グループ間で成績に差が30%もあるのは意外である。swim, walk 等の動詞だけの日本語表記は、児童にとっては難しいことであり、理解していることの表現方法の問題もあると考える。

7.2.3.3. 3回目調査C（6年生1月末）

表7-5　塾児・非塾児の語彙理解の差異

	elephant	tiger	restaurant	game	December
塾（57名）	56	57	56	55	44
塾（%）	98%	100%	98%	96%	77%
非塾（71名）	66	71	71	58	40
非塾（%）	93%	100%	100%	82%	56%
差（%）	5%	0%	-2%	14%	21%

	May 5th	convenience store	fire station	grandfather
塾（57名）	41	57	56	47
塾（%）	72%	100%	98%	82%
非塾（71名）	39	71	68	48
非塾（%）	55%	100%	96%	68%
差（%）	17%	0%	2%	14%

	police station	Australia	France	June 30th
塾（57名）	56	55	49	57
塾（%）	98%	96%	86%	100%
非塾（71名）	67	69	54	71
非塾（%）	94%	97%	76%	100%
差（%）	4%	-1%	10%	0%

　上記は、主に 6 年生で学習した語彙の調査である。塾に通う児童と非塾の児童の理解度の差違は、一部の語彙を除いてさほど大きくはない。非塾の児童の方が良く理解できている項目は 2 項目、同じ理解度の項目が 3 項目、5 ％未満の差違がある項目は 3 項目である。10％以上の差異がある項目は 5 項目あるが、割合ではなく人数で比較するとその差は僅差である。game は塾 55 名と非塾 58 名、December は塾 55 名と非塾 58 名、May 5th は塾 41 名と非塾 39 名、grandfather は塾 47 名と非塾 48 名である。グループの総人数に違いがあるが、正答者数は両者ともほとんど同じである。塾と非塾で学習時間や経験、意欲・関心等の問題を考えるとどうしても少しの差がでるのは否めないと考える。

　以上、外国語活動の 5 年生始めの学習開始時と卒業式間近の 6 年生末に調査した結果から、塾でも学ぶ児童と学校だけで学ぶ児童の英語語彙知識の理解度を比較分析してみた。その結果、一部両者に差違が見られる項目はあったものの、学校で学習する調査項目に関しては、全体的に大きな差異はないと捉える。学校外での学習時間や内容、経験を考えると多少の差違があることは十分考えられる。さらに、塾にまで通う児童の意欲と保護者の支援や家庭環境、児童の学力そのものも踏まえると、この差異は致し方の無いことともとれる。

7.2.4.　M小学校における語彙習得に関する考察

　M小学校の語彙習得調査で判明したことは、以下の通りである。

①　1 回目から正答が多い語彙は、どの語彙も学習開始時に90％以上の正答率であり、児童にとっては、非常に身近な英語語彙であるといえる。借用語として日本語となっており、音声もカタカタ表現に近く聞き取り易かったことが影響していると考える。

②　借用語として知っている語彙でも、その英語音声に聞き慣れないと聞き取りは難しい。1 回目調査時は未習事項で特に英語音声が理解できなかった児童も、その後の学習を通して英語音声を聞き発話体験をすることで、日本語との違いに気付き、語彙の聞き取りができるようになり、理解が進んだと考える。児童がよく知っている「サラダ」は、英語音声 /sǽləd/ に聞き慣れていないと意味理解は難しい。しかし、一度学習し、日本語と英語の音声の差異に気付くと、理解できるようになる。児童にとって借用語

の日本語と違う英語音声に気付くこと、発話できることが語彙理解にとって重要な要素であるといえよう。

③　児童の発話の実態は様々であり、借用語の発音は日本語的なものから英語音声らしく聞こえるものまで多種にわたる。

④　語彙の文字を書いて記憶する活動もなく、耳を頼りに音声だけを聞いているので、語尾の弱音は聞こえにくく、真似することもできず、理解し難いので習得しにくい。

⑤　horse, walk は、6年3学期の3回目調査の頃に学習する予定の項目であったが、教材変更のため学校では未習事項になり、塾児と非塾児に差が出たことは想定内である。しかし、swim は、6年1学期の学習事項で、両グループ間で成績に差が30％もあるのは意外である。学校の授業における児童の学習形態は、英語音声を聞いて絵や写真などの半具体物と関連付けて意味を理解している。全語彙を日本語に置き換えて英語を覚えている訳ではないことから、日本語表記は児童には難しい解答法であったと考えられる。また、動詞を学習する際は、句や文で英語に接することが多く、動詞の単語だけを日本語に直す問題は、児童には分かりにくい結果となったようである。以上のことから、swim, walk 等の動詞だけの日本語表記は、児童にとっては難しいことであったようだ。

⑥　児童にとって英語音声を聞いて日本語に訳すより、英語音声の意味を表す絵を選択する方が解答しやすいようである。上記にも記しているが、児童の通常の学習形態から考えると、英語音声と絵・写真・図などの半具体物とを関連づけて学習しているので、日本語に直すことは児童にとっては、慣れ親しんでいる学習方法ではない。「絵3択で○を記すだけ」と、「日本語を書くこと」との労力の差も、児童の成績に影響を及ぼすと思われる。児童には、英語音声と絵・写真、日本語の三者の関係は均等ではない。そこで、通常、児童が慣れ親しんでいる英語音声を聞いて絵・写真・図を結びつける方法がよいだろうと考え、絵3択がよいと考える。

⑦　児童の14問中の平均得点は、1回目8.6点、2回目11.5点、3回目12.6点であった。全体的に語彙習得は少しずつ進んでいると考えられる。しかし、個人別にみると英語語彙習得の過程は一様ではない。各人の能力・興味・関心や学習環境等の影響を受けて児童それぞれの理解の過程を経ているようである。

7.3. H小学校児童の語彙習得に関する研究

7.3.1. H小学校における調査研究の目的・内容・方法

2012年度に、北九州市立H小学校で、5年生児童の英語語彙習得の実態調査を行った。解答方法による語彙習得状況の調査・分析を行い、絵3択の正答率の高さを確認した。そこで、2013年度の5・6年生の児童に、英語語彙習得状況の調査を行った。1年間の内に5年から6年までの語彙習得の過程をみるために、各学年の習得の変化をみることとし、2学年同時に2回調査を実施した。5年生の児童数は45名、6年生は72名であった。文部科学省が全国の5・6年児童に配布する英語教材の学習語彙数約400語を基に、調査研究を進めた。

○　目的

小学校外国語活動で学習する語彙の量について、習得状況を調査し、語彙習得の量と過程について分析する。本活動では、児童は、小学校2年間を通じて約400語の語彙と40の表現（挨拶や文）を学習する。70時間の体験活動で学習した語彙がどのように、どの程度習得できているかを明らかにする。

○　内容

5・6年でそれぞれ8・9単元の学習があり、新出語彙や表現は同一単元で同じ種類の語彙が多く出てくる。そこで、5・6年の学習内容からランダムに選んだ語彙の種類毎に10語程度の習得状況を調査する。文部科学省が全国の5・6年児童に配布する英語教材では、語彙数は400語程度である。この中の数に関する語彙約130語（数詞100＋序数詞31）を除くと、学習語彙数は約270語になる。その内の約35％に当たる94語の語彙習得状況を調査分析する。

○　方法

本調査は、年度初めに近い6月と年度末の1月末に5・6年全体で実態調査をし、2学年合わせて2年間の語彙習得状況とみなし、分析・解明する。因みに本調査校の5・6年児童の人数は違うが、学習意欲・関心・態度や学力はほぼ同等である。これは、管理職の次の判断を参考にする。6年生の全国学力テストの結果は、全国平均より少し高い集団であり、5年生の学力テストの結果も殆ど同じという学力面からの判断である。また、ALTや学級担

任は、児童の学習態度や英語活動の様子が真面目で積極的であり、しっかり聞き、良く活動する点で、両学年ともよく似ているという。

　調査項目は94の語彙であるために、絵３択よりも、各単元の種類別に該当する絵から、英語音声を聞いて解答を番号で記入する方法をとった。この方法では、偶然に正答を選ぶ可能性はあるが、児童が自分の英語語彙知識を表現し易い方法として調査時点では適切であろうと判断し実施した。

7.3.2. 英語語彙習得状況に関する調査
7.3.2.1. 解答方法による理解度の相違

2012年度にＨ小学校で以下の10項目の語彙について、同時間内に解答方法を変えながら児童の語彙理解の実態を調査した。解答方法は、児童にとって難しいと思われる「日本語表記」、「日本語５択」、「絵５択」、「絵３択」の順に調査した。調査項目の順序は調査方法により変えているので、児童は一つ一つ丁寧に聞き取り真剣に問題に取り組んでいた。なお、以下の調査項目は全て既習事項である。

問題：peaches, birds, circle, hat, purple, watch, fish, grapes, white diamond, spiders

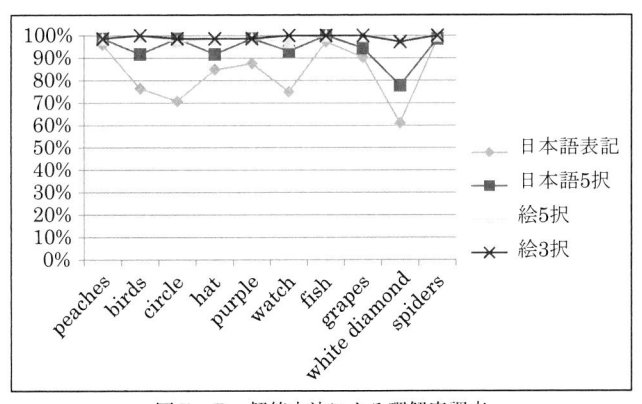

図７－７　解答方法による理解度調査

　児童にとって英語音声を聞いて日本語に直すより、英語音声の意味を表す絵を選択する方が解答しやすいようである。グラフにあるようにその方法は、難しい方から易しい方へと、日本語表記、日本語５択、絵５択、絵３択

の順になっている。絵選択に関しては、調査項目が既習事項なので殆どよく理解できている。日本語表記で、理解度の高い語彙は、peaches, fish, grapes, spiders である。peaches, grapes は借用語として使用することも多い語であり、fish は水族館や図鑑などで児童がよく目にする語彙である。spiders は映画のスパイダーマンが有名で児童によく知られている語彙である。また、日本語表記で正答が少ない white diamond, circle, birds, watch は、絵選択では正答が多くなっている。これらの語彙は、日本語による説明ではなく画像やイメージで意味を理解していると考える。

　以下は、日本語表記の解答の詳細である。調査児童数は72名である。児童がよく知っている語彙、peaches, spiders は無回答が若干いるが、誤答の児童はいない。fish も正答数が100％に近いが1人だけ間違った児童と1人だけ無回答の児童がいる。音声が似ていて間違えたのであろうが、fish を tissue と聞き間違えたようである。調査方法の影響も考えられる。普通の教室で一斉に CD の英語音声を聞き、短時間で解答用紙に記入することは、英語テストなど経験したことの無い児童には抵抗が大きかったかも知れない。

表7−6　語彙聞き取り問題の解答

問題	1) peaches	2) birds	3) circle	4) hat	5) purple
正答数	69	55	51	61	63
無回答	3	8	11	3	6
誤答	無	バス3、本2、靴2、ブーツ2、	サッカー5、定規2、社会1三角形1、コップ1、	ハート5、暑い1、上着1、ぶどう1、	りんご2、ほうれん草1、

問題	6) watch	7) fish	8) grapes	9）white diamond	10) spiders
正答数	54	70	65	44	71
無回答	16	1	5	12	1
誤答	何（what)2、	tissue1、	グレープ2、	ダイヤモンドのみ10、白い四角2、パール2白銀1、宝石1、	無

　ある程度理解できている語彙には、grapes, purple, hat がある。無回答の児童がそれぞれ、5名、6名、3名といるが、誤答には類似する音声の間違いが多いようだ。グレープは日本語でぶどうと解答して欲しくて誤答にしてい

る。purple は音声が似ている apple と間違えた児童が２名、spinach と思いほうれん草と解答した児童が１名いた。hat は、音声の似ている hot が１名、少し似ている heart が１名、上着やぶどうは苦肉の策の解答に思える。日本語解答が難しい語彙、bird, circle, watch, white diamond の無回答は順に８名、11名、16名、12名である。bird の間違いは、bus, book, boots, shoes と語頭が b- で始まるものが多く、音声が似ている自分の知っている語彙に置き換えて解答したと考える。shoes に関しても児童なりに自分の知っている語彙から似ているものを選択して解答したものと考える。circle の誤答に関しては、児童がそれぞれに思い付いたものを表記しているようにみえる。watch は、解答表記が難しかったのか無回答が16名（22%）もいる。誤答も watch を what と聞き間違えている。ものの名前の学習で何度か聞き、発話しただけで記憶できなかった語彙と捉える。white diamond は、５年生９月に好きな色や形で学習したが、色と形の２つの要素があり日本語表記が難しかったようである。

　以上の実態から、H小学校での聞き取り調査は、英語音声を聞いて絵選択で解答する方法を採ることにした。

7.3.2.2. ５・６年生、各２回の語彙調査
　本調査では、児童の語彙習得状況を知るために学習事項について理解度を測ることとした。５年生、６年生の学習内容から94語の理解度を調査する。これは外国語活動の教材 "Hi, friends!" に出てくる語彙約400語の内、数詞１〜100までの100語と誕生日の言い方に出てくる序数詞31語を除いた約270語の内の約35%に当たる。単元ごとに出てくる語彙のグループの英語音声を聞いて該当する絵を選択し語彙番号を記入する調査方法で実施した。

7.3.2.3. 英語語彙調査内容（94問）
　次の調査用紙は、最初の３枚が５年生の学習内容で残りの３枚は６年生の学習内容である。各シートに２グループの語彙問題があり、１つのグループに概ね10項目、全部で12グループ120語の動詞句・文を含む統語・語彙調査項目がある。そのグループは、果物、色と形、教科、メニュー、曜日、名前、動物、月名、建物（目印）、国名である。各単元の語彙グループから調査項目を選択した。この内、語彙習得に関する調査項目は94項目である。以下は、聞き取り調査の問題用紙である。（巻末の調査用紙参照）

図7-8　語彙聞き取り調査問題

7.3.2.4. 調査結果とその分析

　次の表は、グループ別の英語語彙の、児童の意味理解の調査結果である。果物から名前までが5年生の学習内容で、動物から国名までが6年生の学習内容である。学習開始時の児童は、未習事項は理解できないが、学習後の語彙理解は確実に増えている。6年生は調査項目の半分は既習事項なので理解できている項目が多いが、語彙グループによっては理解度が低いものもある。

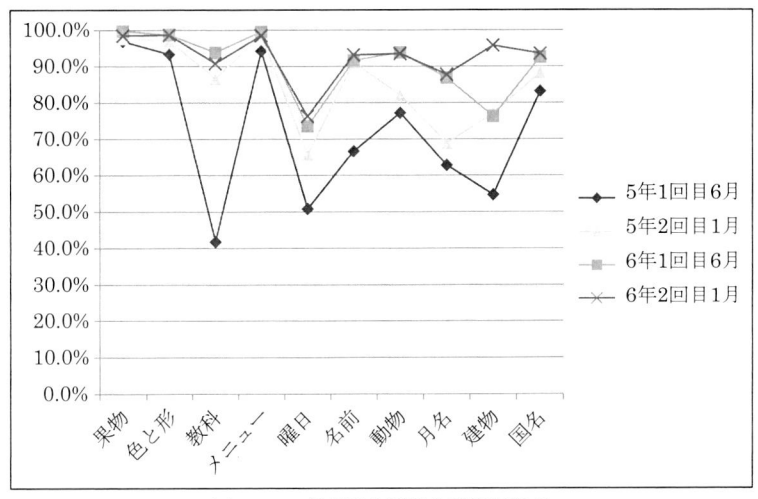

図7-9　種類別英語語彙理解度調査

A群＝1回目調査までに5年生が学習済の語彙　　　　　　　　　　（果物）
B群＝1回目調査後、5年生で学習する語彙
　　　　　　　　　　　　　　　（色と形、教科、メニュー、曜日、名前、）
C群＝6年生1回目調査までに学習する語彙　　　　　　　（動物、月名）
D群＝6年1回目調査後学習する語彙　　　（目印、国名は一部5年で学習済）

　児童は学習に関係なく借用語をある程度理解している。また、学習前は意
味理解が難しい語彙も学習後には確実に意味理解できる語彙が増えている。
そこでグループ別に語彙理解の状況を詳しくみていく。

○　語彙の種類による調査結果（A群、B群）
　A群＝果物、B群＝色と形、メニューは、5年生の英語学習開始時からほ
とんどの児童が英語音声を聞いて意味を理解できている。果物やメニュー
は、借用語として身近な語彙である。一部英語音声が借用語と違うものは、
未学習の時は理解できないことがある語彙でも学習後は聞き取りがほとんど
できるようになる。色と形では、形に関して一部聞き慣れない語彙があるが、
大半は借用語として使っている語彙が多い。

○　語彙の種類による調査結果（A群）

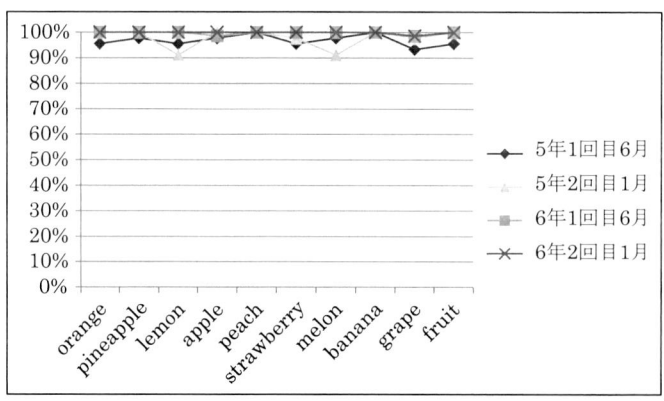

図 7 -10　果　物

　5 年生の "I like apples." の学習に出てくる果物の名前の調査をした。元々良く知っている語彙なので 5 年生の 1 回目調査から理解度は高い。 5 年生の 1 回目と 2 回目で成績が落ちているのは、lemon と melon であるが、lemon は正答数が43名（96%）から41名（91%）に減り、melon は44名（98%）から41名（91%）に減っている。英語音声の聞き取り間違いか絵の選択の単純な間違いであると考える。

○　語彙の種類による調査結果（B群）

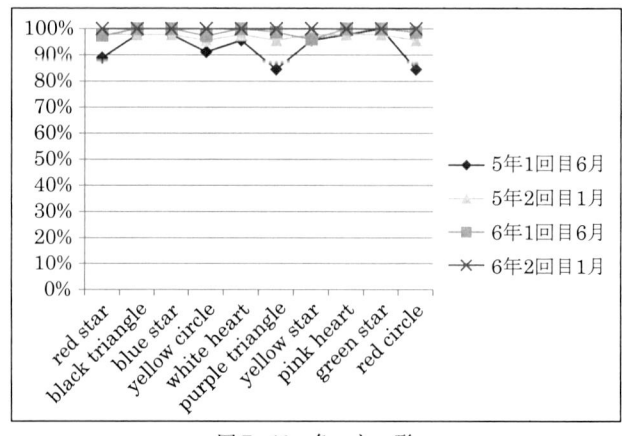

図 7 -11　色　と　形

　「色と形」は、5年生は1回目調査の時点では未学習にも拘らず、よく理解できている語彙である。調査児童数は45名であるが、未習事項で90％未満の正答率の語彙は、red star（40名、89％）、purple triangle（38名、84％）、red circle（38名、84％）である。この問題は、色の語彙 red, black, blue, yellow, white, purple, pink, green の8語と形に関する語彙 star, triangle, circle, heart の4語の組み合わせからなる語の調査である。この結果から、児童は色の語彙についてはある程度知っているが purple には馴染みがなく、また、形に関する triangle や circle も意味理解がやや不十分であったようだ。色と形の2つの要素があるので、解答の絵を選択するときに、その絵が理解の助けになったり、妨げになったりしているようでもある。児童は、英語音声を聞いて、一般的には色を認識し、その後、形を選んでいるようである。purple triangle は色も形も馴染みが薄い語彙で児童には分かりにくかったと考えられる。red star（89％）と yellow star（96％）はどちらも90％前後の成績で理解できていると捉える。yellow circle（91％）と red circle（84％）では、色に関してはどちらも子どもたちは知っていると思われるが、circle の意味理解が少し難しかったと考えられる。調査問題は、短い時間に次々と問題を解いていくので、ゆっくり問題を反芻する暇もなく直感的に解いていく過程で、色を表す red と yellow は理解できても、あまり馴染みの無い形を表す circle で差が出たと考える。

　学習後の2回目調査では正答数44名（98％）が7項目で、残り3項目は正答数43名（96％）であった。学習効果が現れていると考える。6年生1回目は100％理解できている語彙が半分で、残りは96％から99％の理解度であった。2回目調査では72名の児童全員が全項目100％理解できていた。この調査項目は色と形の組み合わせの語彙であるが、2年間の学習体験を通して全児童が全項目理解できていた。

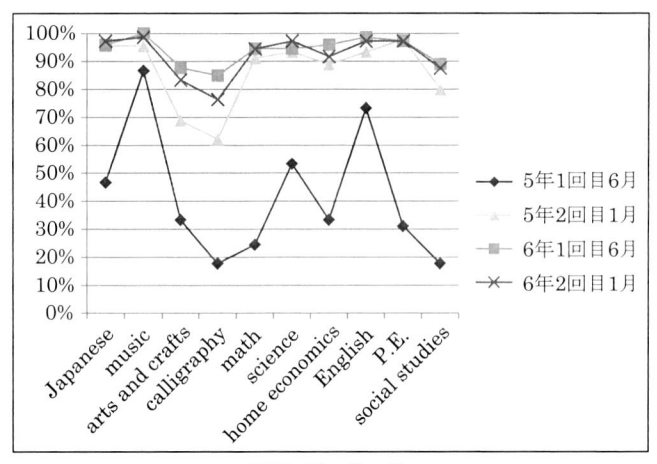

図7-12　教　科

　教科の学習は、5年生1回目は未習であり児童にとって馴染みの薄い語彙でもあるので、正答率は低く意味理解も出来ていない。そのような中、musicとEnglishは他と比較して正答率が高い。musicについては、前章のM小学校でも同様の結果であった。musicは児童には聞く機会の多い身近な語彙と考える。毎時間ALTから、"Let's study English." と聞かされているEnglishは、児童にとって非常に身近でよく記憶している語彙と考える。5年生で学習後の2回目調査では正答数がずいぶん増えて90％台が6項目ある。89％のhome economicsも学習を通して意味理解できるようになったと捉える。80％のsocial studiesと69％のarts and crafts、62％のcalligraphyは児童にとってはあまり馴染みのない語彙のようだ。特に、calligraphyは、学習中も「聞く・話す」機会の少ない語彙である。日本語でも「習字」は、児童にとって語彙も文化も馴染みが薄く、これらの語彙は6年生にも記憶し難いようだ。6年生1回目調査ではまだ記憶している児童が90％近くいるが、6年生2回目になると88％のsocial studies、83％のarts and crafts、76％のcalligraphyと、6年生1回目よりも1～9％の割合で正答率が低下している。5年の既習事項を学習後殆ど使用する機会もなく1年後まで保持することも難しい語彙のようだ。

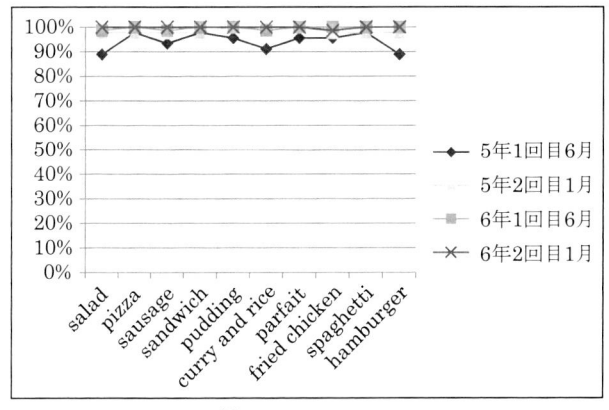

図7-13　メニュー

　「メニュー」の学習は5年生の学年末にするので、5年生1回目の調査では未習であるが、大半が90％以上の正答率で、ある程度理解できていると考える。5年生1回目調査のsalad（40名、89%）や、hamburger（40名、89%）など、日本語借用語とは違う英語音声に気付くと2回目調査時はsalad（44名、98％）や、hamburger（44名、98%）と理解が進む。curry and rice（41名、91%）のような言い方も、学習すれば（45名、100%）と理解できようになるようだ。借用語であるどの項目も、日本語と違う英語音声に気付くこと、発話できることが語彙理解にとって重要な要素であるといえよう。

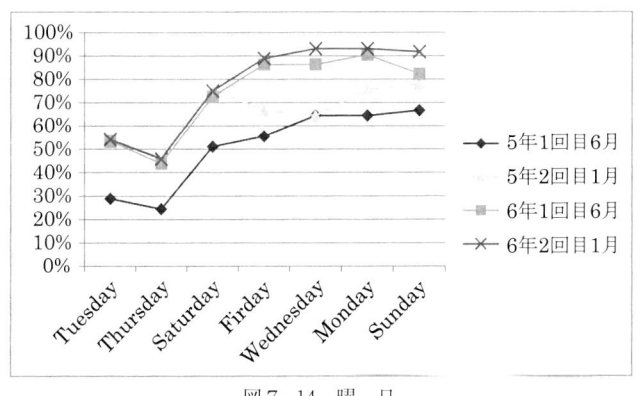

図7-14　曜　日

　曜日に関しては5年の1月に歌で覚えるので、聞き取りはある程度出来ている。しかし、解答にある教材の絵が児童にとっては判別しにくいもので英語の教科名の文字が読めない事もあり、理解できなかったようだ。特に、Tuesday, Thursday は児童が文字を理解していない上、最初のTは同じで絵が判別しにくく躓きの原因になったと考える。どの項目も5年1回目より6年2回目の方が理解は進んでいる。また、5年時の学習効果で、Wednesday 以外の曜日は、1回目より2回目の成績が10〜20％程度伸びているが、Wednesday の理解度は変化なしだった。それでも6年生になると理解度が良くなっている。

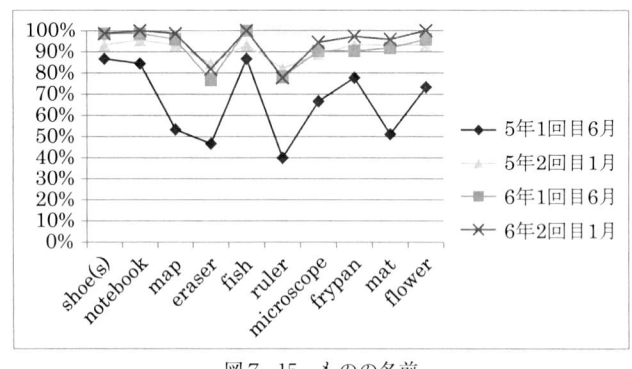

図7-15　ものの名前

　「ものの名前」」の語彙も5年6月の未習の時点では理解度はかなり低いが、5年1月の学習後の調査ではどの語彙も正答率が向上し理解が進んでいると考える。学習効果の顕著な語彙が、map, eraser, ruler, mat である。学習後半年の時点の6年生1回目ではさらに結果は向上するが、最終的には、eraser, ruler 以外の項目は90％以上理解できている状況である。文房具関係の語彙では、textbook, notebook, pencil などは耳にする機会が多い語彙だが、eraser, ruler は児童にとってあまり親しみのない語彙のようだ。

○ 語彙の種類による調査結果（C群）

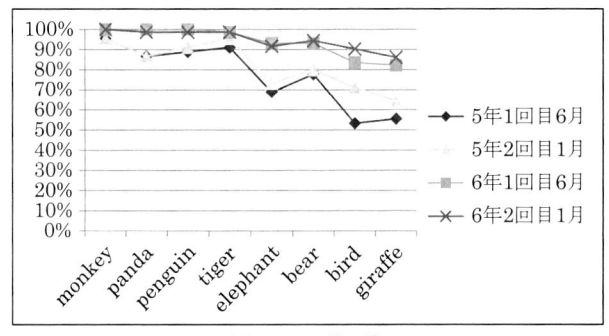

図7-16 動 物

　5年生にとっては未習事項であり、5年6月の1回目調査では、bird, giraffe は理解できない児童が多い。bird は5年生の1学期に学習するが5年1月の2回目調査でもあまり理解されていない。他の語彙は6年生の初めに学習する内容なので学習後の6年1回目調査ではbird, giraffe 以外はよく理解できているが、bird、giraffe の理解度は学習後であるにも拘らず他の語彙ほど理解できていない。6年生2回目の調査では、ほとんどの語彙は90％以上の理解度であるが、giraffe は86％であった。確かに giraffe は児童がよく見聞きする語彙ではないようだ。

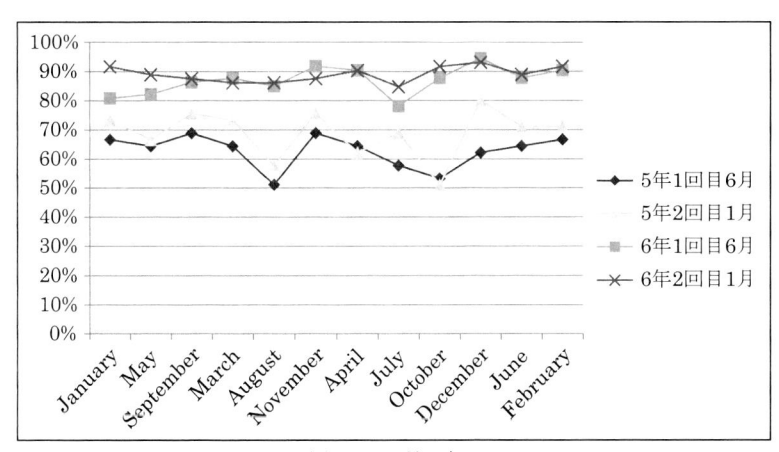

図7-17 月 名

　12の月名は、6 年生の 1 学期に学習するが、自分の誕生日を中心に学習し記憶するので、12 ヶ月全部覚えることは、4 時間の学習ではほとんど出来ないのが当然である。ただ、毎回の学習冒頭に、決まった挨拶が ALT と児童の間で交わされ、"What day is it?" の応答で、その月の名前を言う挨拶がある。調査校では、ALT が授業を受け持つ June, July, September, October, November, December, January, February は、授業中に挨拶を交わす月であり自然と覚える児童もいる。それ以外は、児童が自分や身近な人の誕生日として知っているか、興味関心があり覚えているか、または、塾等で強制的に記憶させられた結果であろうと考える。12の月名の学習は、6 年生の 1 回目 6 月の調査前後に行っている。5 年生の成績は奮わないが 6 年生で学習後の 1 月末の成績は確実に向上し、どの月名も85%〜93%の理解度になっている。

○　語彙の種類による調査結果（D群）

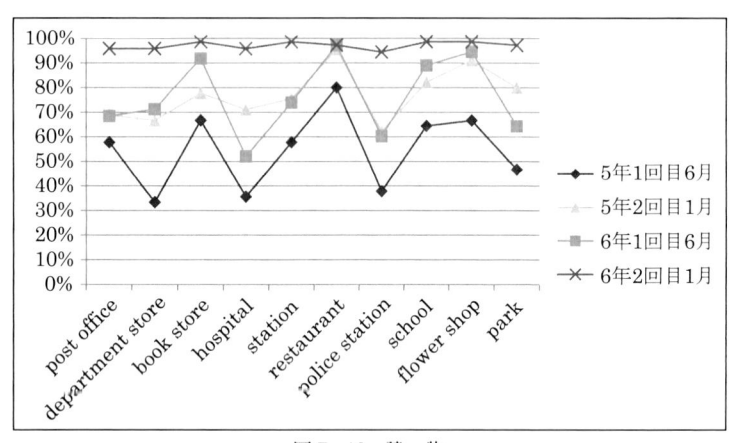

図 7 -18　建　物

　6 年の学習「道案内をしよう」に出てくる目印になるものの語彙である。5 年と 6 年 1 回目までは未習なので理解は進んでいない。未習段階でも restaurant は借用語や日常語として定着しており、児童には身近な語彙のようである。逆に、department store は日本語のデパートと随分違うし、hospital, police station, park などは、借用語よりは日本語を使用するので特に 5 年生 1 回目の段階では理解できていなかったようだ。6 年生 9 月に学習し

た後の6年1月に行われた2回目調査では、全項目90％台後半の成績で、デパートのような借用語の語彙も、一度学習すればその効果が現れ、児童の理解が進んでいる。また、hospital や park 等の語彙は、5年生2学期よりも6年生1学期の調査の方が成績は悪くなっているが、これは5年生と6年生の集団の違いと考える。

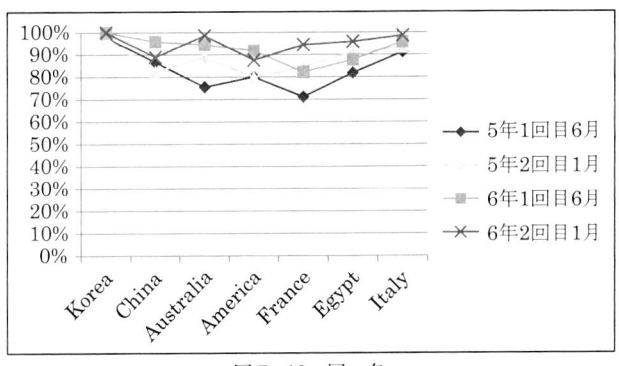

図7-19　国　名

　質問項目の Korea, China, Australia, America, は、5年生で学習したものである。他の国名は6年生の「行ってみたい国を紹介しよう」で学習する国名で、聞き取りはできても国旗を知らないと正解にはならない項目である。5年生で学習する女性の native speaker の発する Australia の音声は、6年生の学習で聞く高齢の日本人女性の発音とは少し違う。国旗と発話内容から「オーストラリア」ということは理解できると考える。学習後の6年1月の結果をみると、正答数72名（100％）の Korea、71名（99％）の Australia, Italy、69名（96％）の Egypt、68名（94％）の France は凡そ理解できていると捉えるが、身近と思える China（64名、89％）と America（63名、88％）の結果は意外であった。どちらの国も5・6年を通じてよく出てくる国名なので、児童には身近な国だと思っていたからである。英語音声を聞いて国名を理解してもその国を表す国旗を正確に選択できないと正答にならない事で成績が少し奮わない事も考えられる。

7.3.2.5.「聞き取り」と「発話」の語彙理解度の差違

　5 年生は、1 回目調査の時点では未習事項が殆どで、正答を得ることは難しいと予測していたが、結果を個別にみると、94問中81問（86%）以上の聞き取りができていた児童が13名いた。5 年生全体の児童数45名中約30%の児童が、かなり理解できていることになる。2 回目調査結果では28名の児童が81問以上の正答数を得ていたが、これは 5 年生全体の62%にあたる。

　語彙習得には、意味理解や音声表現の可否、会話の中の適切な使用の可否や文字の読み書きなどいろいろな側面がある。ここでは、聞き取りと発話の調査結果について分析していく。音声収録の調査は多くの児童の物を録音できなかったので、5・6 年生の成績上位者 8 名の聞き取りと発話を比較したものである。

　始めは、6 年生 2 回目に実施した 1 学期の既習事項である「月名」の内、ランダムに選択した 6 つの月名の聞き取りと発話調査の比較である。

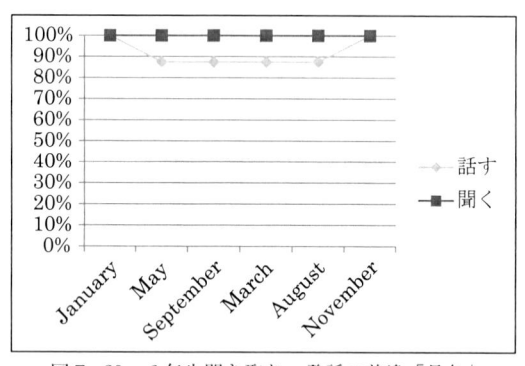

図 7 -20　6 年生聞き取り・発話の差違「月名」

　8 名の被験者の内、1 名の児童が 4 つの語彙を発話できなかった。聞き取りは全部できていたが、発話は苦手であったようだ。その他の児童は、聞き取りも発話も全てできていた。既習語ではあるが、学習後かなり時間が経っていたにもかかわらず、このグループの児童はよく記憶し、発話できていた。

　次も 6 年生 2 回目に実施した、2 学期の既習事項である「建物」の聞き取りと発話の比較調査の結果である。

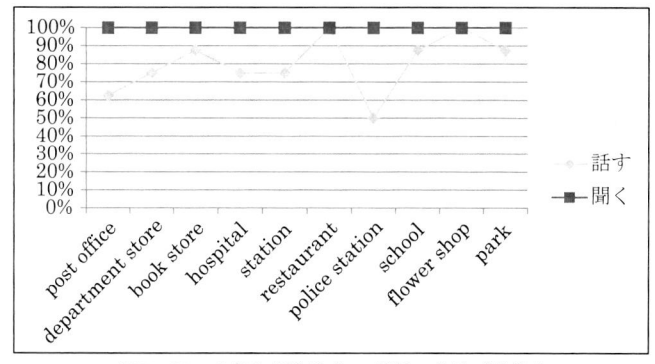

図7-21　6年生聞き取り・発話の差違「建物」

　9月に学習した語彙について2月に調査したが、「道案内をしよう」のランドマークに当たる語彙について、聞き取りは100％できても、発話は結構難しかったようだ。全員が発話できている語彙が2、半数しか言えなかった語彙が1など児童の学習効果の様子が一様でないことが窺える。

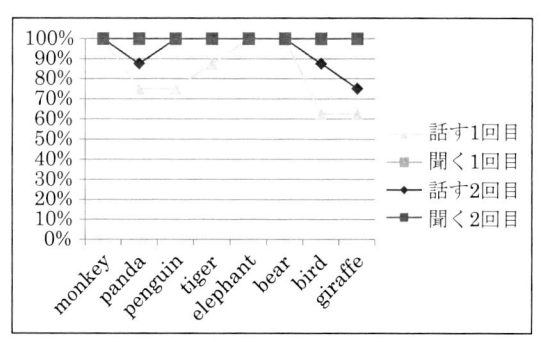

図7-22　5年生聞き取り・発話の差異「動物」

　「動物」は6年生の始めに学習する内容なので、5年生にとっては、調査時には2回とも未習の語彙である。しかし、聞き取りは2回とも全員ができている。動物は元来児童には身近な語彙であり、1回目からある程度発話ができているし、2回目にはさらに発話できる児童が微増している。「動物」の1回目発話の正答のべ人数は53名で、2回目は60名である。bird に関しては5年の1学期に「すきなものを伝えよう」の単元で学習する。学習前は5名し

か発話出来なかったが、学習後は発話できる児童が7名に増えている。これ
は、学習効果であると考える。

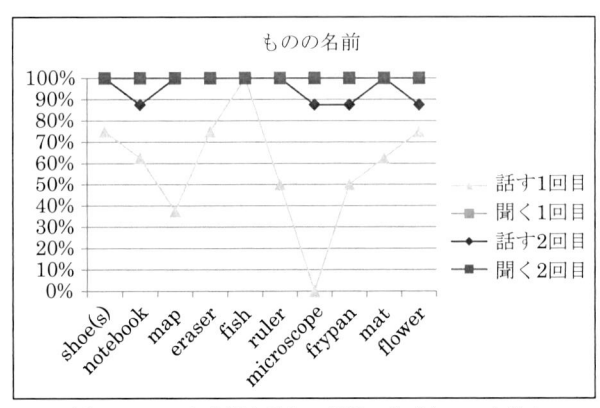

図7-23　5年生聞き取り・発話の差「ものの名前」

　聞き取りによる語彙の意味理解は、全員が、1回目・2回目とも10点満点
である。しかし、発話は、1回目は全員が発話出来た項目は、fish だけであ
る。2回目になると全員が発話出来る項目が、shoe（s）, map, eraser, fish,
ruler, mat と6項目に増えている。また、microscope を発話できる児童が1回
目は0名だったが学習後の2回目は7名に増えているし、1回目に3名しか
発話出来なかった map も、2回目は8名全員が発話出来ている。学習前と学
習後の違いであるが、確実に発話出来る項目が増えている。8名の児童の10
項目の発話に関しては、「ものの名前」の1回目に発話出来たのべ人数は47
名、2回目は76名に増えている。

　6年生は、聞き取りの1回目調査から94点満点の児童が5名いた。次に続
く上位成績の児童8名に、絵を見て英語を発話する調査を実施し、聞き取り
と発話の習得状況を比較した。以下は、5年の単元からの問題である。既習
事項であり、1回目調査後は、特段学習しない内容であるが、全体的に発話
は1回目よりも2回目の方が、成績が向上している。

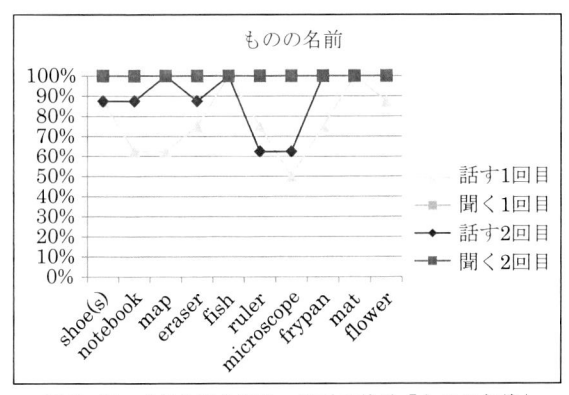

図7-24　6年生聞き取り・発話の差異「ものの名前」

　「ものの名前」は、5年生12月の既習事項なので6年生にとっては発話しやすい筈である。それでも、学習後半年以上経ち、基本的に再度学習することはほとんど無いので記憶が難しいことも考えられる。特に、発話については抵抗が大きかったようだ。1回目調査では6年生は5年生に比べると少し良い結果になっている。2回目調査時、5年生は学習事項をよく覚えていたので、学習後時間の経っている6年生より良い結果になっている。6年生にとってrulerやmicroscopeは発話が難しい語彙のようだ。

　本調査では5・6年生共に被験者は8名ずつであり、調査内容が非常に少ないが、聞き取り調査で絵を選択して解答するよりも、絵を見て英語を発話する方が難しかったことがグラフからみてとれる。それでも両学年とも1回目よりは2回目の方が児童の正確な発話の数は確実に増加していることもわかる。

7.3.2.6. 英語語彙94問の聞き取り調査

　5年生（45名）2回、6年生（73名）2回の計4回分、語彙の聞き取り調査を行ったことになる。5年生1回目は殆どの内容が未学習であるにも拘らず、かなり理解できていた。94点中の個人成績の度数分布は0～100点（実際には0～94点）まで広範囲にわたり得点している。91～100点の範囲（実際は91点～94点の範囲）の児童数は、1回目は5名（11％）であったが2回目は16名（36％）に増加している。また、全体の平均点は1回目が94点中67.8点（100点中72点に相当）、2回目が80.4点（同85.6点）である。児童の英語語彙の聞き取り能力が向上していると考えられる。

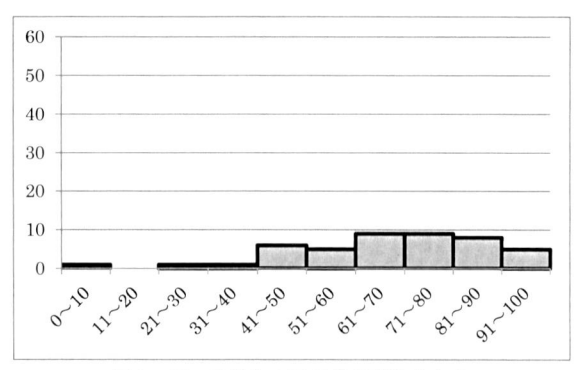

図 7 -25　　 5 年生 1 回目得点度数分布表

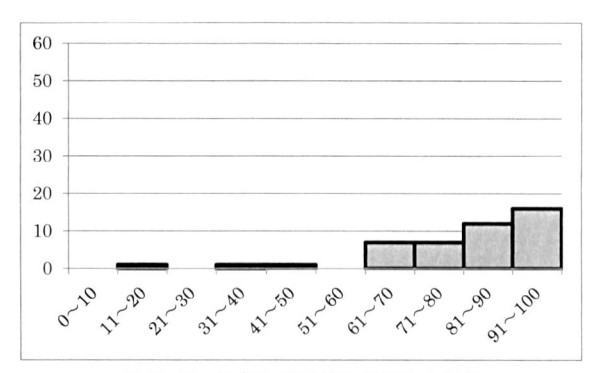

図 7 -26　　 5 年生 2 回目得点度数分布表

　 6 年生の個人成績の度数分布は、 1 回目が51 〜 60点と91 〜 100点（実際は91 〜 94点）の間に分布していたが、 2 回目は、61 〜 70点と91 〜 100点（実際は91 〜 94点）の間に変化している。91 〜 100点（実際は91 〜 94点）の成績の児童数は 1 回目が28名（38％）に対し 2 回目は41名（56％）まで増加している。また、全体の平均点は、 1 回目が94点中85.5点（100点中91点に相当）、 2 回目が87.4点（同93点）であった。ここでも児童の英語語彙の聞き取り能力が確実に向上していると考えられる。

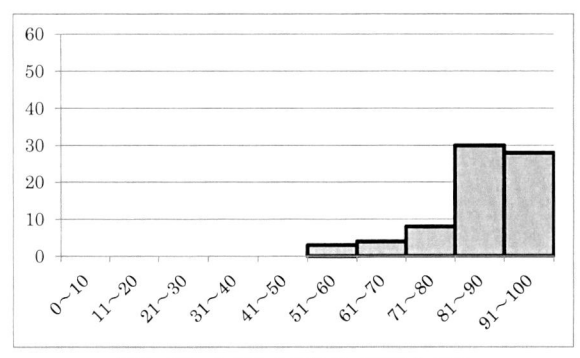

図7-27　6年生1回目得点度数分布表

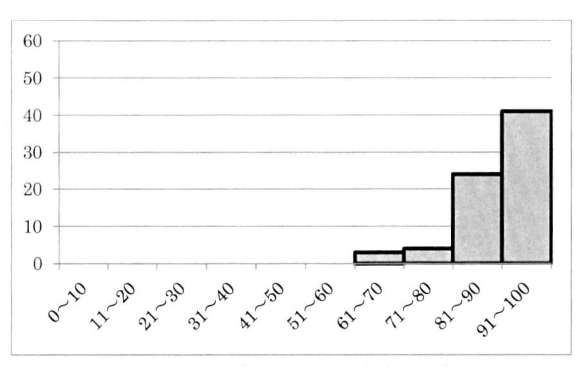

図7-28　6年生2回目得点度数分布

7.3.3. H校における語彙習得に関する考察

これまでの調査結果から以下のことが分かった。

① 　日本語表記で正答が少ない語彙でも、絵選択では正答が多くなっている場合がある。これらの語彙を児童は、日本語による説明より画像やイメージで意味を理解していると考える。

② 　借用語や日常語としてよく知っている語彙は、発音の聞き取りができれば、児童にとって学習前からの理解度は高い。

③ 　教科に関する語彙の問題について、学習後の調査では、学習前に比べ正答数がずいぶん増えて10項目中6項目が90％台になっている。その中で、calligraphy は、学習中「聞く・話す」機会の少ない語彙である。そのため児童の理解度が他の教科名に比べて低い。この語は6年生も記憶し辛いよ

うだ。5 年の既習事項を学習後ほとんど使用する機会もなく、1 年後まで
保持することが難しい、児童にとってはあまり親しみのない語彙である。
「習字」そのものが児童の生活に浸透していない。

④　5 年生 1 回目調査の語彙の内、英語語彙の借用語とは違う英語音声に気
付くと、2 回目調査時は理解が進む。curry and rice（91%）のような言い
方も、学習後は100% 理解できようになった。借用語の日本語と違う英語
音声に気付くこと、発話できることが、語彙理解を進める要因になってい
る。

⑤　12の月名は、5 年生は未習事項で成績は奮わないが、学習後の 6 年生末
の成績は確実に向上している。

⑥　department store は日本語のデパートと随分違うし、hospital, police
station, park などは、借用語よりは日本語を使用する語彙なので、特に 5 年
生 1 回目の段階では理解できていなかった。学習後に行われた 6 年生 2 回
目調査では、全項目90%台後半の成績で、一度学習し理解すればその効果
が現れ、児童の理解が進んでいる。

⑦　英語語彙の「聞き取り」と「発話」の比較調査では、5・6 年生共に被
験者は聞き取り調査の成績上位者 8 名ずつであった。聞き取り調査で絵を
選択して解答とするよりも、絵を見て英語を発話する方が難しかったこと
が明白である。それでも両学年とも 1 回目よりは 2 回目の方が児童の正確
な発話の数は確実に増加していることがわかる。

⑧　語彙調査の94項目の総合点で、5 年生 1 回目は殆どの内容が未学習であ
るにも拘らず、かなり理解できていた。全体の平均点は、1 回目が94点中
67.8点、2 回目が80.4点であった。6 年生の全体の平均点は、1 回目が94点
中85.5点、2 回目が87.4点であった。学習経験を積むことで、児童の英語語
彙の聞き取り能力が確実に向上している。

　上記の結果から、児童は、個人の興味関心や能力・環境の影響を受けなが
らも、英語学習を通して、少しずつではあるが、英語語彙の理解ができるよ
うになっている。

7.4. 本章のまとめ

　M小学校、H小学校で英語語彙の学習効果について調査した結果、以下の

ことが判明した。

① 英語からの借用語で日本語として日常的に使用される語彙に関しては、音声が判別できれば学習前から結構理解されている。

② 借用語の英語音声が日本語とかけ離れていて、はじめは理解できなくても、一度学習して正しい英語音声を聞き、発話練習をすれば、かなり理解できるようになる。その後も、聞いたり話したりする機会の多い語彙であれば、児童はかなり理解できるようになる。親しみのある語彙は、身に付きやすい傾向がある。

③ 「聞く」活動が主であり、書く活動が無いので、アクセントのない弱音などは聞き落としやすく、正しい発音ができず、理解ができないことにもつながりやすい。

④ 児童は、今の学習形態から、新出語を聞いて日本語に訳すよりは、絵や写真・図などで理解しているようである。特に、学習開始初期の頃は、その傾向が強い。

　上記の結果から、児童は、個人の興味・関心・能力や英語環境の影響を受けながらも、英語学習を通して英語語彙の習得が、聞き取りによる意味理解や、語彙の音声表現において、それぞれの過程を経て、少しずつできるようになってきている。

第8章　コミュニケーション能力の習得

8.0. 序

　現在、日本の公立小学校における学習指導要領外国語活動の目標に、「外国語を通じて、積極的にコミュニケーションを図ろうとする態度の育成を図り、コミュニケーション能力の素地を養う。」という文言がある。

　学習内容も時数も非常に限定されている学習環境の中で、児童が身に付けているコミュニケーション能力がどのようなものであるか測ってみることにした。

8.1. 先行研究から

8.1.1. 湯川笑子他著（2009：14-15）「小学校英語コミュニケーション能力の評価」

　小学校英語コミュニケーション能力の評価に関する湯川笑子他著の先行研究では、「1992年に最初に指定された小学校英語の研究開発校では、英語コミュニケーション能力を測るというような実証的研究の報告はなされていないようである。一般の学校にデータを求めた研究についても、児童が中学校へ入学するまでにその成果を測った大がかりな研究はほとんど存在しておらず、筆者（湯川）が知る限り、バトラー後藤の児童英検 BRONZE と SILVER を用いた調査のみである。しかしこの調査は小学校の指導内容の成果を測るものではないために、指導内容と合わせた到達度テストが別途必要である。」という考えを明示している。

　通常の学習では、児童が ALT や外国人と自由に英語で話す機会はあまりない。学習内容に沿った会話練習、特にクラス全員やグループと ALT との会話の活動が多く、ALT と個別に話すことは非常に少ないのが現状である。しかし、児童は日頃の学習を踏まえて ALT とコミュニケーションを図ることができるだろうと思い、その状況を調査することにした。

8.1.2. 「コミュニケーション」とは

コミュニケーションを「人間がシンボル（言語・非言語）で作ったメッセージを交換し合い、お互いを影響し合う過程」と定義するのは、宮原哲（2013：28-38）である。彼は、コミュニケーションはコンテキストに影響されると述べている。自分、相手、出会い、物理的な場、時間などの条件がそろわなければ、コミュニケーションはできない。同じメッセージでも状況が異なれば、全然違った意味を喚起すると説明している。さらに、人間のコミュニケーションを考えるとき、どのような状況（コンテキスト）で行われているかをまず見る必要がある。交換されるメッセージの内容（コンテント）や、メッセージの影響、効果はコンテキストのさまざまな特徴と切り離すことができないとも述べている。

英語学習を始めたばかりの児童の英語力は非常に限定されたものであり、児童の思いを表現するには語彙も理解力も表現力も十分に育ってはいない。むしろ、かなり未熟で会話を成り立たせるだけのコミュニケーション能力はあるのだろうかと思うところであった。日常生活では、文字通りの言葉だけでなく、非言語コミュニケーションといわれる言葉以外の要因（身振りや手振り、視線や表情など）も使っている。

児童とALTとの英語によるコミュニケーションは、使用言語も内容も限定され非常に初歩的であるが、それにもかかわらずコミュニケーションにおいて非言語コミュニケーションの身振りや手振り、視線や表情を読み取ることができ、時には友だちへの支援やコードスイッチング等が見受けられる。そこで、小学校外国語活動を通して身に付ける英語コミュニケーション能力について次の項で概観する。

8.2. 小学校「外国語活動」におけるコミュニケーション

湯川笑子他著（2009：98-99）の先行研究では、「今後の小学校外国語活動は、言語・文化理解や態度など情意面の育成に加えてコミュニケーション能力の土台の育成をねらいとすることが、今までよりも明確に示されている。ところが実際のところ、コミュニケーション能力を定義するのは難しく、それを測るための妥当性や信頼性のあるスピーキングテストを構築するのもさらに難しい。」とある。

　また、「幸い（あるいは残念なことに）、日本の小学生はまだ英語でそう多くのトピックについてさまざまなタスクがこなせるわけではないので、多くの種類のタスクを課して長時間のテストをする必要はない。」としている。

　そこで、児童のもつ非常に初歩的な英語コミュニケーション能力を引き出して、それがどの程度育っているかを測定するために、以下のような方法を考えた。

　本研究では、児童が2人一組でペアとなり、予め児童が用意した話題や質問などを適宜組み込みながら、ALTと3分間ほど楽しく対話するというタスクを設定し、希望する児童のコミュニケーション能力の実態調査を行った。

8.2.1. 児童の英語コミュニケーション能力の実態調査

　本章「コミュニケーション能力の習得」に関しては、北九州市立F小学校で調査をさせて頂いた。調査1年目5年生時には、5年生2学級52名の児童の内、希望する児童23名がコミュニケーション能力調査に手を挙げてくれた。本調査に協力を依頼すると、児童は大変興味をもってくれたようである。児童にとって貴重な昼休みに自由時間（遊び）を潰してまで協力することを、学年の半数の児童が納得して参加してくれることになった。積極的に参加希望をしてくれたそうだ。中には、担任にとって学力的に非常に心配な児童がいて、英語の準備や暗記など大丈夫だろうかと危惧していたが、「ALTと会話してみたい」と意欲的に臨んでくれたようだ。結果的にも、他の児童と何ら遜色のない会話をすることができた。自分の学力に拘わらず積極的に前向きに取り組もうとする態度は、好印象であった。

　1回目5年生時のALTは、カナダ出身で意欲的に熱心に指導する教師であった。子どもが理解し易いようにジェスチャーを多く取り入れ、児童に英語理解を求めていた。全身で指導する姿に、児童も一生懸命考え理解しようと努めていた。

　2回目6年生時のALTは、フィジー出身で児童には親しみやすい、きめ細かい配慮ができる教師であった。児童に身近なスポーツや音楽、日常生活などの会話を提供していたので、児童も楽しく会話することができたようだ。

8.2.2. コミュニケーション能力の実態調査で測るもの

英語活動初期の児童にとって英語のコミュニケーション能力は決して高くはない。

しかし、湯川笑子他著（2009：101-102）にあるように「小学校外国語活動の導入が決まって以来強調されてきたのは、もち合わせた英語および非言語コミュニケーション能力を駆使して、実際の英語使用の場で会話を成立させようとする態度と、そのための表現力や理解力である。」

児童にとって、ALTと1対1で英語を話すことは、非常に負担が大きく緊張するようである。そこで、本調査では、ALTと2人または3人の児童で助け合って英語で話すコミュニケーションを成立させることで、児童が安心して会話に臨めるように配慮した。また、準備した英語の質問や自分の考えだけでなく、それ以外のALTの質問や話の内容を理解し、自分の考えを表現することができているか、非言語の表現方法とその効果などについても実態調査をする。

8.2.3. 調査実施方法

5年生時、6年生時の1月末前後に4月からのほぼ1年間で学習した英語を使って、ALTと一緒に会話を楽しむ調査であることを周知させておく。コミュニケーション能力の調査実施前に、児童に調査方法を説明し、事前にALTと話したいこと・聞きたいことの内容を英語で話す準備をしておく。調査時は、使用する英語をできるだけ暗記し、メモは持たないようにさせるが、どうしても必要な児童にはメモを持たせる。

○　評価

前項で説明した要領で、児童の各ペア（グループ）の、ALTとの会話を通したスピーキング調査を行った。児童の調査希望者は11組23名であった。各自の能力に合わせ、一生懸命ALTとの会話に取り組んだ。各会話は3分程度としたが、5年生時は3分から4分程度の会話であった。6年生になるとメモを持参して話す内容が増え、3分30秒程度から5分前後まで継続して会話していた。

　評価に際しては、湯川笑子他（2009：111-139）を参考に、児童の実態に基づき各評価の観点を3段階に分けてみた。そこで、児童の英語コミュニケーション能力に関する評価は、以下の観点で実施する。

表8-1　①　語彙・統語（必要な語彙・統語を理解し、適切に発話できたか）

3	たまに、語彙や統語の間違いがあり、必要な語彙を持ち合わせない事があるが、おおむね、適切な英語の語彙と統語を活用して話すことができた。
2	統語上の間違いがあり、必要な語彙を持ち合わせていない場面と、適切な統語と語彙を持ち合わせている場面が半々であった。
1	統語上の間違った英語を使い、必要な語彙を殆どもちあわせていなかった。

表8-2　②　表現力（伝えたいことを、言語的、あるいは非言語的に伝えていたか）

3	ことば（英語）と、顔の表情やジェスチャーなどの非言語的表現のどちらか、もしくは両方で概ね自分の伝えたいことを表現していた。
2	ことば（英語）と、顔の表情やジェスチャーなどの非言語的表現のどちらか、もしくは両方で表現できる場面と表現できない場面が半々であった。
1	ことば（英語）と顔の表情やジェスチャーなどの非言語的表現のどちらにおいても、自分の伝えたいことを表現できなかった。

表8-3　③　集中力（集中して相手の話を聞き、理解していたか）

3	概ね、アイ・コンタクトや自然な前傾姿勢をとるなどの行動から、会話に集中していることが窺われた。
2	注意がそがれている場面と、アイ・コンタクトや自然な前傾姿勢をとるなどの行動から会話に集中していることが窺われる場面が半々であった。
1	相手とアイ・コンタクトをとらず、自然な前傾姿勢をとるなどの行動もほとんど見られず、会話に集中しているようには思えなかった。

表8-4　④　会話統制力（会話における自分の役割《発話者か聞き手かなど》を認識し、対話が淀みなくスムーズに運ぶように貢献していたか）

3	概ね、会話における自分の役割（話し手か聞き手かなど）を認識し、適切な発話のタイミングをとらえ、不愉快な沈黙を避ける方向で、対話が淀みなくスムーズに運ぶように貢献し、相手の興味に合わせてトピックを選んで会話に参加していた。
2	会話における自分の役割（発話者か聞き手かなど）を認識し、適切な発話のタイミングをとらえ、不愉快な沈黙を避ける方向で、対話が淀みなくスムーズに運ぶように貢献し、相手の興味に合わせてトピックを選んで会話に参加していた場面と、それがうまくいかない場面や、そうした働きかけを怠る場面が半々であった。
1	会話における自分の役割（発話者であるか、聞き手であるかなど）を認識し、対話が淀みなくスムーズに運ぶような貢献はほとんどしなかった。

以上の４つの観点から、児童の ALT との会話を評価していく。

さらに、「小学校高学年児童がもつ英語コミュニケーション能力の特徴」湯川笑子他（2009：111-139）として、以下の内容についても児童の実態を調査する。

表8-5　小学校高学年児童がもつ英語コミュニケーション能力の特徴

評価表中の カテゴリー	内　容	略名
表現力１	非言語的な表現力及び事物を駆使	Non-verbal
集中力１	前傾姿勢とアイ・コンタクト	leaning & eye-c.
会話統制力１	すばやい反応	quick response
会話統制力２	つなぎ語（フィラー）の使用	fillers
会話統制力３	友だちへの発話の促し、及び支援 （scaffolding）	scaffolding
会話統制力４	日本語へのコードスイッチング	CS（code-switching）

なお、児童の実態から、会話統制力３に児童相互の影響も含めることとする。

調査は、２名の児童（１組だけは３名）と ALT との会話を英語で３分間程度行うものである（３名の組は４分程度）。児童が突然の会話で困惑しないように、事前に ALT と話したい内容を英語で準備しておく。

５年生時は、「自己紹介」という内容で、学習内容に合わせて好きな食べ物やスポーツ、教科を中心に会話を進めている。事前に準備した英語を児童はできるだけ暗記してメモを持たずに英会話に臨み、ALT の質問にも一生懸命に答えようと努力している。この時期の児童の英語力は、学習経験も既習事項も非常に少なく児童が覚えられる範囲で ALT への質問事項を英語で準備していたので、作成したメモは概ね暗記し、メモを持たずに会話に臨んだ。カナダ出身の ALT も児童の英語能力を把握しており、会話を進める上で児童が理解し易いようにジェスチャーを多用して、懸命に意味理解の促進を図っていた。３分間程度の会話なので話す内容も限られているが、"What do you like?" を中心テーマにして児童は ALT やペアの相手の発言や表情なども参考に、会話することに努力していた。

６年生で学級編成があったが、調査児童は５年生の時と同じメンバーで会

話に臨んでくれた。6年生ではALTが変わり学習内容も少し増えたので、児童のALTと話したいこと聞きたいことの内容が少し増えた。覚えることができない児童にはメモを持たせて英会話に臨ませた。ほとんどのペアは、英会話で自分たちが話すことやALTへの質問などを準備していた上、メモ持参の児童が多いこともあり、ある程度円滑に会話ができていたようだ。6年生時のALTは、フィジー出身の朗らかな性格で児童理解の出来る人である。ただし、英語のnative speakerではないので、発音や統語など少し気になる点は否めないが、児童が英語を発話し易いように会話を進めていた。児童の質問や思いを受け止めて、ALTから児童へ質問する形式が多かったが、3分間の会話時間の予定が5分前後まで続いたグループもあった。

8.3. スピーキング調査におけるコミュニケーション能力の特徴
8.3.1. 進んで会話を楽しむ児童の会話記録分析

　男児Sは、英語が好きで塾でも勉強している。野球少年で話題も野球の話が多い。英語の事前学習はできており内容も英語で覚えてきていて、結構会話を楽しんでいる。女児Yは、やはり英語が好きなようだが、自信なさそうに話し、会話力は少し劣る。しかし、自分の力で考えたり、分からない時はS児に助けを求めたりしながら自分の思いをなんとか表現しようとしていた。6年生になるとYは、ALTの質問に対して答える時にSの話を聞いて真似をすることが少しあった。事前に覚えている質問は適宜していた。なお、以下のTはALTのことである。

　　（5年生時）

1．T：Hello! How are you?
2．S：I'm sleepy.（目をこする仕草）
　　　　　（授業中、英語とともにジェスチャーでも表現しているようだ）
3．T：O.K.（to Y）How are you?
4．Y：I'm happy.（両手を挙げて万歳！）
　　　　　（Sと同じく英語とジェスチャーで表現する）
5．T：I'm great!（拳を上げる）
　　　　　（ALTは児童が理解し易いようにジェスチャーを多用する）
6．S：I like batting in baseball.

7．T： O.K.（to Y）And what do you like? I like...（児童の発話を誘導する）

8．Y： （S児やALTを見て少し間をとって）I like dancing hip-hop.
（自信が無いのか、ちょっとS児やALTの方を見て考えてから発話）

9．T： Oh! Dancing! I see, I see. OK.
（Sに）So, can you homerun?
（プシューッと動作を交えてホームランを体現する）

10．S： No.（ALTのジェスチャーを見て笑いながら）

11．T： No, you know, O.K. So, can you dance AKB48?

12．Y： （笑いながら首を横に振る）
（Can you ~? の文は未習事項で十分に理解できていないため答え方が分からずパラ言語で表現している）

13．T： No, you can't, I see. Anything else?

14．S： I like the baseball team "Hawks".（ALTの質問に即答している）

15．T： Oh, the Softbank Hawks.

16．S： And I don't like Giants.

17．T： I see. So?

18．S： What baseball team, do you like?（17の質問に即答）

19．T： Baseball team I like?
（児童の発言の反復で内容の確認をしながら応答文を考えている）
Yes, I like Softbank Hawks.

20．S： Thank you.（自分と同じチームが好きだと言われ、即答でお礼を言う）

21．T： You're welcome.

22．Y： I like basketball.（事前に覚えている英語で発話している）

23．T： Oh I see, O.K. Can you dunk?（ジェスチャーと音で表現）

24．Y： （ALTのジェスチャーを見て、首を横に振る）
（ここのCan you ~? の会話も未習事項で意味はおぼろげながら理解したようだが、応え方が分からずに違うということを首の横ふりで表現）

25．T： Practice, little bit taller. All right?（YはSを度々見ている）

26．S： Do you like badminton?（次の話題をすかさず提供）

27．T： Yes, I do. But, I'm bad.（ジェスチャー）strike1, strike2
（ジェスチャーと音で表現）もういい。No, no. I'm not good.

（野球のバッターのデモンストレーションで、もうだめだ、できない
ということを「もういい」という日本語で表現している、バドミン
トンと勘違い？）

28.　Y：What sports do you like?
　　　（26, 27の会話を受けて、では何のスポーツが好きかと自信をもって
　　　質問）

29.　T：I like badminton and snowboarding and ice hockey.
　　　I like winter sports.（Y に）What sports do you like?
　　　（Y, S 共に頷きながら聞いている）

30.　Y：Basketball.（文ではなく単語のみで応答）

31.　T：And one more? Basketball only?

32.　Y：Snowbord.（ALT の質問に単語で即答）

33.　T：（S に）What sports do you like? Baseball and?

34.　S：（僅かに間を置いて）Baseball, only.
　　　（前出の Basketball only? を受けて応答している）

35.　T：Baseball only, oh I see, I see. Are you strong the strike?
　　　（gesture & sound パシュー！）No?

36.　S：No.（笑いながら首を横に振る）（自分には出来ないことを首ふりで
　　　強調）

37.　T：like this?（ジェスチャー＝ボール球の軌跡、ポショーンという音）
　　　That's good.（Y に）Can you do the wheel?（左右に揺れる動き）
　　　（両手を広げて snowboard の乗り方をやってみせて質問）

38.　Y：Yes.（英文で応えられず、単純明快な一言で応答）

39.　T：You can? Oh, nice. I love to see it. I want to see it.
　　　O.K. Any questions for me?（S に）What food do you like?

40.　S：I like curry and rice.

41.　T：How about you?（Y に）

42.　Y：I like spaghetti.

43.　T：Curry and rice and spaghetti mixed? O.K.? May be not, may be not.
　　　What drink do you like?（手で飲む動作）
　　　Juice, milk, water, what drink do you like?
　　　（児童に分かりやすいように飲む動作や、飲み物の例を挙げている）

44. S ： I like Coca-Cola.

45. T ： （ALT がお腹で炭酸飲料の飲み心地の動作、音）

46. Y ： I like fanta-grape.

47. T ： （ALT がお腹で炭酸飲料の飲み心地の動作、音）

48. T ： It's fuzzy drink, fuzzy. What subject do you like? Study.

49. S ： Arts & craft.

50. Y ： I like math and p.e.

51. T ： Wow, no, no, no. I don't like math.

（3分25秒）

　5年生時は、2人ともメモは持たず、ALT と会話していた。ALT が児童の理解を促すためにジェスチャーを多用していた影響か、2人とも表現をする時にジェスチャーを交えることもあった。S児は、ALT との応答をできるだけ英文でしていたし、Y児は、準備した質問で英文を覚えているものは英文でしていた。会話中は集中して ALT の話を聞き、会話における自分の役割を認識し、対話が途切れることなく続いていた。全体の印象は、楽しく会話できていた。2人の児童のコミュニケーション能力の特徴について以下に説明する。

［表現力1：非言語的な表現力及び事物を駆使（Non-verbal）］
　児童の発話の中で、ALT の質問の意味は理解できても、12.Y や24.Y など英語で応答ができない時に素早く首の横ふりをして、非言語で表現していた。36.S のように、"No." と一言で応答しながら横に首を振る非言語表現もしていた。質問の意味は理解できているようだが、応えるための英語表現が難しかったようだ。

［集中力1：前傾姿勢とアイコンタクト］
　児童は2人とも、会話中、ずっと ALT の顔をしっかり見て話していた。29.T の発言を Y, S ともに頷きながら聞いていた。顔を見て話す方が話し手の言いたいことがより一層理解できることもあり、熱心に顔を見て理解しようと努めていたようである。

［会話統制力1：すばやい反応］

　会話中、随所で素早い反応が見られた。10.S, 14.S, 18.S, 20.S（ここは機知に富んだ素早い反応であった）、26.S, 30.Y, 32.Y, 40.S, 42.Y, 47.S, 48.Y 等々である。全体的に児童が理解できなくて困り、会話が滞ることはほとんど無かった。

　Y児は、ALTからの質問の応答では、単語一言で終わることや非言語表現の首ふりや顔の表情などで表現することがあった。S児は、会話番号6でALTの指示を受けその反応としての発話、会話番号14のALTの質問に対して自分の考えを言ったり、会話番号20のようにALTが自分と同じ野球チームを好きだと聞いて即座に "Thank you." とお礼を言ったりする機知に富んだ素早い反応が随所に見られた。また、Y児の会話番号12, 24やS児の36のような英語表現が難しい場面での非言語表現も見られた。2人とも会話中は集中してALTの話をしっかり聞いていた。なお、この会話は、児童の思いや伝えたい内容としてスポーツが話題の中心になっている。このペアの3分25秒にわたる会話の内、好きなスポーツや野球の球団、ALTの好きなウィンタースポーツやY児の好きな Hip-Hop ダンスのことなどを2分30秒ほど話していた。1つの話題を基に、関連のある話題を繋いで会話全体の70%がスポーツの話で終わった。言葉のやりとりが上手く繋がれていたと考える。

表8−6　児童のコミュニケーション能力の評価表

評価の観点	S		Y	
	5年評価	6年評価	5年評価	6年評価
①語彙・統語	3	3	3	3
②表現力	3	3	3	3
③集中力	3	3	3	3
④会話統制力	3	3	3	3

　次は、6年生時の2人と新しいALTとの会話記録である。今回は、女児Yが準備をした英語のメモを持参して会話に参加していた。英語の学習内容が増え、トピックが多岐にわたり、準備したことを全部覚えるのは大変であったようだ。今回も、児童はALTの話をしっかり聞き、一生懸命英語で会話しようと努力する姿が見られた。

6年生時：男児S、女児Y（メモを見ながら）

1．　S ：　My name is S.

2．　Y ：　My name is Y.

3．　T ：　My name is Cf. Nice to meet you.

4．S, Y ：　Nice to meet you, too.（Y は小さい声で自信がなさそうに言う）

5．　S ：　I like baseball. I play baseball every Sunday.
　　　　　（準備した自分の考えを英文で暗記して言う）

6．　T ：　Uwao! Club?

7．　S ：　Yes.

8．　T ：　Very cool, very cool. How about Y?

9．　Y ：　I like dancing. I play dancing every Monday and Saturday.

10．　T ：　Y, what dance, hip-hop?

11．　Y ：　（首の縦ふり）（応答の言い方が分からず、首ふりで表現する）

12．　T ：　Uwao! Hip-hop dance is very cool, very cool!
　　　　　Cf 先生 , I can't dance.

13．　S ：　I like comic of one-piece.（即座に話題の転換）

14．　T ：　Oh, one-piece! I don't read comics. How about Y?

15．　Y ：　I'm good at playing snowboard and electric organ.
　　　　　（comic に関する考えを聞かれたが、準備していた自分の考えを述
　　　　　べた）

16．　T ：　Uwao, snowboard? Uwao! Cool ね!
　　　　　（児童の会話の流れに沿って話を継続）
　　　　　S, can you snowboard?

17．　S ：　No.（笑いながら首を横振り）
　　　　　（ALT の質問の意味は理解しているが、適切な英文では答えられ
　　　　　ず、取り敢えず No. と意思表示をしている）

18．　T ：　No? Me, too.（笑い）. Anything else?

19．　S ：　What sports do you like?
　　　　　（珍しく Y のもつメモを確認して、話題転換の質問）

20．　T ：　I like rugby. I like rugby very much.
　　　　　But you like baseball, ね。（S、頷く）
　　　　　And Y, you like snowboard, ね? Uwao.（Y、頷く）

21.　Y：　What food do you like?
　　　　（スポーツの話題を続ける訳ではなく、別の話題に転換する）

22.　T：　Food I like?（Y の言葉を反復しながら回答を考えているようだ）
　　　　I like Yakiniku.（笑い）I love Yakiniku.

23.　Y：　When is your birthday?
　　　　（1つの話題を継続するよりは、自分が準備した話題を次々に切り出している）

24.　T：　My birthday is in December 7th.

25.　Y：　My birthday is August 13th.

26.　T：　Uwao! Summer holiday. S?

27.　S：　My birthday is June 10th.

28.　T：　A little bit more, ね。

29.　S：　What place in Japan, do you like?
　　　　（S も自分が考えている別の話題を提供している）

30.　T：　I like my house.（笑い）
　　　　What place in Japan do you like?
　　　　S, what place in Japan do you like?

31.　S：　…（じっと下を向いて考えている）

32.　T：　How about Y? What place in Japan do you like?

33.　Y：　My house.（爆笑）（ALT の真似をしている）

34.　T：　How about S?

35.　S：　My house.（再度、爆笑）（Y と ALT の真似をして笑いを誘う）

36.　T：　House is the best, ね。（笑い）
　　　　Any more questions? No?
　　　　O.K. Let me ask, ね. What food do you like?

37.　S：　I like curry and rice.

38.　T：　Mum's curry and rice or school curry and rice?

39.　S：　Same, same.（みんなで大笑い）
　　　　（機転を聞かせて same, same と言い、楽しい会話になっている）

40.　T：　Ahaha, good job, good job. How about Miss Y?

41.　Y：　I like Italian soup, minestrone.

42.　T：　Uwao, very, very cool, ね。

How about, let's see, what animal do you like?

43. S ： I like capybara.

44. T ： Capybara? So, ね, cute, ね.（laugh）So, Miss Y?

45. Y ： I like capybara.（S に同調しているようだ）

46. T ： You, too? Ehee! そうね、It's lovely usual.

Capybara are where, zoo or

May be they have capybara in the zoo.

Let me see, another question, ね?

What movie do you like? Yes, yes. What movie do you like?

47. S ： …（床をじっと見て考え込み、黙っている）.

48. T ： Difficult change, ね. What music band do you like?

49. Y ： Music band?（S を見て）「なん、それ」

（英語の意味が理解できず、S 児を見て、日本語で意味を聞いているいわゆるコードスイッチング）

50. T ： Music band, like AKB or Exile, ね? What music band do you like?

How about you Y, AKB? No?

51. Y ： Yes.（music band が理解できたのか、簡単に yes だけで応答している）

52. T ： How about S, AKB?（即、みんなで笑いだす）Exile, Arashi?

53. S ： あっ、Arashi.（「あっ」はフィラーである）

（これも、music band の意味が理解できたらしく、名前だけで答えている）

［表現力 1：非言語的な表現力及び事物を駆使（Non-verbal）

6 年生になっても非言語による応答は見られた。11.Y では、ALT の質問の意味は理解できたが、質問には応えられず、「違う」ということを（首の横ふり）という Non-verbal で表現している。また、17.S も "No." と言いながら首を振って笑っていたが、これも Non-verbal であると考える。

［集中力 1：前傾姿勢とアイコンタクト］

会話全体で児童は集中して ALT を見て、しっかりと話を聞いていた。20.T の話を聞いている時は、2 人とも ALT の説明に頷いていた。今回の会話で、

　S児が答え方が分からなくて困った時、じっと床を見つめることが2度あった。答えに窮して困惑し、床をしばらく眺めていたようである。後はずっと集中できていた。

［会話統制力1：すばやい反応］

　今回も児童のすばやい反応は、何度も見られた。英会話に慣れてきて、ALTや友達と話すことにも慣れ、英会話が円滑にできるようになってきたことの現れであろう。会話全体は、S児の2度の沈黙以外は、ずっと円滑に進められていた。

［会話統制力2：つなぎ語（フィラー）の使用］

　今回1度だけ、53.S児が「あっ」とつなぎ語（フィラー）を使っていた。応答をする時に思わず出た語で、その後、"Arashi" と言いたい言葉がでている。

［会話統制力4：日本語へのコードスイッチング］

　49.Yが、ALTの質問の music band の意味が分からずにいた時に、S児にコードスイッチして日本語で「なん、それ」と尋ねた。英語の質問の意味を理解し、きちんと英語で応えたいというY児の気持ちが窺える。

　6年生時の会話は、学習内容が増え、話したいことや質問したいことを準備していたためか、話題が途切れることなく会話が続いていた。S児は、事前に考えた英語を殆ど暗記していて、会話が途切れないように新しい話題を提供しながら円滑な会話の進行に貢献していた。S児にとって苦手な話題や準備をしていない話題ではALTの質問に即座に答えられず、会話を続けるために熟考していた。その他は英文で発話することが多く、コミュニケーションをしようと努力する様子が窺えた。終始、集中して会話に臨み、自分の考えを英語で表現していた。一方、準備していたメモを見ながら話していたY児は、時々自信なさそうに小さな声で話すことや、ALTの質問に対しS児と同じ答えを言うなど、基本的な語彙・統語の理解とそれに基づく発話に、時折自信の無さが窺えた。また、会話を続けるというよりは、準備した英語を読むためか、次々に新しい話題を切り出していた。しかし、集中してALTの

話を聞き、困ったときはＳ児の方を見たり日本語で尋ねたりして、非言語的の頷きやジェスチャーで応答を表現していた。Ｙ児なりに一生懸命コミュニケーションに参加していた。

　６年生時の会話では、ALT の指示や質問に素早く反応する場面や、英語が分からず非言語で表現することがあった。会話番号５や９は、ALT の質問に対する児童２人の素早い反応の例である。会話番号38は、ALT の好きな食べ物はという質問にカレーライスと素早く反応したが、重ねて ALT からママのカレーと学校のカレーはどちらが好きかと聞かれ、39番の "Same, same." と機転の利いた反応を即座に示して笑いを誘った場面である。コミュニケーション能力として重要な会話統制力が少しずつ発揮されているようだ。

8.3.1.1.　５・６年時の児童のコミュニケーション能力

　Ｓ児は、常日頃、英語が好きで塾でも学び、熱心に英語活動に取り組んでいる。今回の調査でも、真面目に取り組み、話題を考え、英語を覚えることも怠りなく、会話を通しても自分の力を十二分に発揮していた。ALT の質問や促しには即答できることが多く、答えに窮してもしっかり考えていた。機知に富む発言も見られ、会話が楽しく円滑に進行するように話題を提供するなどの配慮が感じられた。

　Ｙ児は、同じく英語が好きで興味をもって会話に取り組んでいた。英語の応答に困る時は、友達に日本語で聞いたり、非言語で思いを表現したり、自信が無くて小さな声で発言することもあったが、会話を成立させたいという気持ちの現れであろう。

8.3.2.　英語学習に真面目に取り組む児童の会話記録分析

　女児Mは、真面目な学習態度で、英語学習が好きなようである。塾でも学習しているようだ。英会話のために準備した英語を、未習事項にも拘わらず覚えてくるなど熱心な態度である。音楽も好きでピアノを上手に弾き、合唱の伴奏もするようだ。男児 Ta は、大人しい性格のようで、小さな声で遠慮がちに発言する。学習態度は非常にまじめであり、常に ALT の顔を見て集中して会話に臨んでいた。５年生の時は、３分程度の会話の中で、Mに対するALT の質問の未習の語彙 where が分からなかった。ジェスチャーで一生懸命理解させようとする ALT と、それをしっかり見つめて少し分かりかけた状態

でコミュニケーションを図ろうと努力するMの非言語表現で、その話題が終わるのに1分近く時間がかかっていた。また、6年生時は、M児、Ta児ともお正月の話題で4分30秒の会話中の半分強の2分半程、1つの話題について会話を続けていた。その会話のようすを以下に記す。なお、TはALTである。

（5年生）

1．T ： Hello! How are you?

2．Ta： I'm fine.（小さな声ではにかみながら挨拶する。）

3．M ： I'm fine.（はっきりと挨拶する。）

4．T ： Good! So, How's the weather today? It's cloudy.
　　　　（MがALTと同じく窓外を、身を乗り出してみる）
　　　　So, what do you like? What do you like?

5．M ： I like music.（得意分野なので自信をもって話している）

6．T ： You like music. What do you like?

7．Ta： I like p.e.（声が小さい）

8．T ： Hmm, music and p.e. I like music and p.e. Both good, O.K.
　　　　So, what music do you like?

9．M ： I'm good at playing the piano. I play the piano with chorus on recital.
　　　　（動名詞の慣用句だが、よく記憶している）

10． T ： Really? Where, where did you go? In City Hall? Ceremony Hall? Gym,
　　　　Where? Many places?（whereに始まり city hall, ceremony hall, gym
　　　　と馴染みの無い語彙が次々と続き、戸惑い困っているが、ALTを
　　　　じっと見て何とか理解しようとする態度が窺える）

11． M ： （男児とALTの方を向いて、困った様子、whereの意味が分からな
　　　　いようだ）

12． T ： Where, where? Where do you play the piano? So, let's see, wurm, O.K.
　　　　（黒板に板書）Where is black marker? Oh, is it!
　　　　Where do you play the piano?

13． M ： （黒板の説明の後、少し理解出来た様子で、最後の質問
　　　　Where do you play the piano? を聞いて）
　　　　教室の前面を指差し、場所を指し示す。（演奏会の場所を非言語表現）

14. T： Over there?

15. M：（首の縦ふり）（何となく分かった様子で ALT の質問に呼応して、非言語で応答）

16. T： I see. O.K.

 （Ta に） What sports do you like?

17. Ta： I like to play basketball.（to 不定詞のある文を覚えている）

18. T： You like to play basketball. You dunk?（身振り手振り、音）

19. Ta：（笑いながら）No.（英語で詳しい説明はできないので no だけ応答）

20. T： So, questions for me?

21. M：（T と顔を見合わせて）When did you from Canada?

 （動詞 come を忘れているが過去形で発言）

22. T： I came from Canada five years ago. So, five years ago.

 Now, 26 years old. 21years old, I came to Japan. How about you?

 （M はずっと頷いている）

23. Ta： What subject do you like?（事前に準備していた別の話題に転換）

24. T： I like arts, arts and crafts. I like drawing.

25. M： Is there voting box（よく聞き取れない）in Canada?

26. T： Voting boxes, yes, there are. But, different, in Japan,（身振りで箱をドンドンドンと縦に積み上げる. In Canada,（身振りで、タカタカタカと箱を積み上げて並べ、足で踏む様子を音と共に表現）

27. Ta：（M と顔を見合わせて笑いながら考えて）Do you play basketball?

 （別の話題に転換）

28. T： Play basketball. So, so. I am small.（ジェスチャーで）

 I like watching basketball. Oh, yeah!（応援のジェスチャー）

［表現力 1 ：非言語的な表現力及び事物を駆使（Non-verbal）

　会話番号13のMは、where の意味がよく分からなかったが、ALT の具体的な説明に了解したようで、解答を非言語の腕を伸ばして示した。また、15のMは、ALT の "Over there?" という質問に対して、yes というところを頷きで示した。

［集中力１：前傾姿勢とアイコンタクト］
　会話番号４のALTの発言を聞きながら、Mも窓外の天気の様子を一緒に身を乗り出して見ている。ALTの話を集中してしっかりと聞き、同じ行動をしている。

［会話統制力１：すばやい反応］
　M児のALTの質問に対するすばやい反応は、会話番号3, 5, 9, 25であり、Ta児のものは、会話番号2, 7, 17, 23であった。Ta児23番は、ALTとの会話の中で「何か質問することはないか」と問われ、準備していた英文の質問をした場面である。M児25番は、ALTのお話が終わった後、すぐに違う話題を切り出している場面で話された英文の質問である。

　５年生の時は、２人とも準備した英語をよく覚えてALTと会話していたが、M児がALTの質問にあった未習語の疑問詞であるwhereの意味が分からず、ALTも理解させることに非常に苦労していた。結局、Mが手振りで示し、over thereということで一件落着したが、３分25秒間の会話の内の４分の１に当たる50秒がwhereの意味理解のために使われた。その他の時間は、児童の興味関心がありそうな好きな教科やスポーツ等々の話題について英文で会話できていた。Ta児は、真面目に会話に取り組むが、自信が無いのか声が小さくて聞き取りにくかった。

表8-7　児童のコミュニケーション能力の評価表

評価の観点	M		Ta	
	５年評価	６年評価	５年評価	６年評価
①語彙・統語	3	3	3	2
②表現力	3	3	3	3
③集中力	3	3	3	3
④会話統制力	3	3	3	3

　次は６年生の時の会話の内容である。この時は、Taはメモを持参し、読むこともあった。Mは、メモを持参しているが、確認のため見たりするものの、ほとんど英語を覚えて会話に臨んでいた。

（6年生）

1.　　M：Hello, my name is M.（余裕をもってにこやかに挨拶）

2.　　Ta：My name is Ta.（にこやかに挨拶）

3.　　T：Hello. My name is Cf. Nice to meet you.

4.　M, Ta：Nice to meet you.

5.　　T：O.K. So, shall we go from M?

6.　　M：I ate Osechi food on New Year's Day.（過去形をよく覚えている）

7.　　T：Oh, me too, me too.

8.　　Ta：I went to shrine for New Year's pray.（メモを読む）

9.　　T：I went to church, church.（十字を切る）

　　　　　（M・T：頷く）

10.　　M：I cook Osechi with my mother.

11.　　T：Weren't you? Wow nice, good girl, M, ね!

　　　　　（M、褒められて満足げに微笑む）Very good! How about you, Ta?

12.　　Ta：I bought a wallet at the shrine.（メモを読む）

13.　　T：I didn't buy this year. Next year, next year.

14.　　M：Are there special New Year's food in Fiji?（ほぼ暗記している）

15.　　T：In Fiji? No, just normal food. Japan has ね, Osechi, ね.

　　　　　But, Fiji does not have special food. What's Ta?

　　　　　（M：ALTの答えを聞く間、理解しているようでずっと首の縦ふり

　　　　　Ta：メモをじっと見て次の発話内容を確認している）

16.　　Ta：Do families come together on New Year's Eve in Fiji?

　　　　　（ずっとメモを読む）

17.　　T：Yes, they do. Same, same in Japan. Japan and Fiji same.

18.　　M：Are there special ways to welcome New year's in Fiji?

　　　　　（メモを確認後、全部暗記して発言）

19.　　T：Ahaa, yes, in Fiji, ね, New year's Day, twelve o'clock, ね, twelve

　　　　　o'clock New year's, water, バケツ Pushoon- on the bay. And powder,

　　　　　I don't know if you know the powder, and maybe the powder. And the

　　　　　noise, "tan- tan- tan-tan-tan...", "Happy New Year!" We always do

　　　　　that on New Year's.

　　　　　（MはALTの説明を理解している様子で、ずっと首の縦ふり）

20.　　Ta：Which holiday is bigger Christmas or New Year?（メモを読む）

21.　　T：Christmas, Christmas is bigger. Any more questions?

22.　　M：No.（首の横ふり）（もう質問はないという意思表示を非言語でも
　　　　表現）

23.　　T：No.（M：首の横ふり）O.K. So, let me ask, ね.
　　　　Mr. Ta. Did you eat Osechi food on New Year's?

24.　　Ta：（聞き直す仕草）（英語が分からない様子で、じっと ALT を見つ
　　　　めて聞いている）

25.　　T：Did you eat（食べる動作）Osechi food?

26.　　Ta：Yes.（ALT の仕草と Osechi food で理解できたようだ）

27.　　T：Uh, What is your favorite Osechi food?

28.　　Ta：（理解できなくて困った顔で苦笑い）（首を傾げている）

29.　　T：エビ or what is your favorite Osechi food?

30.　　Ta：（困った顔つき）（理解できなくて困っている）

31.　　T：How about M?

32.　　M：Datemaki.（ALT の顔をしっかり見て言う）

33.　　T：Hahaa. Ta?

34.　　Ta：（小さい声で）Datemaki.（M の発言を聞いて自分も同調している）

35.　　T：Me, too. I like datemaki. And, do you study at home?

36.　　M：Yes.（首の縦ふり）

37.　　T：（Ta を見て字を書く仕草で）Study at home?

38.　　Ta：Yes.（首の縦ふり）

39.　　T：What time? What time?

40.　　M：教室の時計を見ながら考えている）Three o'clock.（小さな声で）

41.　　T：At home, ね. After school.

42.　　M：…（よく理解できずに考え込んでいる）

43.　　T：Ta?

44.　　Ta：Seven o'clock.

45.　　T：Seven o'clock, Oh nice.

46.　　M：Six o'clock.（T の発言を聞いて内容を理解した様子で言う）

47.　　T：（つぶやき）×××（2 人とも楽しそうに笑う）

48.　　T：What time do you watch TV?

49.　　M：Seven o'clock.

50.　　T：Six to seven, study ね. How about Ta?

51.　　Ta：Eight o'clock.

52.　　T：Eight o'clock to what time, nine, ten?

53.　　Ta：Nine o'clock.

54.　　T：Nine. 1 hour. What time do you go to bed?

55.　　M：I go to bed at ten o'clock.

56.　　T：Ten o'clock. Good job.（Ta を見て）

57.　　Ta：Ten thirty.

58.　　T：Ten thirty? Wahoo. Do you go to Juku?

59.　　M：Yes.

60.　　Ta：Yes.

61.　　T：What Juku?

62.　　M："Seas."

63.　　T：（Ta に）Where? Wakamatsu?

64.　　Ta："Seas Orio."

65.　　T：Orio! Good boy.（音無しで拍手しながら）

　　　　And, what has do we know? What time do you get up?（Ta を見て）

66.　　Ta：Six o'clock.

67.　　T：Six o'clock, ね.

68.　　M：Six thirty.

69.　　T：（笑いながら）M sleeps a little bit more, ね.

　　　　Cf 先生、ね, I get up at five o'clock, very early.

　　　　（Ta, M, 2人とも頷く）

　　　　And what has to be known?

　　　　What time do you come to school?（床を指して）

70.　　M：Eight o'clock.

71.　　Ta：Eight o'clock.

（4'30"）

［表現力1：非言語的な表現力及び事物を駆使（Non-verbal）

　会話番号9の ALT のことばを聞きながら、Ta, M共に理解したようで頷い

ている。

　番号11の ALT の褒め言葉を聞いてMは、満足げに微笑んでいる。番号22で
は、21の ALT の質問に対し、No. という応答と共に、非言語の首を振って意
思表示している。番号23の ALT の質問に対する24の Ta の仕草は、英語が分
からないので ALT をじっと見て、目を見開いて分からないという意思表示を
している。番号28の Ta の様子は、ALT の英語の意味が分からなくて困った
様子で首を傾げている。重ねて ALT から質問を受けるが、理解できなくて
困った顔つきであった。番号42のMの応答も、ALT の質問の意味がよく分か
らなかったようで無言で困った表情をしていた。今回の会話は少々長めで
あったが、応答に困って首を振ったり、意味理解ができて頷いたり、分から
なくて無言であったりと非言語の応答が割合多かった。

[集中力１：前傾姿勢とアイコンタクト]
　全体的に、児童は ALT の顔をしっかり見て会話を進めていた。会話番号19
では、ALT のフィジーのお正月の過ごし方を聞いて理解できている様子で、
ずっと首の縦ふりをしていた。また、番号69の ALT の朝早く５時起床という
説明には、Ta もMも頷きながら聞いていた。

[会話統制力１：すばやい反応]
　本会話の中で、ALT の質問や会話の誘導に対する児童のすばやい反応は随
所で見られた。特に、質問事項や自分の主張に関して、英語で準備をしてい
た内容については、ALT の発言に対してすばやく反応することができてい
た。会話番号6. Mや10. M, 14. M, 18. M は事前に準備した英語を生かして会
話の中で上手に活用していたためか、M児のすばやい反応のために、会話の
流れが円滑であった。ALT の質問に対する臨機応変の応答では、Ta の会話番
号44, 51, 53, 66で、また、Mの番号46, 55, 68, 70で素早い反応が見られた。

[会話統制力３：友だちへの発話のうながし及び支援（scaffolding）、児童相互
の影響]
　また、本ペアの会話の中で、直接友だちへ会話をうながしたり、支援した
りした訳ではないが、お互いの発話が影響して意味理解が進んだ場面があっ
たので記しておく。会話番号34. Ta の発話であるが、27. ALT の質問の意味が

よく理解できずに困っていたところ、Mの応答を聞き、内容が理解できたようで自信なさそうではあるが、ALTの質問に応えることができた。また、39. ALTの質問にMが答えられないでいたが、44. Taの応答を聞き、Mも理解できたようで応答することができた。

　児童が1人で会話するとなかなか理解が進まない時でも、複数の児童がいることでお互いに理解しあったり、安心感を得ることができたりしているようだ。

　6年生時のM、TaのALTとの会話は、前半のお正月の話題が会話全体の大半にあたる2分30秒間続き、一つの話題でおせち料理や初詣、ALTの故郷であるフィジーのお正月のようす等々、楽しく会話できていた。準備していた内容に関しては、メモを見ながら英語で会話できたが、ALTの質問に対する応答で、Taが答えられない場面があった。Taの表情を見てALTが再度質問をするとようやく理解できたようで"Yes."と一言答えていた。続いておせち料理で好きなものを聞かれて理解が不十分だったのか直ぐに答えられなかったが、Mの答えを聞き、小さな声で同じ答えを言っていた。自信がなさそうであった。その後の家庭学習の時間やテレビの視聴時間の話題、さらに就寝時間と起床時間、塾のことなど、児童の家庭生活について、英文ではなく単語の応答が多かったが、楽しそうに話が続いていた。

8.3.2.1. 5・6年時の児童のコミュニケーション能力

　M児は英語が好きで熱心に学習に取り組んでいる。既習内容に関しては、自信をもって英語を覚え会話できていた。一生懸命ALTの顔を見て話しを聞き、即答することも多かったが、未習語彙には困っていたものの、しっかり話を聞いて意味理解に努めていた。Taは、大人しい性格か、小さい声で静かに話す。理解出来る時は即答するものの、分からない時は困った顔をしていた。しかし、MもTaも理解できないことがあってもお互いの話をよく聞いていて、お互いの応答をヒントに自分の話を進めることができることが何度かあった。複数の児童で会話に臨む良さが現れていた。2人とも、それなりに英語を理解し、非言語も含めて意思表示もできることが多い。

8.3.3. サポートを受け努力する児童の会話記録分析

　2 人とも、教科学習は苦手で、漢字の読み書きも分数の計算も、5 年生としてはあまりできていない。しかし、ALT との会話の希望者を募ったところ、意欲的に参加してくれた。学級担任は、日頃の学習ぶりや学業成績から、英語で会話をすることができるか心配していた。しかし、事前の準備もあり、彼らなりに会話ができていた。特に 5 年生時は、メモも無く ALT をしっかり見て話すことができた。6 年生時は、さすがにメモを読む状態で会話し、ALT の様子をしっかり見ていてもその仕草やジェスチャーから類推することが難しく会話の内容理解がうまくできない事もあった。それでも最後まで英会話に熱心に取り組んでいた。

（5 年生）

1．T　：Hello! How are you?
2．So：I'm so, so.（リラックスした雰囲気）
3．To：I'm fine.（いつもの学習態度で緊張感はあまり見られない）
4．T　：O.K. Good! Please ask me something.
5．To：I like lion.（即答するが内容が質問ではなく主張を言う）
6．T　：Oh, you like lion.（S の方を見て）What do you like?
7．So：I like baseball.（To の影響か、即答できた）
8．T　：What− sports do you like?（−は長くのばして発話）
9．To：I like basketball.（即答）
10．T　：What animal do you like?
11．So：I like ──（暫く考える）Pegasus.
　　　　（So 本人は、本気で pegasus を動物と思い込んでいて真面目に答える。横で聞いている To もにっこり笑う）
12．T　：O.K, Pegasus, O.K. Anything else? Question for me?
13．To：Do you have pet called Yuji?
　　　　（pet called Yuji は ALT にも不可解だったようだ）
14．T　：A pet called Uji? I have, I have, in Japan, I have no pet. But, in Canada, I have a snake pet. Orange snakes, my pet.
　　　　（To は ALT の顔をじっと見ていて snake と聞くと口を開けてびっくり驚いている）

15. So： Do you like baseball?（So が英文を覚えて ALT に質問している）

16. T ： A little bit, a little bit. I like Softbank Hawks.

　　 What baseball team do you like?

　　 Softbank Hawks, Giants, which one?

　　（To が So に好きな野球のチームを聞いているよと助言）

17. So：（考えながら間をおいて）I like「巨人」.

　　（Giants は分からなくて日本語にスィッチ）

18. T ： Oh, oh, oh. Anything else?

　　 What food do you like?

19. To： I like hamburg.（外来語のハンバーグと応答）

20. T ： What drink do you like?（飲む仕草）

21. To： I like strawberry milk.（即答）

22. T ： Oh, strawberry-milk, me, too. It's good.

　　（ALT が親指を立てて good! と言うのを見て To も親指を立てて good!
　　 を表示）

23. So： I like cola.

24. T ： Coca-Cola. Coca-Cola and hamburger. Good, very nice, OK.

　　（字を書く仕草）And last, what subject do you like?

25. To：「書く？」（日本語で尋ねる）（コードスィッチング）

26. T ：（首を縦に大きく振って）Study,

　　（２人とも理解は曖昧だが ALT の顔をしっかり見て話を聞いている）

27. To： Story?

28. T ： What subjects do you like? Japanese, p.e, English, music, arts and
　　 crafts?

29. To： I like English.（即答で自分の思いを的確に発言できている）

30. T ： What subjects do you like?

31. So： I like p.e.（To 児の影響か、素早く正確に英語で表現できている）

32. T ： Can you homerun?

33. So：（頷く）O.K.（非言語で頷いた後、英語表現）

　　（ALT の仕草からバッティングだと分かり、ホームランと理解して
　　 頷いたと思うが、Can you ～ の文は未習事項なので、できるかとい
　　 う意味までは理解していないと考える）

34. T ： O.K.? Oh, O.K.

（3：00）

［表現力1：非言語的な表現力及び事物を駆使（Non-verbal）

　T. 14の ALT の I have a snake pet. と聞いた時に、To が大きく目を見開いて驚いた表情を見せていた。非言語で、自分の感情を表していると考える。また、T. 22の ALT の good! と親指を立てる仕草に、同じ嗜好の To も同様に親指を立てて good という思いを表示していた。番号33の So の会話の前の頷きも、先に非言語で表現して後で言語で説明している。

［集中力1：前傾姿勢とアイコンタクト］

　上記 To の非言語表示は、ALT をよく見て、その発言をしっかりと聞いていたのでとった行動ともいえる。2人とも、終始 ALT をしっかり見て会話をしていた。

［会話統制力1：すばやい反応］

　会話番号5の To の発言は、ALT の質問に対して即答しているものの、内容は質問ではなく自分の主張なので少しチグハグである。番号7の So の発言は、すばやい反応になっている。To の番号9.21. So の31の発言もすばやい反応である。

［会話統制力3：友だちへの発話のうながし、及び支援（scaffolding）相互の影響］

　会話番号16の ALT の質問に対し、So が応えられないでいると To が「好きな野球のチームを聞いているよ」と助言している。また、番号31の So の発言は、29の To の発言に影響を受けて質問の内容を理解し、応答できていると捉える。

［会話統制力4：日本語へのコードスイッチング］

　会話番号17の So の I like 巨人。は、英語では言えないが巨人が好きという表現をするために日本語にコードスイッチングして応答している。番号25の To の「書く」という日本語も思わず出たようで、英語では対応できないが、

会話を続けるために日本語で確認していると考える。

　５年生時の２人の会話の様子は、メモは無かったものの、事前に準備した英語で話すことができた。最初に ALT から "Please ask me something." と言われても、To は何かを尋ねるのではなく、"I like lion." と自分の思いを伝えた。コミュニケーションとしてはちぐはぐだが、ALT が上手に会話を繋いでくれて、So に "What do you like?" と話を進めてくれた。ALT の質問に対する応答は、To の方が真剣に考えて、上手に答えていた。その様子を見て So も同じように答えることができた。また、So は日本語で応答したことが１回あった。To は ALT の話をしっかり聞いて、意味理解も結構できていたので、I have a snake pet. と言われた時には、目と口を大きく開けて驚いた表情を見せていた。よく理解出来ていなかった So は、いつもの表情であった。また、So が ALT の質問の意味を理解できない時に、To が「好きなチームを聞いているよ」と助言をする姿も見られた。２人とも終始 ALT をしっかり見て会話に集中していた。

表 8-8　児童のコミュニケーション能力の評価表

評価の観点	So		To	
	５年評価	６年評価	５年評価	６年評価
①語彙・統語	2	2	2	3
②表現力	2	2	3	3
③集中力	3	3	3	3
④会話統制力	3	3	3	3

　６年生時の２人は殆どメモを見ながら会話する。To は終始 ALT をじっと見ているし、So の会話中は、So のことを気遣い助言をすることもある。

1．So：Hello, my name is So.
2．To：Hello, my name is To.
3．T ：Hello, my name is Cf. Nice to meet you.
4．To：Nice to meet you.（To だけ, 小さな声で）
5．T ：Thank you. Go ahead. So, any questions?
6．So：I like baseball.

（質問事項を尋ねられているが、準備していた自分の考えを言う）

7．T：I like baseball too. But I like rugby. To?

8．To：I like basketball. （So のもつメモを見て言う）

9．T：Me too, me too.

10．So：I practice baseball. （メモを見ても未習の practice がうまく言えない）

11．T：Club? What position? Batter, pitcher, fielder?

12．So：Second. （So は質問の内容を全て理解している訳ではないようだが、
　　　　Position に対する答えは発言できた）

13．T：（To に指示して）

14．To：I like バスケット after lunch.
　　　　（本人は英語のつもりだが、外来語の言い方にスイッチしている）

15．T：Play basketball after lunch. I don't have time to play basketball. Before
　　　　we together、ね.
　　　　（ALT の英語は聞き取りにくいが、To は以前に ALT と一緒に遊んだ
　　　　ことを想起し、嬉しそうに相槌を打つ）

16．So：What sports do you like? （メモを読む）

17．T：I like rugby and basketball. （So, じっと ALT の顔を見ている）

18．So：Who is your favorite player?
　　　　（メモを見ても未習語 favorite が上手に言えない）

19．T：Rugby? Baseball?

20．So：いや、野球。Baseball. （日本語で答えた後に英語にスイッチ）

21．T：Baseball, who's my favorite player? ゴジラ.
　　　　（So が頷く、その後、To が知っているとばかりに目を見開いている）
　　　　Do you know Babe Ruth? No. （ね）Very old, old, old.
　　　　（So はじっと ALT を見ているが、意味理解ができていない様子。To
　　　　はずっとメモを見ている）

22．To：What is your favorite shooting in basketball?

23．T：Basketball, my favorite shooting basketball?
　　　　Well, dunk, dunk shoot. （笑い）（To も笑顔で反応）
　　　　To, what is your favorite shooting basketball?

24．To：高津式. （日本語にスイッチ）

25．T：Ah, boyfriend's? （To, 頷く）

Ah, OK.　OK.　Anymore questions?　No?

26.　To：Do you like basketball?

（今まで話した内容を聞いていたが、メモを見て再度質問した）

27.　T　：Yes, I do, I do.　I like basketball.　You can finish.

So, Cf 先生, ね.　OK, my question, ね.

What time do you get up?（寝起きのジェスチャー）

In the morning, how about So?

28.　So：…（無言）

（じっと ALT を見ているが、意味が理解できていない様子）

29.　So：I like...

30.　T　：What time?（I like と聞いて聞き直している）

31.　So：Thirty.（言い方が分からず応答している）

32.　T　：Six thirty?　Oh, good time, good time.

How about To?　What time do you get up?

33.　To：Eight.（So も eight? と聞き直し「すげえ」と言っている）

34.　T　：Too late よ, too late.（笑い）What time do you sleep?　Go to bed?

35.　To：一時。One.（日本語で応答後、英語でも応えている）

36.　T　：Too late.　Sleep early, get up early, ね.

So, what time do you go to bed?

37.　So：O'clock thirty.（?）（時間を正確に言えない）

38.　T　：Twelve o'clock, twelve thirty?　Still, too, late.

（S の言いたいことを英語で言っている）

(3：58)

［表現力１：非言語的な表現力及び事物を駆使（Non-verbal）］

　To：15. 25. ALT の21に対する To と So の相槌や驚きも非言語表現である。

［集中力１：前傾姿勢とアイコンタクト］

　２人とも、基本的には、会話中は ALT の顔をよく見て、集中してよく聞き話していた。その集中する姿勢から、ALT の発言を聞いて、非言語表現である相槌や頷きがあった。

［会話統制力１：すばやい反応］
　２人の会話の中で、So. 6. 20や To. 8. 24. 33に、すばやい反応が見られた。

［会話統制力４：日本語へのコードスイッチング］
　To は、番号14で、basketball のことを「バスケット」と日本語外来語のように発言し、番号24の質問に対する答えでは、友達の名前を日本語で「高津式」と仲間内の言葉で表現している。また、番号35では、時間を言うのに、日本語で「一時」といった後、直ぐに英語で "One" と発言している。英語表現が難しい時は日本語表現にコードスィッチングして、会話を成立させようとしている。

　６年生の時は、２人とも用意していたメモを見ながら会話を進めていた。意味理解はなかなか難しいようで、「質問をして」といわれても自分のことを話していた。会話も不十分で、２人からの英語表現は少なかった。To は ALT の発言内容をしっかり集中して聞き、ある程度理解しているようで、非言語も使って自分の思いを表現していた。ALT と To の間で共に経験したたのしい遊びを思い出して喜び合い、理解しあっている場面も見られた。So は残念ながら１人で会話することは難しいが、To と２人で会話に臨むので何とか出来ているようであった。２人の他教科の高学年の学力から考えると、英語のコミュニケーションを危惧していたが、ALT の指導助言もあり、それなりにコミュニケーションを続けていたので感心した次第である。To、So の日本語の学力は、ほぼ同等のようだが、性格の違いからか、To は意欲的に会話に取り組み、理解もよくでき、非言語で楽しくコミュニケーションができていた。なお、２人の会話の内、会話番号６の So は、すばやい反応ができていた。To の番号15は、非言語表現である。さらに、To の番号34, So の日本語から英語へのコードスイッチと So 20もコードスイッチである。会話調査中の集中力について To はずっと続いていた。So は、会話番号27の ALT の話の最後から31の会話まで、ほんの少しの間集中力が途切れた感じがしたが、後はずっと会話全体を聞いて考えていた。

8.3.3.1.　５・６年時の児童のコミュニケーション能力
　２人とも通常の高学年の学力からすると英会話を危惧されていたが、事前

の準備と本人たちの意欲と ALT の適切な助言や誘導で、調査をやり遂げることができた。5 年生の時は、他の児童と同様にメモ無しで会話に臨み、ALT やお互いの会話をしっかり聞き、So が分からない時は To が助言をして会話を進めた。To は終始 ALT の話をしっかりと聞き、その内容に目を見開いて驚きの表情を非言語で表したりしていた。6 年生では、So はメモを読むことが多く、To もメモを確認しながら話すことがあった。To は、会話をよく聞き、非言語や日本語で話すことがあるものの自分の思いを表現しようと努めていた。So は 1 人では会話は若干難しいが、To とお互いに影響し合って会話していた。2 人とも、時には、ALT に即答することもあり、彼らなりに英会話を楽しんでいた。

8.3.4. 他の 8 組のペアの会話記録分析

以下は、児童の ALT との会話の一部を記載しているものである。

[データ 1：男児 S、女児 M]

（5 年）

8．T： Center. Oh, I see.（M に）What do you like?

9．M： I like dancing.

10．T： Do you dance AKB48?

11．M：(首を横に振る)（即答するが、非言語表現である）

12．T： No? What do you dance? HipHop?

13．M：(頷く) Hip-Hop（即答するが、非言語表現である）

14．T： O.K. Only? More? HipHop, J-pop, K-pop? Only Hip-Hop?

15．M：(頷く)（非言語表現で即答している）

16．T： Yes, yes, yes. Anything else? What food do you like?

17．M： I like pizza.（すばやい反応）

（6 年）

16．M： What place do you like?

17．T： Place? I like my house. I like my house.
　　　　 What place do you like?

18．M： My house.（ALT に合わせて当意即妙に即答）

19.　T ：（笑い）Same, same, me, too. How about you, S?
20.　S ：What country do you like?
　　　　　（M. との応答を受けた質問を気に留めずに、別の質問をしている）
21.　T ：What country do I like? I like Fiji, my country.
　　　　　What country do you like?
22.　S ：Japan.（ALT の応答に合わせて当意即妙に反応している）
23.　T ：Same! We like our home.
　　　　　This lady! How about you, what country do you like?
24.　M ：France.
25.　T ：Wow. Why?
26.　M ：「パンが…」（日本語へのコードスイッチング）
27.　T ：She likes bread, French bread.（笑って）
　　　　　Nice, nice, good job. Any more questions?

表8−9　児童のコミュニケーション能力の評価表

評価の観点	S		M	
	5 年評価	6 年評価	5 年評価	6 年評価
①語彙・統語	2	3	2	3
②表現力	3	3	3	3
③集中力	3	3	3	3
④会話統制力	2	3	2	3

　5年生時の会話では、ALT の質問に対してM児がすばやく反応しているが、英語表現ができなくて、非言語表現の頷きなどが見られた。I like pizza. のように、既習語彙の使用で対応できるときは、きちんと文で応答している。

　6年生時の会話では、会話番号16の ALT への質問に対する応答と、同じ質問を ALT から受けて会話番号18ですばやく反応している。しかも、ALT に合わせた内容を当意即妙に応答している。Mと同様にSも会話6の影響を受けて会話7の Japan. という機転の利いた応答をしてその場を和ませている。また、番号26のMの応答は、日本語へコードスイッチングである。全く無言でいるよりは、会話が進行するように考えて日本語で答えていると受け止める。

8.3.4.1. データ１の児童のコミュニケーション能力

　５年生の時は、２人とも自分から積極的に話すよりは、ALTの質問を受けて単語で応答していた感が強い。応答も、非言語表現であったり、答え方が分からないためか黙り込んだりする姿も見られた。６年生になると、メモを見ながら会話していたためか割と円滑に会話が進んでいるように感じられる。ただし、ALTの英語の意味が分からない時や語彙を知らない時は、長い時間をかけて考えたり、日本語で答えたりしていた。２人とも、ALTの会話の意味理解をしながら、自分の表現が上手くできない時でも、ALTをしっかり見て集中し、何とか会話を成立させようとしていた。

［データ２：男児Y、女児R］

　（５年）

5．Y：I like to play volleyball.（to 不定詞を暗記している）

6．T：Oh, you like to play volleyball. What position?
　　　　Receive or attack? What place? Position? Serve? Receive?
　　　　（バレーボールについて未習語でいろいろ質問されているが、理解できずに戸惑っている。）

7．Y：No.（質問の意味も答え方も分からずに応答している）

8．T：Attack?（Y：応答なし）Which one? Pass? Center?（Y：応答なし）
　　　　OK, OK. So, volleyball.（R に）How about you?

9．R：I practice to volleyball.

10．T：You practice volleyball, too. Position, do you know?

11．R：Back left.（Y の応答を聞いていたからか、即答できたようだ）

12．T：Back left. O.K.（再度 Y に）You are?（Y：応答なし）
　　　　You don't know. O.K
　　　　（Yは質問内容が分からない様子でALTをじっと見ている）
　　　　Anything else? Questions for me?

13．Y：What position of volleyball do you like?
　　　　（ALT の質問に応答できなかったが、準備していた英語は言える）

14．T：I like attack. Front left, front right, I jump high.（身振りで）

（6 年）

36.　T ：　I want to go to Africa. I like lions. I want to see lions on safari.
　　　　　　Any more?（2 人ともメモをじっと見て15秒間考えている）
　　　　　　Finish, O.K. So, my questions, ね.
　　　　　　Y, do you study at home?

37.　Y ：　Yes.（ALT をしっかり見て発言を聞いている）

38.　T ：　What time?

39.　Y ：　何ていうかな（暫く考えて）ばらばら（身振りとコードスイッチング）

40.　T ：　Ah, different, ね, different.（R に）Do you study at home?

41.　R ：　Yes.

42.　T ：　What time?

43.　R ：　Fourteen.

44.　T ：　What time? Five or six?

45.　R ：　（頷きながら）Six.（この頷きは ALT への相槌で、意味理解は曖昧）

46.　T ：　Six forty, very good, very good.

表 8 -10　児童のコミュニケーション能力の評価表

評価の観点	Y		R	
	5 年評価	6 年評価	5 年評価	6 年評価
①語彙・統語	2	2	2	3
②表現力	3	3	3	2
③集中力	3	3	3	3
④会話統制力	2	2	3	3

　5 年生の時、Y 児は好きなバレーボールの話をしていて、未習の語彙で試合の位置や役割を ALT に質問され、答えられずに戸惑っていた。同じバレーボールをしていた R 児は、バレーの立ち位置は的確に言えた。再度、Y 児は同じ質問をされるが、やはりわからない様子であった。その後、Y 児は、準備していた英語を使って、ALT にバレーボールのどの位置が好きかと質問していた。会話用に英語の練習をしていたが、内容をしっかり理解していたわけでも、実際に機に応じて使える訳でもない。その後は、好きな食べ物や飲み物、果物の身近な親しみやすい会話で、応答も丁寧な英文で出来ていた。

　6 年生になると、英語のメモを準備して会話に臨んだので、5 年生の時よ

りは2人とも会話が円滑に進んでいた。Y児は、好きなスケートからスポーツの話をし、R児は得意なピアノの話を切り出した。ALTから家庭学習の時間について質問されたY児は、意味は理解するものの英語で答えられず「何て言うかな」、「ばらばら」と日本語にコードスイッチングしていた。

8.3.4.2. データ2の児童のコミュニケーション能力

　2人とも英会話に挑戦する気概はあるが、英語知識がやや不十分で、会話が円滑に進行できなかった場面もあった。それでも、ALTの話を一生懸命に聞き、何とか応答したかったようでコードスイッチングや非言語表現をしていた。5年生から6年生への変化として、表現が難しい面もあるが、少し会話が円滑に進めるようになってきた。

［データ3：男児S、女児H］

　（5年）

11.　T：　You like baseball?　Do you like batting or throwing?

12.　S：　I like batting in the game.

　　　　（ALTによる未習の動名詞の質問に的確に動名詞を使って答えている）

13.　T：　I see, I see.　（Hに）　How about you?

14.　H：　I like running because I like to practice running.

　　　　（未習のto不定詞や動名詞を使って英文を発話しているが、英文を準備する段階ではALTが動名詞等使う事を知らないので準備していない筈、ALTの質問に的確に答えている）

15.　T：　O.K. I see. You fast?　（身振りで）

16.　H：　（首を縦に振る）（意味理解は出来ているようだが首振りで非言語表現）

17.　S：　What sports do you like?

18.　T：　I like three sports. I like badminton, I like snowboarding and ice-hockey.

　　　　（3つのスポーツを理解しやすいようにジェスチャーで表現）

19.　S：　「すげえ！」（ALTの動作と説明に感心し発した言葉は、code-switching）

20.　H：　Do you like running?

21.　T：　Yes, I do.　But I run a little bit, ah, ah, finish.

　　　　（疲れてダウンする様子を動作化）

22.　S：　How much do you like baseball?

（How much～ は、ALT に尋ねたいことで英文の準備をしたようであ
るが、未習事項をよく覚えている）

23. T： How much do I like baseball?

　　Oh, I like baseball a little bit.（好きな度合いを指で表現）

（6年）

22. T：（H に）What food do you like?

23. H： Spaghetti.

24. T： Me, too, Spaghetti I like, too.

25. H： When is your birthday?（メモを確認するが、英文を覚えて発言する）

26. T： My birthday is in December seventh. When is your birthday?

27. H： My birthday is May twenty- ninth.

28. T： Oh, May twenty ninth. Almost, ね。

29. S： My birthday is July thirteenth.（S, H ともに英文を記憶している）

　　Where is the famous place in Fiji?（S はこの文も記憶している）

30. T： Everywhere, all the place. How about Japan?

　　Where is the famous place in Japan?

31. S：（暫く考えて）Everywhere.（動作を交えて、ALT の真似をして言う）

32. T： Nice S!（笑い）

表8-11　児童のコミュニケーション能力の評価表

評価の観点	S		H	
	5年評価	6年評価	5年評価	6年評価
①語彙・統語	3	3	2	3
②表現力	3	3	3	3
③集中力	3	3	3	3
④会話統制力	3	3	3	3

　5年生の時は、2人ともメモも持たずに会話をしていた。本ペアの話題は
スポーツ中心で、自分たちの好きなスポーツや ALT の好みのスポーツについ
て会話が円滑に進んでいた。質問に対する応答が困難な時は、非言語の身振
りや首振り、さらに日本語へのコードスイッチングもしていた。事前に準備
していた表現は、文で発言できたが、ALT から質問を受けた時は、単語だけ

で応えることが多かった。

　6年生になると語彙や表現が増え、会話の話題や内容も増えてきた。5年生の時と同じくスポーツの話題を始め、将来の希望やALTが教師になった理由、誕生日やフィジーと日本の有名な場所の事など話題が豊富になってきた。また、famous place in Fijiのことを質問すると、ALTにEverywhere all the placeと返されたが、引き続きHow about Japan?と尋ねられたSがEverywhereと返していた。ALTの話す英語が理解でき、機転の利いた応答であった。5年生の時は、ALTとの会話は初体験であったが、6年生になると児童の成長と英語力の向上に伴い、コミュニケーションに余裕が感じられた。

8.3.4.3. データ３の児童のコミュニケーション能力

　5年生の時は、会話調査は初めての経験で戸惑いが多かったようだ。ALTの質問にもなかなか応じることができずにいたが、6年生になるとかなり上手に会話ができるようになっていた。言語だけでなく、非言語や時には日本語も話して会話を進めていた。特に、Sは臨機応変な答え方までできて、会話を楽しんでいた。

［データ４：男児W、女児M］
　（5年）

11.　T：So, what do you like?

12.　M：I like melon.

13.　W：I like....（ALTの顔をじっと見て考えている）

14.　T：Fruits? Sports?

15.　W：I like Strawberry.

16.　T：Oh, you like strawberries. I see. O.K. O.K.

17.　M：I don't like grape.

18.　T：Oh, grapes. You don't like grapes.（Wに）How about you?

19.　W：I don't like pineapple.

20.　T：Oh, pineapples? I like pineapples. I like grapes.
　　　　　（ALT, W, M, 暫くお互いに見合ってはにかみ笑い）

21.　M：What fruits do you dislike?

22.　T：What fruits do I dislike? I dislike, wow, I dislike oranges.

I dislike oranges.

23．W：（考え込む）←（ALT：gesture, gesture と大きな動作で指示）
　　　　In Canada, fruits?

24．T：What fruits in Canada? We have apples, and we have...fruits apples?

（6年）

8．W：What do you want to go?（疑問詞 where と what をまちがえる）

9．T：Where do I want to go? I want to go to Africa.

10．M：Why?（M は ALT の発言を聞き、間髪をいれずに未習の why を使って質問していた）

11．T：I like lions. I want to see lions in Africa.

12．M：（頷く）（非言語表現、ALT の発言の意味を理解しているようである）

13．T：Where do you want to go?

14．M：「あっ」（つなぎ語、最初にイタリアに行きたいと言ったのに何故繰り返し同じ質問をしているのだろう？）

15．T：Arts, do you want to see arts?

16．M：（頷き）「はい」（「あっ！」というつなぎ語を arts と間違えられる）

17．T：Italy has a lot of beautiful Arts.

18．W：What do you want to know about Africa?（メモを読む）

19．T：I know there are many animals in Africa.
　　　　And, my favorite number one is lions.

20．M：How do you want to go?

21．T：I want to go by airplane. I want to go by airplane to Africa.

表8-12　児童のコミュニケーション能力の評価表

評価の観点	W		M	
	5年評価	6年評価	5年評価	6年評価
①語彙・統語	2	2	3	3
②表現力	3	3	3	3
③集中力	3	3	3	3
④会話統制力	3	2	3	3

　5年生の時は、覚えてきた英語を使って会話していた。好きな果物や嫌い

な果物に関する話題を中心に会話は進んだ。2人の児童からALTへの質問は、M児は1回だけでW児も1回しか質問していない。ただし、2人とも自分たちの考えやALTからの質問の回答を、持ち合わせている英語でしっかり考え理解し、丁寧に話そうとしていた。

　6年生になると英語力が少し向上している。会話の内容も充実し、行きたい外国の話題から、未習の語彙を使って行きたい理由や行く方法を聞いていた。ただ、イタリアに行きたいというM児にALTが再度どこに行きたいかと質問し、「あっ」と反応したのをartsと勘違いしたところは、M児も訂正する方法が分からず、そのまま会話が進んでいった。少しの語彙と表現しか持ち合わせていない児童の状況で、難しい表現や説明は困難であったと思う。それでも、M児は、積極的に会話をしたりW児の発言や聞き取りに助言をしたりしていた。W児は、英語表現の間違いや、聞き取りの不十分な点があったが、それでもなお、楽しそうに英会話に取り組んでいた。

8.3.4.4. データ4の児童のコミュニケーション能力

　2人とも積極的に英会話に取り組んでいた。5年生の時は、主に果物の話題で終わり、会話に深まりが感じられなかったが、6年生になると、既習語彙数も増え、英語の準備も怠りなく、会話の内容が豊かになったように感じられた。特に、M児はW児の聞き取りや発言の助言をする場面が多く、余裕をもって会話に臨み、会話を楽しんでいた。

［データ5：男児Y、女児H］

　（5年）

7．　　T：　What do you like? Do you like sports?

　　　　　　（Y：自分を指差して首を横に振る）

　　　　　　No?（首を横に振りながら）

8．　　Y：　I like science.

9．　　T：　Oh, you're science. O.K. How about you, what do you like?

10．　　H：　I like music, p.e. and Japanese.

11．　　T：　I see, many many things. I like English.

　　　　　　（児童、ALT共に声を立てて笑う）

　　　　　　So, you have questions for me?（手を挙げて）

（H が手を動かすと）You have one?

12.　　H：　Do you like playing with kids?

13.　　T：　If I like playing with kids, yes I do. I like playing dodge ball and let's see, jump-rope.（縄跳びをしながら）

（Y に）How about questions for me?（Y：首を横に傾げて考えている）

（H に）Do you have another one, question number 2? Yes.

14.　　H：　What do you do during after lunch?

（教わった通りに暗記している）

15.　　T：　What do I do after lunch, uhoom? I draw picture.

（6 年）

3 .　　T：　Oh, hello. My name is Cf. Nice to meet you.

4 .　　Y：　Nice to meet you, too.（手を差し出し握手）

5 .　　H：　（黙って握手）

6 .　　T：　Hi, from Mr. Y.

7 .　　Y：　Talk about Japanese cars.

8 .　　T：　Talk about Japanese cars. O.K. What car do you like?

9 .　　Y：　（用意した写真を見せながら）

10.　　T：　Ooh, Subaru?（Y：Subaru）

11. T, Y：　Legacy?（Y：LegacyG4）Very cool. Y, can you drive?

12.　　Y：　（驚く）No. No kidding, no kidding.（笑う）（当意即妙な応答）

13.　　T：　Ha-ha!（大声で笑う）How about Miss H?

14.　　H：　Talk about old Japanese dance. I can do old Japanese dance.

15.　　T：　Wahoo, cool! Mr. Y, you can do old Japanese dance?

（Y：理解できていない、目をパチクリ）

Japanese dance, O.K.?（Y. 首を傾げる）No?（T, H, 笑い）

She is ○○○ cool, very nice, very nice.

表8-13　児童のコミュニケーション能力の評価表

評価の観点	Y		H	
	5 年評価	6 年評価	5 年評価	6 年評価
①語彙・統語	2	3	3	3

②表現力	3	3	3	3
③集中力	3	3	3	3
④会話統制力	3	3	3	3

　5年生の時は、2人ともメモを持たずにALTと会話をした。ALTとの挨拶から会話が進行し、自然に好きな食べ物、好きな勉強、児童との遊び等々の問答で会話は進んでいった。Y児はALTの質問に即座に答えられずに考えたり、非言語表現をしたりしていた。ALTのジェスチャー付きの丁寧な説明で意味が分かると応答ができていた。H児はALTのお話をしっかりと聞き、内容を理解し適切に答えていた。2人ともALTからの質問には、単語だけで応える時と文で応える時があった。事前に準備していた英語は、文中心であった。

　6年生では、2人とも余裕があり、笑いながら話すことが多く、特にY児はno kidding, no kidding などの適切な場所での未習の言葉や表現が見られた。また、Y児は、時にALTの英語の意味が分からずに答えに戸惑っていることがあった。さらに、会話中に、思わず日本語にコードスイッチする場面が見られた。H児は、メモを確認しながら発話し、落ち着いた態度で英会話を楽しんでいた。ALTやY児の状況を考慮して適切な英語で会話に参加していた。

8.3.4.5. データ5の児童のコミュニケーション能力

　2年間で、Y児の会話能力の向上が感じられた。5年生の時は、ALTの発言内容が分からないことがあり、頷いたり、首を傾げたりしていたが、6年生になるとno kidding! という表現までできるようになっていた。H児は、英語が好きで学習にも熱心に取り組み、準備も怠りなく、会話は余裕をもって自然に話すことができていた。

［データ6：男児D、女児R］
（5年）

28.　T：I eat nattoo（身振り）Oh, no.
　　　　　（納豆を食べて座り込み、助けを求めるジェスチャーの後）No nattoo.
　　　　　What did you have for lunch today?（食べる仕草）
　　　　　（eat for lunch は未習と気付き、ジェスチャーで詳しく説明）

Now.（黒板上の時計を見ながら）You ate lunch. What lunch today?
What did you eat? （献立表を見に行きながら…）today, today...
What lunch? milk, tea? February 18th. What lunch? （児童は、eat,
lunch, today などの未習語の意味が分からず2人で相談していた）

29. D： Milk.

30. R： Bread.

31. T： Anything else? （2人で顔を見合わせ小さな声で相談）

32. R： Salad.

33. T： O.k. Salad and last one?

34. D： Pork beans. （Rの発言に促されて）

35. R： Bread. （安心して発言）

（6年）

22. D： What country do you want to go? （さらに別の話題へ転換）

23. T： I want to go to Africa.

24. D： Why? （事前に覚えた単語で、適切に使用されている）

25. T： I like lions. I want to see lions in Africa.

26. R： What Japanese food do you like?

27. T： What Japanese food do I like? I like, I like sukiyaki.

28. R： Why? （これも未習語なので事前に暗記していた言葉である）

29. T： Meat. （笑い）

　　　（途中、略）

　　　What country do you want to go? America?

30. D： America.

31. T： Eh, why?

32. D： Baseball.

33. T： Baseball, ね. You like baseball, ね. The Major-league, ね.
　　　Major-league baseball.
　　　How about Ms. R? What country do you want to go?

34. R： I want to go to Italy.

35. T： Why?

36. R：「ピサの斜塔」（code switching で応答している）

表8-14　児童のコミュニケーション能力の評価表

評価の観点	R		D	
	5年評価	6年評価	5年評価	6年評価
①語彙・統語	3	3	3	3
②表現力	3	3	3	3
③集中力	3	3	3	3
④会話統制力	2	3	2	3

　5年生の時は、2人ともメモを持たずに会話に臨んだ。準備・練習をした
ものについては語彙の間違いも少なく丁寧に英文で話していた。"What ~ do
you like?" と言う質問について文で応えたり、語彙のみで応えたりしている。
好きな食べ物は何かという質問の聞き取りができ意味を理解していた。給食
の献立の話題では、eat, lunch, today など未習語が分からずに2人で顔を見合
わせて小さな声で話し合ったり考えたりしている場面が見られた。

　6年生になると2人ともメモを確認しながらコミュニケーションを図るこ
とができた。また、ALT の質問の意味をよく理解して、臨機応変に応答でき
ていた。ALT の質問の内容は、学習した既習事項が殆どで、それに対応でき
ていた。話題も、学習内容に合わせ、行きたい所や好きな食べ物、生活時間
についてなどで理解も発話もできていた。なお、英語で応答が難しくて単語
1語だけで話すこともあったが、できるだけ英文で話そうとし、会話を続け
ようとする態度がみえた。

8.3.4.6. データ6の児童のコミュニケーション能力

　5年生では、理解や表現ができない時は、2人で相談しながら会話を進め
ていたが、準備した内容や、理解できる内容については適切に会話を進める
ことができた。即答は少なく、しっかり考えながら応答するタイプであった。
6年生ではメモがあったため、確認しながら、時には読みながら安心した様
子で会話していた。

［データ7：男児S、女児M］

　（5年）

5．S：I like to play rugby.（自分を指して）

6．T：Oh, really? Rugby! I like to play badminton.（S 大きく拍手）

7．M： I like to play basketball.

8．T： Can you dunk?（身振り）

9．M：（照れ笑いをして首を横に振り続け、できない事を表現する）

10．T： O.K, O.K.

11．S： What sports do you like?

12．T： I like badminton and snowboarding and ice hockey.

13．M： What kind of juice in Canada?（突然、全く違う話題を切り出す）

14．T： We have pineapple juice, banana juice, orange juice, apple juice, grape juice, kiwi juice and strawberry juice and many, many, many juice.

15．S： In Canada rugby...（文は途中だが文末が上昇調なので ALT も質問と受け止めて会話を進行していた）

16．T： Oh, yes, little. We are not good.（ALT の rugby の試合で負けるジェスチャーに2人とも笑って見ている）
　　　　 But yes. Rugby's internal.

17．M： Are all Canadian white people?
　　　　（また別の話題を切り出している）

18．T： No, no. People are every color, all color.

19．M： Thank you.

（6年）

13．T： Uuuh! Me too, me too. Who is your best player?

14．S： …（ALT の発言の意味が理解できていない）

15．T： Best player. 一番?

16．S： <u>やっぱり、日本人</u>（S は、ALT の顔を見ながら自分で考えて応答している、コードスイッチング）

17．T： Japan? Who, who?

18．S： Japan. Unn... 深野、五郎丸

19．T： S, what position do you play?

20．S： Wing.

21．T： Fourteen, eleven?

22．S： <u>いや、</u>Fourteen.（コードスイッチング）

23．T： Fourteen? Me, eleven.

（途中、略）

24. M： I like Udon among Japanese food.（暗記して発言している）
25. T： Cf 先生, I don't like Udon. Too big, よ, too big. Too long, よ.
    But, I like ramen, I like ramen very much.
26. S： Do you like Japanese food?（メモを見ながら）
27. T： Yes, I do. I like yakiniku.（みんなで笑う）
    How about S? What food do you like?
28. S： Uhoon, pizza.

表 8-15　児童のコミュニケーション能力の評価表

評価の観点	S		M	
	5 年評価	6 年評価	5 年評価	6 年評価
①語彙・統語	3	2	3	3
②表現力	3	3	3	3
③集中力	3	3	3	3
④会話統制力	3	3	2	3

　5 年生時の 2 人の会話は、準備したものについては暗記できていた。S は好きなスポーツなど身近な会話を続けていたが、M は自分が興味のある話題を会話の流れとは関係なく自分の発話の順番が回ってくると発言していた。会話全体がスポーツの話題を話しているときに、M の「カナダの飲み物」や「カナダの有色人種」の話が唐突に出てくる感じであった。会話は続いているが、内容は、あちこち行ったり来たりの感があった。

　6 年生になると、話題は少し変わってきている。S は、好きなスパイ映画のことや日本の食べ物、そしてやはりラグビー等のスポーツの話をしている。M は、相変わらず多岐にわたる話題を提供するが、5 年時ほどの唐突感はない。自然に話題を変えていき、他の人もその話題について話を続けていたからだろう。会話全体の進行状況を見極めながら話題を切り出していけるようになったと考える。事前に準備した英語はメモを見ながら話していたが、ALT とのフリートークでは、学習内容を活用して円滑に会話を進めることができた。

8.3.4.7. データ 7 の児童のコミュニケーション能力

　M は英会話が好きで、楽しんで会話している様子が分かる。みんなで会話を楽しむことを意識して会話するようになってきた。基本的な英語知識はあり、準備も怠りなくできる児童である。S は、スポーツ少年で話題はスポーツ、特にラグビーが中心である。6 年生時の ALT とは話が合う点があった。既習語彙を使った会話でも、話が続くように考えながら取り組んでいた。また、日本語へのコードスイッチングを何度かしていた。

［データ 8 ：男児 K、女児 A、男児 To］
　（5 年）

19.　T ：　What sports do you like?

20.　A ：　I play kendo. I practice kendo three days a week.

21.　T ：　Very strong?（剣道のジェスチャー）
　　　　　　（3 人とも ALT の動作を見てにこにこ笑っている）
　　　　　　（To に）　What sports do you like?

22.　To：　I like swimming.

23.　T ：　How long can you swim?

24.　To：　I don't know.

25.　T ：　One hundred meter?

26.　To：　（友人を見ながら確認して）「あっ、何メーター？」「百メートル以上」
　　　　　　（友達と助け合いながら、日本語にコードスイッチして応答）

27.　K ：　One zero zero. One hundred.（T の代わりに応答）

28.　T ：　Oh, one hundred meter, I see, I see. Anything else?
　　　　　　（途中、略）

43.　T ：　（K に）Can you soccer?

44.　K ：　（頷く）（パラ言語表現）

45.　T ：　 Goaler or what position?

46.　K ：　Forward.

47.　T ：　O.K. Field.
　　　　　　（A に）You like pizza? What Pizza? Fish pizza?（3 回）

48.　A ：　（2 回目の fish に首の縦振りで表現、意味の理解は不明である）

49.　T ：　Tomate, cheese, mushroom?

50. A： Cheese.（ここは意味を理解して応答している）
51. T： Cheese pizza. Yes, yes, me, too. I like Cheese pizza.

（6年）

5．K： My favorite sports is soccer.（単数・複数の区別はできていない）
6．T： Yes, I know, I know.
7．To： My favorite sport is basketball.
8．T： Basketball? Wow. A?
9．A： I'm practicing Kendo.
10．T： Very cool. Wow, I like soccer, basketball, I like kendo.
11．To： My favorite food is fried chicken.
12．T： Fried chicken!（大きな声で）
13．K： My favorite food is pizza.
14．T： Me, too. Come on A, what food do you like?
15．A： My favorite food is cake.（発音は借用語のケーキ）
16．T： Cake! I like cake.
17．K： What's your favorite sports?（To のメモを見ながら）
18．T： What's my favorite sports? I like rugby very much.
19．K： Why do you like it?（事前に学習した why を使っている）
20．T： Because, when I was small boy, I played rugby. So I like rugby.
21．A： What sports did you play when you are little?

表8-16　児童のコミュニケーション能力の評価表

評価の観点	To		A		K	
	5年評価	6年評価	5年評価	6年評価	5年評価	6年評価
①語彙・統語	2	3	3	3	3	3
②表現力	3	3	3	3	3	3
③集中力	3	3	3	3	3	3
④会話統制力	2	3	2	3	2	3

　5年生時、児童3名は、それぞれ事前に準備した英語を覚えていて英文で発言していた。好きなスポーツや食べ物、飲み物について ALT との質疑応答は、ある程度出来ていた。To は、水泳の泳げる距離について言い方が分から

ず、友達の顔を見て相談しながら答えていた。応答がI like~ の文だと答えを文で言うことができるが、幾つかの中から1つを選択する時は、重要な語彙だけで答えることもある。また、友達が分からない時は、サポートすることができていた。

　6年生では、会話の話題も増えており、英語力の僅かな向上と、子どもの心の成長が窺える。ALT から次々と質問がきてもそれなりに対応できていた。また、メモを持参していたので、それを見ながら、確認しながら会話をしていた。事前に考えていた応答は文が多いが、ALT のその場の質問に対する応答は殆ど単語で返していた。質問や説明の意味理解がやっとできる程度なので、文で返事をすることは難しかったようだ。3人で会話に取り組んで心強かったのか、和やかな雰囲気の中で会話が進行していた。

8.3.4.8. データ8の児童のコミュニケーション能力

　5年生の時はメモ無しで会話に臨んでいたが、3人で準備したことをもとに会話を進めていた。準備した英語は暗記していたし、ALT の質問にも概ね応答することができていた。ALT の発言の意味が分からない時は、お互いに見合って、日本語も交えて助け舟を出したりしていた。6年生でも和やかな雰囲気があり、代表で To がメモを持参し読んだり、K が時々メモを見ながら発話したりしていた。終始和やかな雰囲気で進行した会話であった。両学年とも、ALT の発言に助けられて楽しい会話が続いていた。

8.3.5. 本調査の考察

　以上の児童の各ペアの会話内容から、はじめに示した「英語コミュニケーション能力の特徴」が、数多く見られた。児童が持ち合わせている限定的な英語だけでなく、非言語の相槌や頷き、時には賞賛を受けた時の微笑みなども各会話に見られた。ALT とのやりとりで、すばやい反応を見せて積極性を感じさせる児童の会話も多々あった。本調査では、非常に珍しい「つなぎ語＝フィラー」も僅かではあるがあった。さらに、各ペアで会話練習をしたのか、お互いの質問や話の内容をも知っているようで、会話の最中に、友人への支援や助言の場面も見られた。勿論、予期せぬ ALT との会話の中で、困った時の助け合いや、友人の話を聞いて応答の仕方を学び合うなどの児童相互の影響もかなりの場面で見られた。

　英語の語彙や文法の未熟な児童も、ストレスが少なく安心できる状況で適切なタスクとして機会を与えれば、児童が持ち合わせている様々な工夫を凝らしてコミュニケーションができることがわかった。ただし、この調査は、児童の母語や日常過ごすクラス集団の中で培われるコミュニケーション能力、授業の在り方と深く関係していると考える。

　本学年の担任によると、2学級52名の児童は幼稚園や保育所の頃から小さな同じ集団で育っている児童が多い。毎年、学級編成があっても殆ど同じメンバーで2つのグループが分かれる状況で、児童同士は非常に近い関係にある。児童がお互いによく知り、理解できている中で、非言語表現もよく理解し合っている様子が、日常生活でも見られる。全国学力テストの結果は、平均よりやや低いが、学力とコミュニケーション能力は一致せず、話したい、表現したい気持ちは十分に持っている。英語によるコミュニケーションも、手立てがあったのでできたのだろうと考えている。

　友達同士で助け合ったり、学び合ったりできる雰囲気があれば、人の話を集中して聞き、意見を述べ合え、育ち合えるものであると考える。

8.4. 本章のまとめ

　本調査では、児童の会話記録を分析し、その特徴や傾向を把握した。小学校英語という非常に限定された英語能力しか持ち合わせていない中で、少しの配慮をすることで児童がどれだけ英語によるコミュニケーションができるのかという調査であったが、それなりの効果があったと確信する。さらに、「コミュニケーション能力の素地を養う」といわれるように、ペーパーテストで測れる能力ではなく、コミュニケーションを通して培う人として大事な力を育てていることも感じられた。

　スピーキングにおけるコミュニケーション能力のうちの「集中力」、「表現力」、「会話統制力」は、「方略能力」に関わるものと考える。「方略能力」は、「言語能力」を基盤としつつも、それらと相補的に機能する高次の能力であると考えられている。それは、特に対人場面において、コミュニケーションを円滑かつ効率よく行うための能力であり、むしろ文法力や語彙力が乏しい時（つまり第二言語・外国語使用における典型的な状態）にこそ威力を発揮する能力であるとも言える（湯川笑子他著　2009：138-139）。

　日本の早期英語教育における「コミュニケーション能力」は、言語能力を基盤とし、方略能力を含めた、複合的なものであるとされる。何よりも児童が、他人と関わりたい、話したい、理解したい、仲よくしたいという気持ちを持っていることが大事である。これは、いわゆるテストで測る能力ではなく、気持ちの問題である。英語が分からない、自信がないからコミュニケーションを遠慮するという児童や、よく知らない人とのコミュニケーションはしたくない児童もいるが、本校のコミュニケーション調査に協力してくれた児童には存在しなかった。むしろ積極的に英語によるコミュニケーションを図ろうと準備し、臨んでくれていた。調査内容に興味関心があり、意欲が持てたようだ。その結果、各グループと ALT との会話は、お互いを理解し合い、親しみ深く、和やかな楽しいものになり、児童にとっては非常に良い経験になったようだ。

終 章　結論

9.1. 本研究のまとめ

　本書では、小学校外国語活動における児童の英語能力習得状況を言語学的に分析し、その習得状況について解明してきた。

　先ず、本書の大まかな構成をまとめる。第2章で先行研究を概観し、本研究の立場を述べた。第3章では、本研究の目的・内容・方法を述べた。第4章以降が本論である。本論の内容は、外国語活動を通して児童が習得する英語を言語学的に分析し、その習得状況について説明した。

　次に、本論の内容のまとめである。

　第4章では、音声と音韻について、1学級30名の児童の既習語彙や句・文の収録音声を分析し、音声波形・ピッチ曲線・実際の音声を基に音声習得状況を明らかにした。

　小学校英語で児童が学習する時間・内容は非常に限られており、英語活動を経験することが主たる目的で、学習事項を習得することは想定されていない。しかし、英語音声に少しずつ慣れ親しみ、僅かながら学習効果を得ている事実もある。児童の英語音声習得状況は一様ではなく、個人差が大きい。現行の小学校英語では、高低アクセントの日本語とは違う英語の強弱アクセントに気付き、少しずつ真似することができつつある状況である。英語らしい発音ができている児童の音声は、音声波形やピッチ曲線が native speaker と似ている。しかし、丁寧な説明もなく学習している現状では、児童全員が、英語の強勢アクセントやリズム、文全体のイントネーションにまで気付いている訳ではない。そのような環境の中、僅かながらも児童に学習効果が見られる事実もある。それは、単語における音節を意識した、強さアクセントのある英語的な発音に気付き、少しずつ発話できている児童が僅かながら増えていることである。

　さらに、音韻では、英語音韻の閉音節や、二重母音・子音連結の発話に関

する調査を行った。単語の語尾が特殊音を除いて開音節でおわる日本語を母語とする児童に、閉音節でおわることの多い英語の特徴を、主に聞く・話す活動を通してどの程度学習効果が現れているか調査した結果、予想以上に閉音節の聞き取りと発話ができていた。児童にとって身近な語彙ほど閉音節でおわる音声が多かった。二重母音も子音連結も調査の結果、ある程度の学習効果は現れていると考えられる。英語の二重母音については、日本人には長母音か連母音で発音しやすい傾向がある。また、子音連結では、store のように児童には親しみ深い語彙で正答者が多かった。「ストア」と連続する子音の間に母音を差し入れて発話する児童が僅かにいたが、大半の児童が［stɔːr］と発音し、語アクセントの間違いもほとんどなかった。「ストア」の初めのモーラ「ス」には日本語のアクセントがないので母音が無声化してしまい、英語の子音連結に近い音声になったようで、児童には発音しやすい語であると考える。

　第5章では、形態素について分析を試みた。ここでは、文法項目の形態素の中の、不定冠詞と名詞複数形の理解について述べた。授業は説明よりも体験中心で、電子黒板や ALT の音声を聞いて真似をし、発話する練習を、授業中、ほんの少し行うだけである。児童全員が十分に理解し記憶できる学習をしている訳ではない。それでも児童の中には、学習内容を理解し記憶している者が少なからずいる。
　その分析結果は、以下の通りである。
○　形態素の不定冠詞や名詞複数形は、日本語にはないもので、現行の学習形態では児童には理解しにくく記憶もしにくいものである
○　児童にとって、文字の影響がある不定冠詞は理解度が40％前後と低く、学習経験の多かった名詞複数形の方が理解度は70 〜 80％とやや高い
○　名詞複数形の2回にわたる調査で、全体的に見ると児童の理解度が約10％程度上昇したが、個別にみると児童それぞれに理解の過程や状況は違う
　僅かな内容と量の調査ではあったが、上記のことが解明されたと考える。

　第6章では、統語に関する習得状況を確認した。現行の小学校外国語活動では、児童の身近な生活場面における表現について、英単語を学び簡単な挨

拶や文などの表現にも慣れさせるように指導している。その活動の中で文法項目の説明はないが、統語に関する英語体験活動はしているし、文法事項や文表現にふれ、自ら英語を発話し表現することを経験している。その児童の活動の実態から身に付けている統語習得について調査分析して分かったことは、以下の通りである。

○　英語の句や文では、アクセントのある内容語の名詞・動詞は聞き取りやすく理解しやすいが、アクセントの無い前置詞や冠詞などは聞き取りが不十分であり、理解・記憶は難しかった

○　既習事項の英文の聞き取りと意味理解が両方ともできる児童は非常に少ない

○　絵を見て英文を作ることは、既習事項の範囲であれば、児童はある程度できるものである。それは、学習事項を想起してか、学習内容に近い文を発話していた。

　第7章では、英語語彙に関する聞き取り調査から、英語語彙の習得状況について次のことが判明した。

○　英語からの借用語で日本語として日常的に使用される語彙に関しては、音声が判別できれば学習前から結構意味が理解されている。

○　借用語の英語音声が日本語とかけ離れている場合、はじめは理解できなくても、一度学習して正しい英語音声を聞き、発音練習をすれば、かなり理解できるようになる。その後も、聞いたり話したりする機会の多い語彙であれば、児童はかなり理解できるようになる。親しみのある語彙は、身に付きやすい傾向がある。

○　「聞く」活動が主であり、書く活動が無いので、アクセントのない弱音などは聞き落としやすく、正しい発音ができず、理解ができないことにもつながりやすい。

○　児童は、今の学習形態から、学習開始時期は特に、英語語彙の新出語を聞いて日本語に訳すよりは、絵や図などと関連付けて意味を理解しているようである。

○　3回調査を行った問題では、1回目から理解度の高い語彙と、回を追うごとに理解者が増える語彙があった。最初から理解されている語彙は、借用語になっていて音声も借用語に近い語彙である。また、未習の語彙の理

解者は少ないが、一度学習し既習語彙になると理解者は確実に増えていった。学習効果の現れであると考える。

　上記の結果から、児童は、個人の興味・関心・能力や英語環境の影響を受けながらも、英語学習を通して英語語彙の意味理解が、それぞれの過程を経て、少しずつできるようになってきているようである。

　第8章では、外国語活動の目標にある「コミュニケーション能力の素地を養う」状況について、分析を行った。本調査では、児童の会話記録から分析し、その特徴や傾向を把握した。小学校英語という非常に限定された僅かな英語能力しか持ち合わせていない中で、少しの配慮をすることで児童がどれだけ英語によるコミュニケーションができるのかという調査であったが、児童の実態に応じて英語表現に関する能力の向上が感じられた。準備した英語表現の使用だけでなく、ALTの即興の質問に対する応答も、個人のもつ言語能力と方略能力を駆使して、コミュニケーションを図ろうとする様子が見られた。

　スピーキングにおけるコミュニケーション能力のうちの「集中力」、「表現力」、「会話統制力」は、いわゆる「方略能力」に関わるものと考える。「方略能力」は、特に対人場面において、コミュニケーションを円滑かつ効率よく行うための能力であり、むしろ文法力や語彙力が乏しい時（つまり第二言語・外国語使用における典型的な状態）にこそ威力を発揮する能力であるとも言える。そして、児童は日頃の学習や生活態度から、人と関わり、コミュニケーションをとろうとする能力を培っている。つまり、日本語の生活場面から、方略能力というコミュニケーション能力の重要な要素が育成されていると考える。英語を殆ど知らない5年生の段階でも、児童が持つ方略能力を駆使して、ALTからの適切な指導と助言により英会話を成立させることができていた。本調査協力児童の持つコミュニケーション能力の高さであったと考える。

　現行の学習指導要領によると、外国語活動という英語教育は、音声を中心に聞く・話す活動を体験することが目的であり、学習事項の習得を目的としていないので、児童の学習後の言語面での評価や学力調査等はほとんど行わ

れていない。「授業が楽しかった」、「今日の活動は面白かった」、「友達と協力して活動できた」、「チャンツを覚えた」等々、児童自身の振り返りの評価と教師の情意面の観察が主たる評価である。さらに、児童の英語習得能力を言語学的に分析する手法もなされていない。

そこで、外国語活動を通して、児童が何を、どの程度、どのように習得しているか調査分析した。今回は、児童の英語習得能力を音声・音韻、形態素、統語、語彙、コミュニケーション能力等の視点から分析したものである。そして、どの視点でも、英語体験活動を通して児童は少しずつ英語能力、コミュニケーション能力を培っていることが分かった。

以上の結論から、児童の体験活動の際の指導の工夫で、英語習得能力を少し高めることができると考える。そこで、児童の英語能力とコミュニケーション能力の素地を養うために、以下の提言をしたいと思う。

○　教育委員会・小学校への提言

現在の外国語活動で、児童は全く英語能力を身に付けていない訳ではない。学校として、児童の英語習得状況を調査し評価することを、年に一度でも実施することで、児童を励ますことができると考える。情緒的な評価だけではなく、順位をつけるためでもなく、英語習得の視点からよくできていることを評価することで、児童の学習意欲を高めることができると考える。

教師は、英語の研修を受ける暇もなく、自分自身で指導をした経験もない担任が、1人で英語を指導するよりは、英語専任、またはALTと担任とが協働で指導にあたる方が、望ましいと考える。また、全担任教師に「外国語活動」指導のための研修を義務付けて実施すべきではないだろうか。研修を受けない教師の「外国語活動」の指導は、本人の経験上、従前の中学校の英語教育の繰り返し、前倒しになるのではないかと案ずる。児童にとってより良い学習環境を関係者が準備・配慮すべきであると考える。

○　児童への提言

現在の外国語学習は、英語音声を聞き、英語を発話する活動が中心である。児童には、学習中の活動では、しっかりと英語の説明を聞く、理解する、発話することを恥ずかしがらずに丁寧にすることで、英語能力を高めることができると伝えたい。分からないことは遠慮せずに教師やALTに尋ね、学んだことは友だちと練習し合うことも良い学習法になり、コミュニケーション能

力の素地は十分に培われると知らせたい。

○　教職員への提言

　児童は、日々の学習を通して様々なことを学び、成長している。1時間の学習内容は少なくても、その積み重ねは大きな力になると考える。児童の成長の様子やちょっとした変化を見つけ、励まし、良い点を伸ばし、意欲的に学習する学級の雰囲気作りに留意してほしい。教師には、児童が子ども同士で互いに学び合い励まし合いながら、確実に力を伸ばしていることに気付き、必要な手立てをしてほしいものである。

　外国語活動の教科化に伴い、その目標も「外国語の音声や文字、語彙、表現、文構造、言語の働きなどについて、日本語と外国語との違いに気付き、これらの知識を理解するとともに、読むこと書くことに慣れ親しみ、実際のコミュニケーションにおいて活用できる基礎的な技能を身に付けるようにする」とある。読む、書くことも求められる、児童には負担の大きい学習となり、消化不良の児童には英語嫌いが増えると考えられる。

　よって、最終的な結論と同時に文科省への提言として、教科化に伴い児童には習得が求められるが、現在の外国語活動の良さを生かし円滑に連動する方策を検討することが望ましいと考える。それで、中学校英語への十分な連携も期待できると考える。

9.2. 本研究の意義

　本書では、「小学校外国語活動における英語習得状況」を分析対象とした研究であり、以下の点で独創的である。

○　新しい視点

　小学校外国語活動における児童の英語習得について、実態調査を基に分析した報告は珍しいものであり、これらの研究報告はほとんどない。

　外国語活動の目標は、様々な英語活動を体験することであり、習得は求められていないので、習得状況に関する研究自体、希である。また、習得というには、非常に限定された極めて少ない学習内容であるので、研究対象にならないと看過される向きもあろう。本書では、言語学的視点で具体的に学習内容の何が、どのような過程で、どの程度習得できているか集団の傾向と個

人の状況を調査分析した。児童の非常に初歩的な少ない英語力から、僅かながらも英語習得の実態を知り得ることができた。

○　方法論

　外国語活動における既習事項について、聞き取り調査や、語彙・句・文の音声収録、さらに、発話調査や、ALT と児童の会話の動画を記録・分析するコミュニケーション能力の調査などの方法で、児童の英語習得状況を把握した。また、アルファベットを学習しないので、聞き取り調査等では絵を選択したり、該当する番号を記入したり、日本語で解答したり、聞き取った音声をカタカナ表記させたりした。現行の学習内容では致し方ない方法であった。

○　分析法

　児童の英語習得状況について、言語学的に分析した。児童の学習内容に照らして、英語習得状況について、音声・音韻、形態素、統語、語彙、コミュニケーション能力の視点で分析した。また、語彙調査では、塾で学ぶ児童と学校だけで学ぶ児童の語彙習得状況の差違も明らかにした。

　児童の学習内容は、身近な語彙を取り扱い、挨拶や英文などの表現を聞き取り、話す活動が中心である。その学習を通して言語学的に視点を広げて分析することができた。どの分野でも、児童は少しずつ習得しているという結果が出ている。

　小学校英語教育は始まったばかりで、教育目標にもない英語習得に関する学習効果については、これまであまり研究されていないテーマである。その分野で、言語学的な分析をすることは、今後の児童の指導に大いに役立つものと考える。

9.3. 今後の課題

　本書では、小学校高学年（11・12歳）の児童の外国語活動を通して習得する英語能力について研究してきた。この外国語活動は、学習というよりは体験活動をする、活動内容に興味関心をもつというレベルのものである。各単元目標に「活動内容に関する表現に慣れ親しむ」という項目があるが、授業時数や指導体制、指導方法からすると、英語で十分な表現ができるという目標達成はかなり難しいと考える。

　この活動を通して習得する英語能力について、言語学の視点で研究してきたが、その内容が多岐にわたり、各分野の研究が十分ではなかったと反省している。特に、音声・音韻については調査内容も対象児童も少なかった。調査方法も含めて改善の余地があると考える。統語習得の問題も、文（表現）の能力が分かる内容に重点を置いた調査分析を深めると児童の統語習得の能力がよく把握できたのではないかと考えている。また、コミュニケーション能力についても、もっと深く分析を試みれば良かったと反省している。

　2020年度から指導要領が変わり、外国語活動を教科として児童が学ぶにあたり、体験よりは学習の要素が強まり、学習効果も大きく変わることが考えられる。指導者も、学級担任１人で指導することが増えることも考えられる。高学年児童が、教科として英語を学ぶ時、学習内容はさほど大きく変わらなくても、指導者や指導形態などの学習環境が変わることで、その学習効果はどう変わるか、児童の英語習得はどのように変化するか、今後も、さらに、研究を続けていきたいと願っている。

参 考 文 献

アレン玉井光江　2010　『小学校英語の教育法』　大修館書店

泉子、K. メイナード　2002　『会話分析』　くろしお出版

今井邦彦　2001　「語用論への招待」　大修館書店

今井邦彦編　2009　「最新語用論入門」　大修館書店

今石元久編　2005　「音声研究入門」（和泉書院）

今西典子　2009　「はじめて学ぶ言語学」第3章　ミネルヴァ書房

大津由紀雄・鳥飼久美子　2002　「小学校でなぜ英語？」　岩波書店

大津由紀雄編著　2009　「はじめて学ぶ言語学」　ミネルヴァ書房

岡本夏木　2013　「子どもとことば」　岩波新書

景浦　攻編　2007「小学校英語セミナー知っておきたい『必修』英語の指導術」
　　明治図書

景浦　攻編　2010　「小学校英語プレヴュー完全実施で知っておきたい指導法
　　＆実践案」　明治図書

鹿島央　2002　「日本語教育を学ぶ人のための基礎から学ぶ音声学」　スリー
　　エーネットワーク

門田修平編著　2003　「英語のメンタルレキシコン」　松柏社

門田修平　2009　「第二言語理解の認知メカニズム」　くろしお出版

門田修平　2010　「SLA 研究入門」　くろしお出版

川上誓作　2003　「認知言語学の基礎」　研究社

川越いつえ　1999　「英語の音声を科学する」　大修館書店

河原俊昭編　2008　「小学生に英語を教えるとは？」　めこん出版

河原俊昭　2011　「小学校の英語教育」　明石書店

菅正隆編著　2008　「すぐに役立つ！小学校英語活動ガイドブック」　ぎょうせ
　　い

国廣哲彌編　1985　「日英語比較講座―音声と形態」大修館書店

小池生夫　2003　「第二言語習得研究に基づく最新の英語教育 SLA」　大修館書
　　店

小池生夫編集主幹　2004　「第二言語習得研究の現在」　大修館書店

小泉保　1999　「言語学コース」　大修館書店

小泉保　2009　「入門語用論研究―理論と応用」　研究社

小林春美、佐々木正人編　2010　「新・子どもたちの言語獲得」　大修館書店

斎藤純男　2013　「日本語音声学入門」　三省堂

酒井邦嘉　2007　「言語の脳科学」　中公新書

佐藤久美子　2010　「こうすれば教えられる小学生の英語」　朝日出版社

佐野富士子他編集―　2012　「英語教育学体系第二言語習得―SLA 研究と外国語教育」　大修館書店

白井恭弘　2004　「外国語学習に成功する人、しない人」　岩波書店

白井恭弘　2008　「外国語学習の科学」　岩波書店

白井恭弘　2012　「第二言語習得論入門」　大修館書店

白井恭弘　2012　佐野富士子他編「英語教育学体系、第二言語習得」　第 1 章執筆　大修館書店

白畑知彦編著　2005　『英語習得の「常識・非常識」』　大修館書店

白畑知彦他著　2010　「詳説第二言語習得研究―理論から研究法まで」　研究社

末田清子、福田浩子　2005　「コミュニケーション学」　松柏社

杉藤美代子　2012　「日本語のアクセント、英語のアクセント」　ひつじ書房

スーザン・H・フォスター＝コーエン著　今井邦彦訳　2005　「子どもは言語をどう獲得するのか」　岩波書店

スティーブン・ピンカー著　椋田直子訳　2006　「言語を生み出す本能上・下」　NHK ブックス

鈴木孝明・白畑知彦　2014　「ことばの習得‒母語獲得と第二言語習得」　くろしお出版

竹林滋、斎藤弘子共著　2008　「英語音声学入門」　大修館書店

田中春美他　2003　「入門ことばの科学」　大修館書店

田中晴美他　2006　「言語学演習」　大修館書店

田部滋　1998　「第 2 言語としての英語習得研究‒統語論の視点」　リーベル出版

玉村文男　1985　「語彙の研究と教育（上）」　国立国語研究所

築道和明　1997　「小学生の英語指導‒何をめざして何から始めるか‒」　明治図書

投野由起夫　1997　「英語語彙習得論」　河源社

鳥飼久美子　2006　「危うし！小学校英語」　文春新書

根間弘海　1991　「英語音声学演習」　大修館書店

バトラー後藤裕子　2005「日本の小学校英語を考える　アジアの視点からの検証と提言」　三省堂

バトラー後藤裕子　2010　「小中学生のための日本語学習後リスト（試案）母語・継承語・バイリンガル教育（MHB）研究　Volume 6 March 2010

八田玄二　2004　「児童英語教育の理論と応用」　くろしお出版

樋口忠彦他著　2010　「小学校英語教育の展開」　研究社

深田博巳　1999　「コミュニケーション心理学」　北大路書房

堀尾邦子　2007　「我が校での効果的な教育実践」小学校英語セミナー No.24 p34-37　明治図書

堀尾邦子　2011　「『小学校外国語活動』における英語の基礎知識と運用能力の獲得について」九州大学芸術工学府修士論文

堀尾邦子　2011　「小学校外国語活動における英語の基礎知識とその運用能力の獲得について」　東アジア日本語教育・日本文化研究学会　第十四輯 p479-499

堀尾邦子　2012　「小学校の第二言語習得に関する基礎研究―小学校での学習開始直後における英語能力実態調査から―」　東アジア日本語教育・日本文化研究学会　第十五輯 p313-330

堀尾邦子　2013　「小学生の第二言語習得に関する基礎研究―小学校での５年生年度末における英語能力実態調査から―」　東アジア日本語教育・日本文化研究学会　第十六輯 p351-369

堀尾邦子　2014　「『小学校外国語活動』における英語習得について―６年生の語彙習得に関する一考察―」　東アジア日本語教育・日本文化研究学会　第十七輯 p447-461

牧野武彦　2006　「英語音声学レッスン」　大修館書店

正高信男　2006　「子どもはことばをからだで覚える」　中公新書

町田健編、籾山洋介著　2010　「認知意味論のしくみ」　研究社

宮原哲　2013　「入門コミュニケーション論」　松柏社

レスリー・M. ビービ―編　卯城祐司他訳　2002　「第二言語習得の研究」　大修館書店

柳瀬陽介、小泉清裕　2015　「小学校からの英語教育をどうするか」　岩波書店

山本麻子　2005　「子どもの英語学習―習得過程のプロトタイプ」　風間書房

湯川笑子他著　2009　「小学校英語で身につくコミュニケーション能力」　三省堂

参考資料

「異文化間教育14」　2002　「小学校の英語教育」　異文化間教育学会

「日本語学」　2011，6 vol.30-7　「第一言習得と第二言語習得」明治書院

北九州市　2004「小中連携英語教育プログラム」　北九州市教育委員会

国立教育政策研究所　2009「小学校における英語教育の在り方に関する調査研究」

文部科学省　2008　「学習指導要領」　文部科学省

文部科学省　2009　「英語ノート1・2指導資料」　文部科学省

文部科学省　2008　「小学校外国語活動研修ガイドブック」　文部科学省

神谷昇　他　2010　「『英語ノート』における品詞割合と動詞の種類」

神田外国語大学言語科学研究センター

Scientific Approaches to Language, No.9, March 2010, 259-278

北山長貴　2008　「小学校『英語活動』における語彙と発音について―音節数の
　　　認識調査より―」　東海学院大学紀要　2　（2008）

小林美代子　2010　「子どもの英語力を測る：語彙テスト開発の試み」

国立教育政策研究所　2009　「小学校における英語教育の在り方に関する調査
　　　研究」

文部科学省　2009　「英語ノート1・2指導用　DVD・CD」　文部科学省

文部科学省　2008　「小学校外国語活動研修ガイドブック」　文部科学省

文部科学省　2008　「学習指導要領」　文部科学省

文部科学省　2009　「英語ノート1・2指導資料」　文部科学省

文部科学省　2012　「Hi,friends!1・2指導編」　文部科学省

参考サイト

アレン　玉井光江　「小学校での学びを育てる英語教育の特徴について」

http://www.arcle.jp/research/books/data/html/data/pdf/vol5_3-2.pdf

高橋基治　「第二言語習得研究からみた発音習得とその可能性についての一考
察―臨界期仮説と外国語訛りを中心に―」

http://ci.nii.ac.jp/els/contents110008665460.pdf?id=ART0009744338

米田佐紀子　「英語劇を通して日本人児童に英語力を定着させる試み―コミュ
ニケーション能力からみた発音・語彙・文型の定着を目指して」

http://ci.nii.ac.jp/els/contents110006966803.pdf?id=ART0008875544

西原真弓　「英語科教員養成に必要な音声指導について～小学校―中学校連携
を念頭において～」

http://ci.nii.ac.jp/els/contents110007057614.pdf?id=ART0008987530

松井智子　「「語用論」から見たコミュニケーション教育――言葉の裏にある話
し手の意図の理解――」

http://berd.benesse.jp/berd/center/open/berd/2008/01/pdf/11berd_06.pdf

あ　と　が　き

　本書は、2018年3月に九州大学より博士（芸術工学）の学位を授与された論文「小学校『外国語活動』における英語習得の実態」に修正を加えたものである。

　本研究に至った経緯は以下の通りである。

　筆者は、大学卒業後、長年にわたり小学校・幼稚園で学級担任や管理職をしながら、教育実践に当たってきた。今から半世紀前の1970年頃、筆者の新規採用当時は、小学校で英語教育など全く考えられないことであった。副免許で英語を選択すること自体、ありえないと考える人が多く、国立大学教育学部では小学校課程で中・高の英語教員免許を取得できる大学も多くはなかった。小学校教員ながら副免許に英語を取得したことで職場の先輩に誹りを受けたこともある。ところが、1990年代から小学校現場でも英語教育が導入されるだろうということで、各自治体で準備を始めていた。そこで興味・関心のある有志が集って小学校英語教育研究サークルを作り、手探りの中、研究に勤しんだものである。2003年度前後から北九州市教育委員会でも小中連携英語教育推進協議会が発足し、市独自の英語教育プログラムを作成した。これには筆者も、小学校担当の作成委員として携わった。この時は、元文部科学省初等中等教育局教科調査官をされていた景浦攻先生に小学校英語について、如何に指導すべきかをご指導頂いた。北九州市では2009年度から移行期間として外国語活動が始まり、2011年度から新学習指導要領に則り完全実施されたが、残念なことに筆者はこの時期に定年退職を迎えた。

　退職後の生き方を模索していた折、長女から勧められ九州大学大学院芸術工学府に進学することにした。学校現場における小学校英語について研究したいと思い進学した次第である。

　大学院では、九州大学大学院芸術工学研究院教授の板橋義三先生に、学生として受け入れて頂いたことから筆者の研究を始めることができた。そして小学校英語教育について多岐にわたりご指導頂いた。板橋先生のご指導により、研究することが出来たことには感謝するのみである。小学校の教育現場で研究したことと大学院でする学術的な研究には違いがあり、戸惑うことも

多かった。さらに学会発表や紀要原稿等についても板橋先生の懇切丁寧なご指導のおかげで様々に経験できたことである。

　修士課程では、北九州市と福岡市の小学校４校で、児童の英語教育における習得の状況について、調査研究させて頂いた。各自治体、学校により児童の実態や教育環境、指導の実際等々一様ではないが、それぞれに児童の意欲・関心・態度を育て、僅かながらも英語習得の実態が見られた。

　そこで、博士課程に進学し、板橋先生に児童の英語習得の実態を言語学的に研究することをご指導頂いた。2011年度改訂の学習指導要領によると、外国語活動における指導目標として、「外国語を通じて、言語や文化について体験的に理解を深め、積極的にコミュニケーションを図ろうとする態度の育成を図り、外国語の音声や基本的な表現に慣れ親しませながら、コミュニケーション能力の素地を養う。」とある。英語によるコミュニケーション能力の素地を養うことが目標であるが、英語に関する捉え方が漠然としており、英語指導の具体的な姿が明確ではなく、コミュニケーション能力の内容も曖昧であった。2020年に改訂される新学習指導要領では、これまでと違い、学習する英語の内容が具体的になり、理解しやすく、指導計画を立てやすいように感じる。

　さて、本博士論文を執筆するにあたり、多くの方々にご指導・ご協力頂き大変お世話になったことに、心より感謝申し上げたいと思う。

　はじめに、本研究の趣旨を理解し、快くアンケート調査に協力して下さった北九州市教育委員会関係の皆様方に感謝申し上げたい。

　修士課程から長期にわたってご協力頂いたM小学校の廣木雄司元校長先生、面識もないのに調査の依頼に伺うと二つ返事で了解して下さったH小学校の筒井智己校長先生、F小学校の大川内英樹校長先生、大竹ひとみ校長先生には、ただでさえ多忙な学校現場で担任の先生方にご指導頂き、ご協力頂いたことを衷心より感謝申し上げたい。また、筆者が現職中に、本来は算数の専門家でありながら教育委員会の小学校外国語活動を担当されていたH小学校の村尾隆校長先生にも全面的にご協力頂いたことはこの上なくありがたいことであった。以上の校長先生方は常日頃からご自身の研究に熱心であり、新しい領域である小学校外国語活動にも興味を持って下さり児童の指導にも役立つだろうと積極的にご協力頂いた。本研究は、各校長先生方のご理

解と、担任の先生方のご協力により調査をすることが出来たものである。

　そして何よりも、調査に参加した児童が、結構楽しみながら取り組んでくれたことには、担任の先生方の日頃のご指導の賜物であると心より感謝申し上げたい。時折、授業参観をさせて頂き、筆者が直接音声調査や面談をする時の児童の行動や反応を見ても、どの学校の児童も非常に素直で、よく活動し、質問に対して一生懸命に考えて答えてくれるなど、素晴らしいものであった。筆者自身もこの調査を非常に楽しませて貰ったと感謝している。

　また、福岡教育大学名誉教授の池浦貞彦先生には、元小学校教諭であったお嬢様の池浦真理先生を通じて、英語教育について、研究について、ご自身の「英語人生」について豊富な経験と深いお考えをお聞きすることが出来た。英国留学時の研究分野の音声学の苦労体験が本書の音声学音韻論に重なったようで、当時の大変な研究方法などを懐かしく語って頂いた。この度の本の出版についても様々なご示唆を頂き決断した次第である。

　さらには、筆者の中学校時代の恩師であり、元北九州市立中学校校長であった田中久郷先生ご夫妻には55年間の長きに渡り筆者のことを常に温かく見守って頂いた。管理職就任や大学院進学、博士号取得について心から応援し喜んで下さった“我が師”ご夫妻である。この他にも、お世話になった全ての皆様方に心からお礼を申し上げたい。

　博士論文執筆に関しては、板橋義三先生のご指導無くしては完成出来なかったと確信している。研究の方向性や具体策のご指導、各種の調査結果を分析・考察する時の見方・考え方等々、適切かつ細やかにご指導下さったおかげで論文が出来上がったと感謝申し上げたい。

　さらには、九州大学大学院芸術工学研究院教授の鏑木時彦先生、九州大学大学院基幹教育院教授の大橋浩先生には、博士論文の審査を快くお引き受け頂き、審査過程において的確かつ貴重なご指示やご助言を賜り、ご審査頂けたことを厚くお礼申し上げたい。特に、鏑木先生には音声学に関して専門的なお立場から具体的なご指導を頂くことが出来、英語の音声・音韻に関して研究を深めることが出来た。また、大橋先生には、英語学・英語教育学のお立場から、調査研究について詳細にご指導頂いたこと、考察の表現等々、具体的な研究の手法を学ばせて頂いた。お二人の先生方のご指導から、今後の研究についても良き示唆を頂いたと感謝するばかりである。

　最後に、還暦を過ぎて研究に取り組むことを支持してくれた家族に感謝している。定年退職後、研究の道を示してくれた板橋ゼミの先輩である長女、調査研究の協力をしてくれた小学校教諭である次女、そして、研究が進まず立ち止まっている時や、研究そのものに不安を感じている時に、常に研究に向かうように背中を押し続けてくれた主人には、感謝の気持ちでいっぱいである。

2019年2月6日
　立春を過ぎて春の兆しを感じながら

　　　　　　　　　　　　　　　　　　　　　　　　　　　堀尾　邦子

巻末資料
（調査用紙）

平成 24 年度　第 3 回目　リスニングテスト

6 年　　　組　　　番（旧 5 年　　　組　　　番）名前（　　　　　　　　　　）

(1)　英語を聞いて、あてはまる絵に○をつけてください。

①

②

③

(2) 次の英語を聞いて、意味を日本語で書きましょう。

・　ものの名前　　④ [　　　　　　　]　　⑤ [　　　　　　　]
　　　　　　　　　　　　果物　　　　　　　　　　野菜

　　　　　　　　⑥ [　　　　　　　]　　⑦ [　　　　　　　]
　　　　　　　　　　　食べ物　　　　　　　　　飲み物

　　　　　　　　⑧ [　　　　　　　]　　⑨ [　　　　　　　]
　　　　　　　　　　　教科　　　　　　　　　　動物

・　動詞　　　　⑩ [　　　　　　　]　　⑪ [　　　　　　　]

・　数　　　　　⑫ [　　　　　　　]　　⑬ [　　　　　　　]

（3）　次の絵に合う英語を言っている番号に〇をつけましょう。

⑭

英語の番号		
1	2	3

⑮
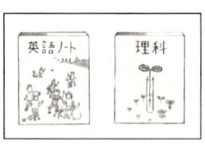

英語の番号		
1	2	3

⑯

英語の番号		
1	2	3

（4）　これから聞く英語は、どの絵のことでしょう。あてはまる絵に〇をつけましょう。

⑰

⑱

⑲

⑳

平成 23 年度　第 2 回目　リスニングテスト

5 年　　　組　　　番　　名前（　　　　　　　　　　　）

(1) 次の絵を見て、正しい英語を選びましょう。

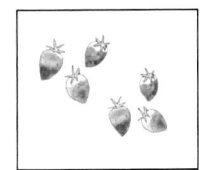   

(1,　2)　(1,　2)　　(1,　2,)　　(1,　2)

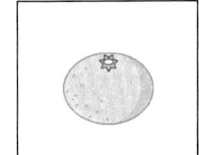   

(1,　2)　(1,　2)　　(1,　2)　　(1,　2)

(2) 英語を聞いて絵と内容があっていれば○を、ちがっていれば×をつけましょう。

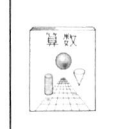   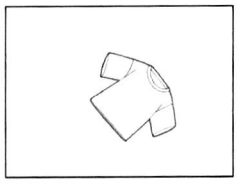

（　　　）　　　　（　　　）　　　　（　　　）

(3)　次の絵に該当する会話を選んで番号に○をつけましょう。

（　1,　2,　3　）　　　（　1,　2,　3　）　　　（　1,　2,　3　）

(4)　英会話を聞いて、該当する絵を○で囲みましょう。

 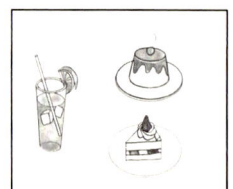 

(5)　次の絵の中で会話に出てくるものを2つ、○で囲みましょう。

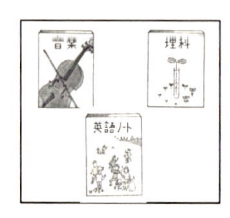  

光貞小学校　第3回　英語調査　②

2013年1月

○　次の英語の意味を表すカードを選び、絵の下に○を付けましょう。

① elephant

② tiger

③ restaurant

④ game

⑤ December

⑥ May 5th

 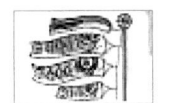 

⑦　ride a uni-cycle

⑧　play the recorder

⑨　convenience store

⑩　fire station

⑪　grandfather

⑫　police station

⑬　Australia

⑭ France

⑮ June thirtieth

6/12　　8/10　　6/30

⑯ watch TV

⑰ get up

⑱ go to bed

⑲ study at school

⑳ eat lunch

英語聞き取り調査（問題③）

北九州市立萩原小学校
2012 年 12 月

5年_____組_____番　　氏名 _____

英語音声を聞いて合う絵を選び、(　　)に○をつけましょう。

① hat

(　　)　　　　(　　)　　　　(　　)　　　　(　　)　　　　(　　)

② purple

(　　)　　　　(　　)　　　　(　　)　　　　(　　)　　　　(　　)

③ peaches

(　　)　　　　(　　)　　　　(　　)　　　　(　　)　　　　(　　)

④ watch

(　　)　　　　(　　)　　　　(　　)　　　　(　　)　　　　(　　)

⑤ white diamond

(　　)　　　　(　　)　　　　(　　)　　　　(　　)　　　　(　　)

英語聞き取り調査（問題④）

北九州市立萩原小学校
2012 年 12 月

5 年＿＿＿＿＿組＿＿＿＿＿　番　　　氏名　＿＿＿＿＿＿＿＿＿＿＿＿＿＿＿

英語音声を聞いて合う絵を選び、（　　）に○をつけましょう。

① birds

（　○　）　　　　　　（　　　）　　　　　　（　　　）

② white diamond

（　　　）　　　　　　（　○　）　　　　　　（　　　）

③ watch

（　　　）　　　　　　（　○　）　　　　　　（　　　）

④ fish

（　　　）　　　　　　（　　　）　　　　　　（　○　）

⑤ circle

（　○　）　　　　　　（　　　）　　　　　　（　　　）

英語能力調査①

2013 年 6 月

小学校_____年 _____組_____番　名前_____

Q1.　英語音声を聞いて、該当する絵の下の（　　）に、番号を記入して下さい。

A（果物）

〔 4 〕　　　　　〔 1 〕　　　　　〔 7 〕

〔 3 〕　　　〔 9 〕　　　〔 6 〕　　　〔 5 〕

〔 8 〕　　　　　〔 2 〕　　　　　〔 10 〕

Q2.　B（色と形）

〔 2 〕　　〔 9 〕　　〔 4 〕　　〔 7 〕　　〔 6 〕

〔 3 〕　　〔 8 〕　　〔 1 〕　　〔 10 〕　　〔 5 〕

英語能力調査②

萩原小学校 _____ 年 _____ 組 _____ 番　名前 _____

Q3.　（C: 教科）

国語 [1]	音楽 [7]	図工作 [10]	書写 [5]	算数 [4]
理科 [9]	家庭 [2]	[8]	体育 [3]	社会 [6]

Q4.　D（メニュー）

[10] [8] [4] [9]
[1] [5] [6] [2] [3]
[7]

英語能力調査③

萩原小学校＿＿＿＿年 ＿＿＿＿組＿＿＿＿番 名前＿＿＿＿＿＿＿＿＿＿＿＿＿＿＿＿

Q5. （E：曜日と動物１）

Tuesday	Thursday	Saturday	Friday	Wednesday
[7]	[2]	[6]	[3]	[5]

Monday	Sunday			
[4]	[1]	[9]	[8]	[10]

Q.6. （F："What's this?"）

[7]	[4]	[3]	[6]	[10]
[5]	[8]	[2]	[1]	[9]

英語能力調査④

萩原小学校＿＿＿＿年 ＿＿＿＿組＿＿＿＿番　名前＿＿＿＿＿＿＿＿＿＿＿＿＿＿

Q7.　（動物）

| ［ 6 ］ | ［ 8 ］ | ［ 5 ］ | ［ 1 ］ |

| ［ 2 ］ | ［ 3 ］ | ［ 7 ］ | ［ 4 ］ |

Q8.　（月名）

1 January	5 May	9 September	3 March	8 August	11 November
［ 6 ］	［ 12 ］	［ 1 ］	［ 8 ］	［ 4 ］	［ 9 ］

4 April	7 July	10 October	12 December	6 June	2 February
［ 3 ］	［ 10 ］	［ 5 ］	［ 11 ］	［ 7 ］	［ 2 ］

英語能力調査⑤

萩原小学校_____年 _____組_____番 名前_____

Q9. （I can ~）

Q 10. （建物）

英語能力調査⑥

萩原小学校＿＿＿＿年　＿＿＿＿組＿＿＿番　名前＿＿＿＿＿＿＿＿＿＿＿＿＿＿＿＿

Q11.　（What time do you get up?　国名）

・調査 A

[1]　　[7]　　[3]　　[5]

[8]　　[4]　　[6]　　[2]

調査 B

[5]　　[2]　　[8]　　[4]

[1]　　[7]　　[3]　　[6]

調査 C

[2]　　[4]　　[3]　　[1]

英語調査

2015 年 7 月

北九州市立萩原小学校　6 年＿＿＿＿組＿＿＿＿番　　名前＿＿＿＿＿＿＿＿＿＿＿＿

◎　英語を聞いて〔　　　〕の中に聞こえた英語をカタカナで、{　　　}には
だいたいの意味を日本語で書いて下さい。

例)　　Hello, my name is Sakura.

〔　ハロー、マイ　ネーム　イズ　サクラ　〕

{　こんにちは、私の名前は、さくらです。　}

①

〔　　　　　　　　　　　　　　　　　　　　　〕

{　　　　　　　　　　　　　　　　　　　　　}

②

〔　　　　　　　　　　　　　　　　　　　　　〕

{　　　　　　　　　　　　　　　　　　　　　}

③

〔　　　　　　　　　　　　　　　　　　　　　〕

{　　　　　　　　　　　　　　　　　　　　　}

④

〔　　　　　　　　　　　　　　　　　　　　　〕

{　　　　　　　　　　　　　　　　　　　　　}

⑤

⑥

⑦

⑧

⑨

⑩

⑫

⑬

⑭

⑮

⑯

⑰

⑱

⑲

⑳

□ 著者略歴

堀尾 邦子（ほりお　くにこ）

【略歴】
1949年 北九州市若松区生まれ。
1972年 山口大学教育学部卒業。小学校教諭、幼稚園園長、小学校教頭・校長歴任。
2009年 北九州市教育委員会退職
　　　　九州大学大学院芸術工学府芸術工学専攻修士課程入学
2011年 同大学院修士課程修了
2017年 同大学院博士後期課程単位修得満期退学
2018年 九州大学大学院芸術工学博士号取得

小学校「外国語活動」における
英語習得の実態

2019年3月22日　初版発行

著　者 —— 堀尾　邦子

発行者 —— 仲西佳文

発行所 —— 有限会社 花 書 院
　　　　　〒810-0012 福岡市中央区白金2-9-2
　　　　　電　話 （092）526-0287
　　　　　ＦＡＸ （092）524-4411

振　替 —— 01750-6-35885

印刷・製本 — 城島印刷株式会社

ISBN978-4-86561-155-7 C3082

ⓒ2019 Printed in Japan

定価はカバーに表示してあります。
万一，落丁・乱丁本がございましたら，
弊社あてにご郵送下さい。
送料弊社負担にてお取り替え致します。